Seismic Resilience Analysis of Shield Tunnels in Soft Soils

张冬梅　黄忠凯　著

软土盾构隧道抗震韧性分析

内 容 提 要

地铁盾构隧道作为百年工程，其在建设与运营过程中面临众多风险，其中，地震作为地铁盾构隧道运营过程中可能面临的重大风险源，对结构安全的影响不容忽视。

本书以软土盾构隧道结构抗震韧性分析为目标，系统地介绍了目前作者在隧道抗震性能分析、风险评估和地震可恢复性等隧道韧性分析方面的研究成果，对隧道结构地震脆弱性分析的合理地震动强度参数合理选取、脆弱性曲线模型不确定性的分析方法、隧道地震可恢复性评理论等方面进行了详实介绍。

本书可供从事隧道科研、设计、运维和管理等相关人员使用，也可供高等院校相关专业的高年级本科生和研究生参考。

图书在版编目(CIP)数据

软土盾构隧道抗震韧性分析 / 张冬梅，黄忠凯著
. —上海：同济大学出版社，2021.12
ISBN 978-7-5765-0112-4

Ⅰ. ①软… Ⅱ. ①张… ②黄… Ⅲ. ①软土地区—地铁隧道—盾构法—防震设计—研究 Ⅳ. ①U231.3

中国版本图书馆 CIP 数据核字(2022)第 003570 号

软土盾构隧道抗震韧性分析

张冬梅 黄忠凯 著

责任编辑 宋 立 **责任校对** 徐春莲 **封面设计** 陈益平

出版发行 同济大学出版社 www.tongjipress.com.cn
(地址:上海市四平路 1239 号 邮编:200092 电话:021-65985622)
经 销 全国各地新华书店
排 版 南京文脉图文设计制作有限公司
印 刷 江苏凤凰数码印务有限公司
开 本 787 mm×1092 mm 1/16
印 张 10.5
字 数 262 000
版 次 2021 年 12 月第 1 版 2021 年 12 月第 1 次印刷
书 号 ISBN 978-7-5765-0112-4

定 价 56.00 元

前　言

地铁盾构隧道作为百年工程，其在建设与运营过程中面临众多风险。地震作为地铁盾构隧道运营过程中可能面临的重大风险源，其对结构安全的影响不容忽视。鉴于我国地震灾害的严峻形势及建设韧性城市的重大需求，2017年，中国地震局提出了“韧性城乡”计划，盾构隧道作为该计划的重要关注对象，其结构抗震性能和安全问题得到越来越多的重视。隧道韧性即隧道抵抗灾害并能迅速恢复的能力。目前，国内学者针对地上结构韧性分析展开了一系列研究，但针对地下结构如隧道领域的韧性分析研究较少，亟待新的突破。本书以此为背景，依托国家自然科学基金项目“基于贝叶斯网络的盾构隧道结构易损性评价方法研究(编号：51478344)”，针对软土盾构隧道抗震韧性开展了相关研究，具有重要的理论意义和实用价值。本书主要内容如下：

第1章介绍了目前国内外针对隧道及其他地下结构抗震韧性分析的研究现状，探讨了隧道韧性分析存在的主要问题；第2章建立了软土盾构隧道地震脆弱性及易损性分析方法，提出了隧道结构不同破坏状态的定量分级方法，以及地震脆弱性曲线、易损性曲线解析表达；第3章介绍了隧道地震脆弱性分析中的合理地震动强度参数，建立了基于双地震动强度参数的隧道地震脆弱性曲面方程；第4章基于地震脆弱性及易损性分析方法，提出了浅埋、中埋及深埋隧道的时变地震脆弱性曲线，分析了不同埋深隧道地震脆弱性及易损性的时变发展规律；第5章构建了隧道结构地震损失分析方法及风险指标计算框架，建立了基于脆弱性模型不确定性的隧道损失及风险分析框架；第6章提出了地震作用下隧道结构性能可恢复性评价模型，建立了考虑多种脆弱性曲线模型不确定性的隧道地震可恢复性分析方法，揭示了不同埋深盾构隧道在正常服役期和性能退化两种工况下的地震可恢复性发展规律；第7章基于上海地铁12号线工程实况，给出了软土盾构隧道韧性分析实例。本书提供的研究成果能为隧道结构的抗震性能分析，易损性评估、预测和可恢复性控制提供一种新思路，具有重要的理论和工程意义。

全书编写分工如下：全书章节安排及统稿由张冬梅负责，第1，2，3，4，7章由张冬梅执笔，第5，6章由黄忠凯执笔。本书的阅读对象是广大从事隧道抗震韧性和运营维护工作的管理和科研人员，相信读者通过阅读本书，对软土盾构隧道抗震韧性的相关知识会有更加深入的了解，并透彻地了解和掌握如何开展概率地震可恢复性分析，为进一步探究隧道结构的抗震性能，进行易损性评估、预测和可恢复性控制打下扎实的基础。

本书出版得到了以下基金项目的大力支持，在此表示感谢：国家自然科学基金(52108381,41772295,51978517,52090082)；上海市教委重大项目(2019-01-07-00-07-456E00051)；上海市科学技术委员会科研计划项目(21DZ1200601,20DZ1201404)；中国博士后科学基金(2021M702491)；国家重点研发计划青年科学家项目(2021YFF0502200)；同济大学学术专著(自然科学类)出版基金。

需要指出，本书力求详尽地介绍盾构隧道抗震韧性分析的内涵、实施流程及案例应用等关键内容，但由于时间仓促，作者水平有限，书中难免有疏漏之处，恳请广大读者批评指正。

编者

2021年8日

目　录

第1章　绪　论

1.1　研究背景及意义

城市的可用土地面积有限，随着中国工业化及城镇化进程的迅速发展，各大城市的地面交通压力陡然增加，进行地下空间的开发利用成为城市化可持续发展的必然选择和重要途径。目前，国家大力建设地上公共交通设施，倡导市民环保绿色出行，同时也在不断地规划和建设地下交通基础设施（孙钧，2016），其中最关键的城市地下交通基础设施即地铁隧道。自1961年修建北京地铁以来，中国进入了前所未有的地铁隧道大规模建设期。据中国城市轨道交通协会统计，截至2020年年底，中国大陆地区共有北京、上海、广州、深圳等45个城市开通运营轨道交通，65个城市的轨道交通网络线路规划获批，包含244条运营线路，运营线路总长度达7 969.7 km。以上海为例，自1993年地铁1号线开通以来，经过近30年的飞速发展，上海市共运营地铁线路（含磁浮线）20条，车站508座，运营里程达831 km；上海地铁日客运量于2019年3月8日达到最高峰，为1 329.4万人次，近年的年客运量均超37亿人次。预计到2023年，上海地铁将形成含23条线路及全长达1 154 km的轨道交通网络。目前，我国城市地铁隧道的运营规模、建设速度及建设能力在世界范围均名列前茅。到2021年年底，中国大陆拥有51个含轨道交通网的城市，总运营里程近9 000 km。可以看出，城市隧道工程建设已经成为我国经济可持续发展战略中的重要话题，我国城市地下隧道工程建设已经进入黄金时代。

与此同时，地震是一种兼具随机性、突发性及高风险性的地质灾害（大崎顺彦，1980；福季耶娃，1988；Kramer，1996），其产生的巨大破坏往往会给社会带来巨大的人员伤亡和经济损失（刘恢先，1986；胡聿贤，1999；谢礼立等，2009）。近50年，世界范围内主要的严重地震及其损失情况所呈现的触目惊心的数据，促使着国内外学者在地震防灾减灾领域投入越来越多的研究精力与资源，以此来减轻地震灾害对国民经济及社会稳定造成的危害（陈国兴，2007；李宏男等，2013）。我国处于环太平洋地震带和欧亚地震带汇合区域，是世界上地震灾害最多的国家之一（谢定义，1988；吴世明，2000；胡聿贤，2003）。统计数据表明，全世界7级以上的地震中超三分之一发生于我国大陆地区，其中在20世纪，由地震造成的全球死亡人数为120万人，其中中国有59万人。而自1990年到2011年，中国大陆地区共发生247例有经济损失的大地震，共造成直接经济损失9 171.8亿人民币（许闲和张涵博，2013）。按照目前的地震烈度划分规则，我国绝大部分地区都处于地震设防带上，全国300多个城市中有50%的地区，如北京、天津等重要城市都处于地震烈度7度及以上的高烈度区（韩超，2011）。随着国家城市化进程的加速以及社会经济的迅速发展，地震导致的社会经济及人员损失将会呈现不断上升的趋势，这就对城市地区隧道工程的地震安全性提出了更高要求。近50年世界严重地震损失情况见表1.1（林皋，1990；郑永来，2005；小泉淳等，2009；袁勇和陈之毅，2014）。

表1.1　近50年世界严重地震及损失情况

地震名称	发生时间	发生国家	震级	伤亡人数	总经济损失
唐山地震	1976年7月	中国	7.8	24万余	约20亿美元
Loma Prieta地震	1989年10月	美国	7.1	64	约70亿美元
Northridge地震	1994年1月	美国	6.7	65	约200亿美元
Kobe地震	1995年1月	日本	7.2	6 000余	约1 000亿美元
集集地震	1999年8月	中国	7.6	2 000余	约118亿美元
汶川地震	2008年5月	中国	8.0	8.7万余	约1 207亿美元
海地地震	2010年1月	海地	7.0	22万余	约77.5亿美元
青海玉树地震	2010年4月	中国	7.1	2 698	超25亿美元
日本东北海域地震	2011年3月	日本	9.0	2.4万余	超2 000亿美元
四川雅安地震	2013年4月	中国	7.0	196	约456亿美元
甘肃定西地震	2013年7月	中国	6.6	95	约12.2亿美元
尼泊尔地震	2015年4月	尼泊尔	8.1	8 786	超50亿美元

地铁隧道是城市生命线（lifeline）工程的重要构成部分，是现代社会公共基础设施的主要组成成分，也是现代大都市的交通命脉，其地震安全及风险分析已经成为目前城市防灾减灾研究的重要课题（滨田政则，2016）。相对于地表建筑结构，过去人们往往认为地下结构相对安全。但是，数十年来，已有案例表明较好的地下结构也会出现严重破坏甚至坍塌的情况（Owen和Scholl，1981），从而引起了全球相关科研人员及工程师的广泛关注。Fuentes（2019）曾对2019年以前隧道抗震领域的期刊文献做过统计，结果如图1.1所示。统计数据表明，1995年Kobe地震是隧道抗震研究发展的第一个转折点，而自1999年集集地震及Duzce地震后，相关研究快速增加，尤其是2008年汶川地震后，与隧道抗震相关的文献呈直线增加，说明工程界及学界对该问题逐渐重视，众多学者也相继建立了隧道地震响应分析的解析解（Wang，1993；Penzien和Wu，1998；Penzien，2000；Hashash等，2001，2005；Bobet，2001，2010；Yu等，2018）。同时，学者们也开展了大量的数值模拟分析（刘华北和宋二祥，2005；Amorosi和Boldini，2009，2010；Kontoe等，2011；禹海涛等，2013；Pitilakis和Tsinidis，2014；Tsinidis等，2014，2016a，2016b；袁勇等，2015；Argyroudis等，2017）及实验研究（庄海洋，2006；刘晶波等，2007；刘光磊等，2008；Cilingir和Madabhushi，2010，2011b；Lanzano等，2012；Tsinidis等，2015；Yuan等，2018，2019），并以此为隧道抗震设计做初步分析。可知，鉴于地下隧道抗震分析的重要性及迫切性，工程界与学界对其越来越重视，以期在地震来临时，避免或减小地下结构的各类破坏。

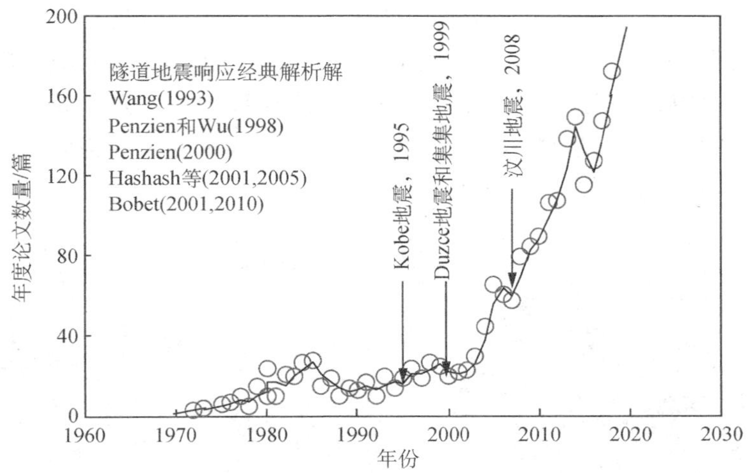

图 1.1 隧道抗震相关文献统计

由于地下结构受到周围岩土介质约束，其结构损伤破坏特性与地表建筑结构有着明显差异。一般而言，地下结构震害根据触发原因不同大概可划分为两类：其一，受隧道周围岩土介质的振动和变形引发的结构破坏，如隧道弯曲破坏、剪切破坏、弯剪联合破坏、挤压变形和剪切变形等；其二，受隧道周围岩土介质失效(如砂土液化、隧道洞口边坡失稳以及断层错动等影响)引起的结构破坏。Power 等(1998)曾统计了 20 世纪全球历次大地震中隧道破坏案例情况，如表 1.2 所示。由表中数据可知，全球各地区在 20 世纪或多或少都报道过隧道震害的情况，其中 1995 年日本 Kobe 大地震是一个重要案例，下文将对这几次重大地震下的隧道破坏情况展开介绍。

表 1.2　　20 世纪隧道地震破坏统计

地区	地震名称	年份	震级/级	隧道破坏案例个数/个
日本	Kanto 地震	1923	7.9	25
	Kobe 地震	1995	7.2	97
美国加利福尼亚州	San Francisco 地震	1906	7.8	10
	San Fernando 地震	1971	6.6	10
	Loma Prieta 地震	1989	7.1	22
	Northridge 地震	1994	6.7	31
中国台湾	集集地震	1999	7.6	57
土耳其	Duzce 地震	1999	7.2	1
意大利	Irpinia 地震	1980	6.9	1

1995 年的 Kobe 地震为日本近 50 年来最为强烈的地震之一，在这次地震中神户市发生多起地下结构破坏事故(Iida 等，1996；Okimura 等，1996；Huo，2005；袁勇等，2008；杜修力等，2016，2017，2018；马超，2017)，地下盾构隧道、电力及通信隧道、地下车站和地下商

场等地下结构均遭受了不同程度的震害。其中,有 5 个地铁车站及 3 km 区间隧道的破坏尤为严重,最为严重的是大开车站,一半以上的中柱产生弯曲破坏、剪切破坏和弯曲剪切联合破坏,车站中柱的破坏直接引发了顶板倒塌,最终导致地铁上方大规模的地表塌陷,如图 1.2 所示,给人民带来了重大经济损失。此次地震引发的地下结构破坏震惊了学术界,此后学者们针对隧道抗震分析的研究越来越多。

(a) 中柱破坏

(b) 地表塌陷

图 1.2　1995 年日本 Kobe 地震地下结构破坏

在 1999 年发生于土耳其 Duzce 的 7.2 级地震中,Bolu 高速公路连体隧道洞口发生了严重破坏(Ghasemi 等,2000; O Rourke 等,2002; Solak, 2005),如图 1.3 所示(隧道附近地表加速度为 0.6～0.8 gal)。在直径为 16.5 m 的主隧道中发现大量轻微到中等程度的破坏,最为严重的是在一处断层附近、尚未建立二次支护的在建隧道发生了严重的垮塌事件(Kontoe 等,2008),造成了严重的经济损失。

图 1.3　1999 年土耳其 Duzce 地震隧道洞口破坏

在 1999 年中国台湾集集 7.3 级地震中,多处高速公路隧道等地下工程发生了严重破坏(Wang 等,2001; Hwang 和 Lu, 2007;陈正勋等,2011; Lu 和 Hwang, 2018),出现了衬砌环状剥落、隧道斜向裂缝及纵向裂缝甚至是隧道洞口坍塌等现象,如图 1.4 所示。据统计,共有 50 多座隧道出现各种程度的破坏损伤问题,其中包括严重破坏损伤的隧道 13 座,中度破坏损伤的隧道 11 座以及轻度破坏损伤的隧道 26 座,造成了巨大的经济损失及社会影响。

(a) 衬砌掉块

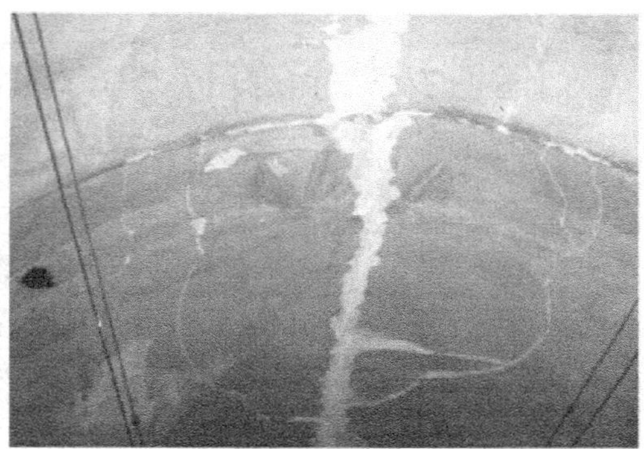
(b) 纵向裂缝

图 1.4 1999 年中国台湾集集地震隧道破坏(Hwang 和 Lu, 2007)

在 2008 年汶川 8.0 级地震中,大量山岭隧道发生严重受损状况(王铮铮等,2012; Wang 和 Zhang, 2013; Shen 等,2014; Yu 等,2016),多处发生衬砌开裂、混凝土剥落及掉块、钢筋出露、衬砌错台、衬砌渗水、衬砌失效及坍塌等现象,如图 1.5 所示。仅仅四川灾区发生不同程度破坏损伤的隧道就有 56 座,亟须后期开展隧道加固处理的隧道有 21 座,衬砌发生局部开裂的隧道有 12 座,而发生轻度破坏损伤的隧道有 23 座,巨大的破坏以及损失警醒着也激励着海内外科研人员对隧道结构抗震分析展开更深入的研究。

(a) 二衬失效

(b) 断层处隧道坍塌

图 1.5 2008 年汶川地震隧道破坏(Yu 等,2016)

由以上分析可知,地震是一种突发性强,具有较强破坏性的自然灾害,并且极难被提前预测,一旦发生则可能造成人身伤亡、经济损失和社会影响等。在强震作用下,隧道结构可能会出现严重的震害以及次生灾害,而且地下结构一旦受损,修复难度大,带来难以估量的损失。因此,隧道结构的安全性和抗震设计面临着严峻的挑战,给地震科学工作者和工程技术人员提出了很高的要求。为了减轻地震灾害对生命安全和经济发展等各方面的潜在威胁,我们亟须对既有隧道结构开展全面的抗震性能分析,采取相应的措施,保证其具有足够的抗震能力。

因此,合理开展隧道结构的抗震韧性分析,对降低地震导致的社会经济损失、顺利开展抢险救援工作具有极其显著的意义,也是开展城市隧道工程建设不可或缺的关键环节。

1.2 隧道结构抗震韧性的内涵

隧道结构抗震韧性指的是隧道在地震作用下能够抵抗破坏并能在破坏后迅速恢复原有性能甚至超越原有性能的能力。隧道抗震韧性与传统的隧道结构抗震分析和性能评估的区别表现在三个方面:①从分散元素到功能相关,从独立系统到耦合系统;②从安全控制到功能控制,从结构本体到系统网络;③从被动抗震到主动防震,从单一抗震到协同联动。在本书中,隧道结构抗震韧性的内涵是:隧道结构在遭受地震荷载时其脆弱性、易损性及风险性较小,而可恢复性能力较强。

1.3 国内外抗震韧性研究现状

基于上述研究背景和抗震韧性内涵的介绍,本书将从隧道及其他地下结构地震脆弱性分析、地震风险及可恢复性分析等三个角度对研究现状进行阐述,并探讨目前研究存在的主要问题,以待进一步开展研究探索。

1.3.1 隧道及其他地下结构地震脆弱性分析研究现状

自日本1995年发生Kobe大地震后,基于性能的地震工程(Performance-based Earthquake Engineering, PBEE)设计方法被国内外专家学者提出,并越来越受到关注。随着相关研究的进展与深入,美国太平洋地震工程研究中心(Pacific Earthquake Engineering Research Center, PEER)提出了一个全新的基于性能的地震工程全概率分析框架,如图1.6所示,其中主要包含四个概念:地震动强度指标(Intensity Measure, IM)、工程需求参数(Engineering Demand Parameter, EDP)、破坏指标(Damage Measure, DM)和决策变量(Decision Variable, DV)。全概率分析框架包含地震危险性(seismic hazard)分析、结构地震需求(seismic demand)分析、地震脆弱性(seismic fragility)分析、经济损失(economic loss)分析四个分析模块。其中地震脆弱性表达了结构构件单元或结构整体在不同的震动强度下,其地震需求达到或超越不同破坏极限状态的条件概率。该分析模块能够与其他三个模块紧密关联,并在很大程度上考虑了不同来源的不确定性因素影响。该模块利用不同破坏指标及状态对结构抗震性能展开定量分析,充分展现了新一代基于性能的抗震设计分析理念。由以上分析可知,地震脆弱性分析是新一代基于性能的抗震分析中的重要环节,也是结构地震风险分析及地震引起的经济损失、社会损失分析的基石,目前已经受到越来越多专家学者及工程界的重视,成为热点研究问题。

20世纪70年代,Whitman等(1973)最早提出了地震脆弱性分析的理念,首次采用概率方法对核电站设施在遭受地震荷载下的风险展开了初步分析。随着全世界地震工程风险分析的快速发展,地震脆弱性的研究现已覆盖各个生命线工程领域,如建筑工程、桥梁工程、混凝土坝、地下工程等领域,而盾构隧道结构作为城市交通生命线系统的重要组成部

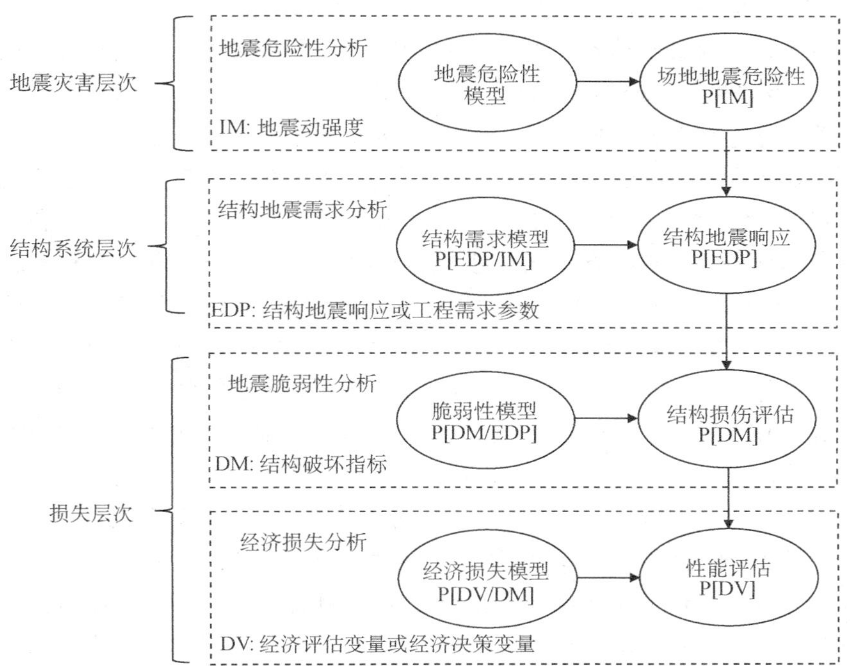

图 1.6 PEER 基于性能的全概率抗震设计流程

分，更是地震脆弱性研究的重点对象，其相关研究可为制定灾后应急响应策略、隧道结构加固优先级方案、分析灾后引起的直接经济损失及城市轨道交通系统损失情况等提供参考。

在地下结构领域，American Lifelines Alliance（ALA，2001）最早提出了以 *PGA* 为地震强度指标，考虑不同土层性质和衬砌类型的经验性隧道地震脆弱性曲线。随着地下工程建设的不断发展，人们对地下结构安全性提出了更高要求，相关地震脆弱性分析研究也在不断开展，地震脆弱性分析已成为地下工程科研领域的一个热点议题。截至目前，依据计算分析数据的不同来源和方法，地下结构地震脆弱性分析主要由以下五方面组成：①基于专家判断的地震脆弱性分析；②基于历史震害调查的经验地震脆弱性分析；③基于数值方法的解析地震脆弱性分析；④基于实验数据的地震脆弱性分析；⑤基于混合分析法的地震脆弱性分析。下面将从这五方面对地下结构地震脆弱性分析在国内外的研究现状展开综述、回顾和总结。

1.3.1.1 基于专家判断的地震脆弱性分析

基于专家判断的地震脆弱性分析主要依据统计不同专家学者在隧道结构不同破坏状态下的分析意见获得，往往采用专家调查问卷形式展开，获得所需分析数据。NIBS（2004）在 HAZUS 系统中基于专家判断法和有限的经验数据集（Dowding 和 Rozen，1978；Owen 和 Scholl，1981）提出了相应的地震脆弱性曲线。该地震脆弱性曲线分别以地表峰值加速度（Peak Ground Acceleration，PGA）和地表峰值位移（Peak Ground Displacement，PGD）作为地震动强度指标。

该分析方法在早期缺乏足够的现场震害数据和有效的模拟计算手段时，较为适用，且成本较低，可以对隧道地震风险做出快速的初步分析。但随着时代进步，该方法已不能满足实际工程需要。同时，专家意见也包含一定的主观性，专家判断意见的反馈率以及地下结构形式的分类都会对最终结果造成一定的影响，而该方法太过于依赖专家意见的统计结果。因此，目前该方法在实践分析中的应用已经很少。

1.3.1.2 基于历史震害调查的经验地震脆弱性分析

基于历史震害调查的隧道经验地震脆弱性分析，在早期也曾广泛应用于隧道地震风险分析，这种方法主要依据该地区隧道结构在历史震害调查报告中的破坏数据和对应的地震动强度参数分布信息。该分析方法比较适合有全面完整的震害调查报告和地震动记录数据的地区，比如中国西部地区和美国加利福尼亚州等地区。根据该方法，相关学者和工程师利用这些地区的隧道震害调查报告，对其隧道开展了经验脆弱性分析。其中，ALA(2001)曾以全世界隧道破坏案例数据为基础，考虑不同的土层特性(如岩石条件、软土条件等)及不同的隧道施工质量，利用统计回归方法获得了不同类型隧道在不同 *PGA* 下的经验脆弱性曲线。Corigliano 等(2007)利用美国 1952 年 Kern County 地震、1989 年 Loma Prieta 地震及日本 1995 年 Kobe 地震等历史震害下全世界 6 个国家和地区的 121 个隧道破坏案例的统计数据，进行经验性脆弱性分析，以地表峰值速度(*PGV*)为地震动强度指标，采用对数正态分布函数获得了深埋岩石隧道的地震脆弱性曲线。值得注意的是，该曲线未考虑特定的隧道类型，更多地表达一种综合的平均结果，且仅包含轻微破坏及中等破坏状态。

国内学者范刚等(2012)根据 2008 年汶川大地震的相关隧道震害调查资料，对 18 条线路 56 座隧道的震害特点进行了分析，通过统计分析大量的隧道震害资料，以 *PGA* 为地震动强度指标，获得了隧道洞口段、断层破碎段和普通段三种概率脆弱性曲线，该曲线模型可以用于类似场地隧道地震灾害损失的快速初步分析。赵晓勇等(2015)基于汶川地震隧道震害调查资料，以 *PGA* 为地震动强度指标，基于双参数的对数正态分布假设，分别建立了隧道整体、洞口段、断层破碎段和普通段的脆弱性曲线模型，提出了隧道震损快速分析方法，并以都汶公路的四座隧道为例，简述了隧道脆弱性曲线在震后灾害损失快速估计中的使用方法。

经验地震脆弱性分析方法利用震后灾害调查报告中的隧道破坏统计信息展开分析，分析手段明确简洁，最终获得的地震脆弱性曲线对该地区隧道结构未来的地震风险分析具有重要的理论和工程意义。但是，该方法也有一定缺陷，使得其难以在全世界范围内进行广泛推广与运用，缺陷在于三个方面：①脆弱性分析结构严重依赖隧道震害数据的样本大小；②目前拥有相关历史震害统计或地震动空间分布信息的案例较少；③难以对特定的隧道结构进行脆弱性分析。

1.3.1.3 基于数值方法的解析地震脆弱性分析

世界上绝大多数地区隧道都缺乏相对应的地震破坏数据以及地震动空间分布信息。那么，对类似地区隧道展开地震脆弱性分析时，除了最原始的专家调查法外，随着计算机计算能力的提升，基于数值计算的隧道结构脆弱性分析已经变得越来越普遍。学者们可以考虑不同来源及数量的地震波，通过建立不同的数值模型等来展开破坏分析，通过严谨的理论数值计算结果可以直接获得脆弱性分析需要的相关数据。这种方法具有良好的可控性和可重复性，在绝大多数地区已成为替代前两种分析方法建立隧道脆弱性曲线的主要选择。截至目前，在土木工程领域的脆弱性分析已经发展出多种理论分析方法，如弹性反应谱方法、非线性静力分析方法、非线性动力分析方法、增量动力分析方法、基于贝叶斯方法的概率地震分析法和混合分析法等。在地下结构数值法地震脆弱性分析领域，本书将对以下三个方法进行展开介绍。

1. 能力谱方法

在地震脆弱性分析领域，最早期人们普遍采用弹性反应谱方法进行分析，该方法具有简洁及高效的特点。但是，当分析对象的结构地震性能响应较为复杂且包含非线性现象时，其计算结果误差较大，获得的脆弱性曲线精度难以保证，或不再适用。因此，学者们发展出了能力谱方法(capacity spectrum method)来获得结构的地震脆弱性曲线，该方法通过结构的能力需求谱来获得相应的能力需求点，克服了弹性反应谱的缺陷，并能够考虑非线性问题，继而获得更为准确的结构脆弱性曲线。

在地下结构领域，Salmon 等(2003)对美国旧金山 BART(San Francisco Bay Area Rapid Transit)系统展开了一系列脆弱性分析及风险分析，采用能力谱分析方法结合一维场地响应分析、静力推覆分析及专家判断方法，获得了多个脆弱性曲线。以 *PGA* 为地震动强度指标获得了明挖法隧道的脆弱性曲线，以岩石露头的地表峰值加速度 *PRA*(Peak Rock Acceleration)为地震动强度指标获得了采用钢管衬砌的盾构隧道脆弱性曲线，以基于断层位移的 PGD 为地震动强度指标获得了伯克利山隧道(Berkeley Hills tunnel)的脆弱性曲线，以 *PGA* 为地震动强度指标获得了以 12 街地下车站为代表的 14 个 BART 地下车站的地震脆弱性曲线。该系列地震脆弱性曲线在当时具有重大意义，给旧金山 BART 系统的地震风险分析提供了重要的参考。虽然能力谱方法计算效率也较高，且能在一定程度上考虑结构的非线性行为，但是依然存在一定的缺陷，比如难以综合考虑土-结构接触(Soil-Structure Interaction, SSI)现象以及不同结构类型、不同来源的地震波影响等。因此，该方法目前在工程领域、科研领域的应用已较少。

2. 精细化静力分析方法

土-结构接触影响和地震动不确定影响是地下结构地震性能分析的重要影响因素，能力谱方法并不能有效考虑这些因素。因此，为了能够考虑上述因素，并适当减少计算量，有关学者发展了基于精细化等效静力分析方法的脆弱性分析方法，该模拟方法是采用一维场地地震反应分析结合二维土-隧道结构体系有限元分析的方法。采用一维场地地震反应分析获得不同地震等级下土层沿深度方向的最大横向位移值或加速度时程，并施加到二维模型中，一般有三种处理方法:第一种是有限元模型包含土层及隧道，该横向位移值施加于模型侧向边界，以此来模拟地震荷载;第二种处理方法是有限元模型无土层，而在隧道结构周围采用弹簧来模拟土-结构接触现象，横向位移值施加于模型侧向弹簧上;第三种处理方法是将一维得到的各土层加速度时程转化为体力施加到二维模型边界上。该方法相对有限元全动力分析方法大大减少了计算量，也被美国联邦公路局 FHWA(2009)及 Pitilakis 和 Tsinidis(2014)推荐使用。该方法能够考虑土体及结构的非线性现象、土-结构接触现象、不同地震动不确定性影响等因素，相关学者利用该方法获得了隧道的相关地震脆弱性曲线。

Argyroudis 等(2007)针对希腊塞萨洛尼基浅埋双线圆形隧道，采用精细化等效静力分析方法，将一维场地等效线性分析得到的土层位移施加于基于 PLAXIS 软件平台的二维模型边界中，土体采用莫尔-库仑模型，衬砌采用线弹性模型，考虑了三种不同土层条件及三种不同的埋深，选取了5条不同的地震波并分别调波展开计算，初步获得了相应的以 *PGA* 为地震动强度指标的地震脆弱性曲线。

作为进一步的研究，采用同样的分析方法，Argyroudis 和 Pitilakis(2012)针对冲击土中的浅埋圆形隧道及矩形隧道，考虑了根据 Eurocode 8(EC8, 2004)为B,C和D三类土层(包含从软土到岩石地层)共12个不同深度的土层断面，基于PLAXIS软件平台建立了相应的二维有限元模型，选择了9条不同地震波，并分别从0.1g 调波到0.7g 展开计算，并将计算结果与已有的解析方法进行了对比，最终建立了B, C和D三类土层中浅埋圆形隧道及矩形隧道对应的以 *PGA* 为地震动强度指标的地震脆弱性曲线，并与已有的经验性脆弱性曲线进行了对比。该研究着重突出了土层特性对隧道地震脆弱性曲线的影响，一般而言，土层越软，隧道结构地震脆弱性越高。

Le 等(2014)针对埋置于砂土中的浅埋单层双跨矩形地下结构展开了地震脆弱性分析，将一维场地等效线性分析得到的最大水平变形时刻的土层加速度，转化为体力施加于基于MIDAS软件平台的二维土-结构系统模型边界中，研究采用200个人工地震时程曲线展开分析，最终获得了以 *PGA* 为地震动强度指标的浅埋单层双跨矩形地下结构的地震脆弱性曲线。

龙祎雯和陈清军等(2017)针对埋置于软土地层的单层六跨复杂地下商业街结构展开了地震脆弱性分析，利用一维土体场地反应获得相应的水平惯性加速度的分布形式和目标位移，利用ABAQUS建立了带有附加自由场的二维有限元模型，选择了16条地震动记录，调幅为0.035g～1.2g，开展了大量的Pushover分析，最终获得了以 *PGA* 为地震动强度指标的单层六跨地下商业街结构的地震脆弱性曲线。

Huh 等(2017)针对埋置于高风化土中的浅埋双层三跨矩形地下结构展开了地震脆弱性分析，将一维场地等效线性分析得到的最大水平变形时刻的土层加速度，转化为体力施加于基于SAP2000软件平台的二维模型边界中，选用了50条不同的地震波，并调波至23个不同的 *PGA* 值，并采用拉丁超立方法考虑了混凝土材料的不确定性，获得了以 *PGA* 为地震动强度指标的地震脆弱性曲线。

Avanaki 等(2018)针对伊朗德黑兰7号线直径为9.16 m的钢纤维加固的圆形隧道展开了地震脆弱性分析，将一维场地等效线性分析得到的土层位移施加于基于ABAQUS的二维模型边界中，土体采用莫尔-库仑模型，衬砌采用线弹性模型，选择了7条不同地震波，并从0.2g 调波到1.0g 分别展开计算，最终建立了软土中浅埋圆形隧道对应的以 *PGA* 为地震动强度指标的地震脆弱性曲线，并与已有的ALA(2001)对应的经验性曲线及Argyroudis 和 Pitilakis(2012)获得的数值脆弱性曲线进行了对比。

Nguyen 等(2019)等利用精细化等效静力分析方法对浅埋矩形隧道展开了一系列地震脆弱性分析，分别考虑了单跨、双跨及三跨矩形隧道，选用了根据 Eurocode 8 为B, C和D三类土层(包含从软土到岩石地层)共16个对应四个不同深度的土层断面，建立了基于SAP2000软件平台的二维有限元模型，选择了20条不同地震波，并从0.1g 调波到1.5g 分别展开计算，首先通过一维场地地震反应分析获得不同地震等级条件下土层沿深度方向的最大横向位移值，并施加到二维弹簧-矩形结构模型中，最终分别采用 *PGA*、*PGV* 以及

PGV/Vs_{30}（PGV/30 m平均剪切波速）为地震动强度指标获得了对应的地震脆弱性曲线，并与Argyroudis和Pitilakis(2012)获得的数值脆弱性曲线及ALA(2001)和NIBS(2004)对应的经验性脆弱性曲线进行了对比。同时，通过三种不同的地震动强度指标，表明*PGV*相对于*PGA*更适合用于地震脆弱性分析。

但是该方法也存在一定的缺陷。一方面，当将一维场地反应得到的水平向位移或加速度时程施加到二维模型边界时，显然不同的模型宽度对最终结果影响显著，如果模型宽度非常大，那么该水平位移对土-隧道结构体系响应影响不大；如果模型宽度较小，那么其对土-结构接触的影响也过大，计算结果不准确。因此，如何确定合理的边界宽度是其中的一个重要问题。另一方面，如果二维模型中，土-结构接触采用弹簧来模拟，即模型无土层，仅有结构和侧边弹簧，那么如何选用合理的弹簧刚度系数便是一个重要课题，目前尚无广泛接受的推荐计算公式。综上，该方法能够很好地应用于隧道脆弱性分析，也能考虑不同因素的影响，但是也存在一定的缺陷，应该谨慎使用。

3. 非线性动力分析方法

随着计算机技术的进步，学者们的研究已不再受大规模计算的困扰。因此，目前来说，基于非线性动力分析方法的地震脆弱性曲线分析方法被最为广泛使用，其主要有以下几点优势：①非线性动力分析方法虽然计算量大，但是目前认为在输入参数及模型建立正确的前提下，其计算结果的准确性较高，是目前最为推荐的隧道地震分析方法；②能够合理地考虑土体和结构的非线性特点、土-结构接触非线性现象、模型几何非线性现象以及边界非线性等特性；③能够直接考虑地震动输入不确定性影响、土体材料参数不确定性影响以及结构材料参数不确定性影响等；④能够合理选择模型分析大小以及维度，考虑土体以及结构阻尼影响、地震动输入方式、不同黏性边界定义等。由于以上优势，该方法目前在地下结构地震脆弱性分析中的应用最广，其计算结果可靠性较高。各国学者利用该方法对地下结构地震脆弱性分析展开了大量研究，下文将详细叙述。

崔臻等(2012)针对大型地下洞室开展了地震脆弱性分析，采用FLAC3D软件建立了相应数值模型，采用IDA展开了大量数值计算，选用洞室收敛率作为破坏指标，合理划分了不同破坏等级，提出了基于PGA的地震脆弱性曲线，该曲线可用于类似大型地下洞室的地震概率风险分析。

Andreotti和Lai(2014)针对岩石深埋马蹄形隧道利用非线性有限差分法开展了地震脆弱性分析，利用FLAC2D软件平台建立了相应的二维有限元模型，考虑了隧道衬砌混凝土非线性现象，探讨了深埋隧道的破坏机制，提出了相应的破坏指标和状态，但没有生成相应的隧道地震脆弱性曲线。

Argyroudis等(2014, 2017)针对埋置于根据Eurocode 8为C和D两类软土层中的浅埋圆形隧道开展了地震脆弱性分析，选择了施工良好及较差的两种隧道工程，首次考虑了隧道在长期使用中遭受氯离子侵蚀引发的老化现象影响，选用了6条地震波，并分别调波为$0.15g \sim 0.75g$，基于ABAQUS建立了二维非线性有限元模型，并开展了一系列全动力数值计算，对比了隧道衬砌内力计算结果与已有解析解，最终获得了不同使用年限下软土浅埋圆形隧道的时变地震脆弱性曲线。该研究突出了氯离子侵蚀对隧道地震脆弱性曲线的重大影响。

Osmi 等(2015)针对埋置于岩石中的浅埋圆形隧道开展了地震脆弱性分析，沿用了与 Argyroudis 等(2014，2017)一致的分析流程，采用 MIDAS 建立了岩石-隧道结构系统的三维有限元模型，采用了 7 条地震波并分别调波展开大量的有限元分析，最终获得了以 *PGA* 为地震动强度指标的浅埋岩石圆形隧道地震脆弱性曲线，并与 NIBS(2004)对应的经验性脆弱性曲线及 Argyroudis 和 Pitilakis(2012)获得的岩石隧道的数值脆弱性曲线进行了对比。该研究着重突出了岩土-隧道结构接触效应对隧道地震脆弱性曲线的影响，因此，采用全动力有限元分析该类型隧道地震脆弱性曲线是很重要的。作为上述研究的扩展，Osmi 等(2016)针对同一类型隧道埋置于松砂、密砂、软黏土及硬黏土四种不同土层条件展开了地震脆弱性分析，采用 MIDAS 建立了土-隧道结构系统的三维有限元模型，采用了 5 条地震波并分别调波展开大量的有限元分析，最终获得了以 *PGA* 为地震动强度指标的对应四种不同土层的浅埋圆形隧道地震脆弱性曲线，并与 Mayoral 等(2016)对应的数值脆弱性曲线及 Argyroudis 和 Pitilakis(2012)获得的隧道数值脆弱性曲线进行了对比。

张铁群(2015)针对地下核电站两层八跨钢筋混凝土取水结构开展了地震脆弱性分析，基于 OpenSees 建立了土-结构二维有限元模型，基于核电站抗震标准合理选择了地震动，展开了大量有限元分析，考虑结构的变形性能和抗剪承载力作为破坏指标评判标准，基于结构可靠度计算方法获得了基于 *PGA* 的地震脆弱性曲线。

Mayoral 等(2016)针对埋置于 Eurocode 8 为 C 和 D 两类软土层中的隧道竖井开展了地震脆弱性分析，利用 FLAC3D 软件平台建立了三维有限元模型，沿用了与 Argyroudis 等(2014，2017)一致的分析流程，考虑了 6 条不同的地震记录，并分别调波为 $0.15g$～$0.75g$，展开了大量全动力有限元分析，最终获得了基于岩石露头 *PGA* 的隧道竖井地震脆弱性曲线。获得的地震脆弱性曲线可用于埋置于类似场地的隧道竖井的地震风险分析中。

Liu 等(2016)利用增量动力分析法针对大开地铁车站开展了地震脆弱性分析，利用 ABAQUS 建立了二维有限元模型，选用了 12 条地震波展开分析，考虑了土体及衬砌结构的非线性行为，分别采用 *PGA* 和 *PGV* 为地震动强度指标进行分析，采用层间位移角作为破坏指标，展开了一系列增量动力分析，最终获得了基于 *PGV* 为地震动强度指标的地震动脆弱性曲线。研究表明，相对于 *PGA*，*PGV* 能更好地与破坏指标进行拟合，离散性相对更小，因此 PGV 更适合用于该类型地下结构的地震脆弱性分析。

Fabozzi 等(2017)针对埋置于 Eurocode 8 为 B、C 和 D 三类土层中的圆形隧道开展了地震脆弱性分析，采用 PLAXIS 建立了二维非线性有限元模型，选用了 8 条地震波展开分析，并分别调波到 $0.1g$～$0.55g$，展开了大量非线性有限元分析，以衬砌接头转角为破坏指标，划分了不同的破坏状态，分别以 *PGA* 和 *PGD* 为地震动强度指标获得了不同土层相应的地震脆弱性曲线，并最终与 ALA(2001)对应的经验性脆弱性曲线进行了对比。该研究采用了接头转角的破坏强度指标，提供了另外一种思路，但是如何确定不同破坏状态的限值大小也是未来值得研究的一个方向。

Huang 等(2017)针对山区岩石隧道开展了地震脆弱性分析，考虑了地震动不确定性、衬砌材料不确定性、隧道埋深不确定性及岩石材料不确定性，在 FLAC3D 中建立了相应的数值模型，利用均匀设计法（uniform design method）及支持向量机（support vector machine）方法减少计算量，最后采用 Arias 强度 Ia 为地震强度参数获得了相应的地震脆弱性模型,并与台湾集集大地震及汶川大地震的隧道实际震害统计数据进行了对比分析,验证了获得的岩石隧道模型的准确性和合理性。该研究采用支持向量机方法获得地震脆弱性曲线,大大减少了计算量,为相关研究提供了参考。

朱纹军(2017)针对软土地区典型地下车库-上部结构相互作用体系开展了系统地震脆弱性分析,利用 ANSYS 软件平台建立了上部结构-地下车库-土体系统的二维有限元分析模型,提出了以柱塑性转角作为地下车库的破坏指标,采用增量动力分析法(Incremental Dynamic Analysis, IDA)进行了大量有限元计算,分别获得了上部结构和地下车库的地震脆弱性曲线。

何志明和陈清军(2018)针对地下典型空间结构展开了地震响应分析,考虑竖向地震荷载的影响,探讨了合理的地震脆弱性指标的选择,但没有获得相应的地震脆弱性曲线。

刘立荣等(2018)针对 20 m 埋深的山岭隧道展开了地震脆弱性分析,提出了一种高效率获得山岭隧道地震脆弱性曲线模型的计算方法,考虑围岩和地震动不确定性,建立了数值模型,并展开大量数值计算,将获得的地震脆弱性曲线与 1999 年台湾集集地震的震后结果进行对比,验证了其合理性。

张景威和周晶(2018)针对上海世博园区地下综合管廊开展了地震脆弱性分析,采用 ANSYS 软件平台建立了双跨地下综合管廊与土体二维有限元模型,基于不同混凝土应力水平和水平位移划分了相应的破坏等级,最终获得了不同结构部位基于 PGA 的地震脆弱性曲线。

周志光等(2018)针对上海软土地区浅埋隧道开展了地震脆弱性分析,利用 ABAQUS 软件建立了土-隧道二维有限元模型,考虑了土体非线性特性,合理选择了 6 条代表性地震波并进行调波,展开了大量的非线性动力时程分析,最终获得了以 *PGA* 为地震动强度指标的软土浅埋隧道地震脆弱性曲线,并与 ALA(2001)对应的经验性脆弱性曲线进行了对比。

Qiu 等(2018)针对不同直径大小的岩石地区圆形隧道开展了地震脆弱性分析,利用均匀设计法减少了计算量,选用了 40 条不同的地震波展开分析,以结构基本周期对应的加速度反应谱值 $Sa(T_1)$作为地震动强度指标获得了不同直径的岩石隧道的地震脆弱性曲线。

He 和 Chen(2019)针对不同场地大尺度矩形地下结构开展了地震脆弱性分析,着重考虑了竖向地震波对地下结构脆弱性的影响,考虑了土体以及混凝土非线性特点,合理选择地震波,在基于 ABAQUS 的二维模型底部施加了竖向地震波,基于增量动力分析法展开了大量有限元分析,以矩形结构层间位移角为破坏指标,最终获得了以 *PGV* 为地震动强度指标的不同场地大尺度矩形地下结构地震脆弱性曲线。

Moayedifar 等(2019)针对伊朗西南无支护铁路隧道开展了地震脆弱性分析,建立了岩石-隧道二维有限元模型,合理选择了 15 条代表性地震波并进行调波,利用增量动力分析方法展开了大量的非线性动力时程分析,以隧道收敛变形率为破坏指标,并划分了不同的破坏状态,最终获得了以 *PGA* 为地震动强度指标的岩石隧道地震脆弱性曲线。

Andreotti 和 Lai(2019)针对山区深埋岩石隧道开展了地震脆弱性分析,采用 FLAC2D 建立了数值模型,考虑了岩石材料及衬砌结构的非线性特性,合理选择输入地震波,分别以基岩处 *PGA* 和 *PGV* 为地震动强度指标获得了相应的地震脆弱性曲线,并将其应用于实际工程案例的地震风险分析。

刘国庆等(2019)针对某岩石山岭隧道工程实例，建立了三维有限元模型，基于增量动力分析法，合理选择了13条地震记录，通过大量非线性动力时程计算，采用裂缝宽度、长度等作为隧道破坏指标，并合理划分了不同的破坏状态，以 *PGA* 为地震动强度指标，获得了隧道拱肩、拱腰、拱脚及仰拱对应的地震脆弱性曲线，从而获得了不同抗震设防条件下隧道产生不同等级破坏的超越概率。

王伯超(2019)以宜昌某公路隧道为例展开了地震脆弱性分析，采用 ADINA 软件平台建立了土-隧道二维有限元模型，基于 IDA 方法在不同地震强度作用下展开了大量数值分析计算，采用"衬砌等效变形"作为隧道破坏指标并划分了相应的破坏状态，最后建立了基于 PGA 的地震脆弱性曲线，并基于该曲线给出了相应的工程建议。

钟紫蓝等(2019)针对典型浅埋软土场地的两层三跨地铁地下结构展开了地震脆弱性分析，采用 ABAQUS 软件平台建立了二维数值模型，合理选择地震动波和模型参数，基于 IDA 方法展开了大量数值分析，采用层间位移角作为破坏指标，定义了相对应的破坏状态，最终提出了基于 *PGA* 的地震脆弱性曲线，并和已有解析脆弱性曲线及经验性脆弱性曲线进行了对比，验证了其合理性。作为该研究的扩展，钟紫蓝等(2020)对该浅埋两层三跨地铁地下结构地震脆弱性分析中合理地震动强度指标展开了分析，研究表明相较于 *PGV*，*PGD* 等其他指标，*PGA* 是该结构建立地震脆弱性曲线最为合理的地震动强度指标。

根据以上讨论可知，基于非线性动力分析方法的地震脆弱性分析方法具有较多优势，能够进行大规模数值计算，考虑各种不确定性，且计算结果相对来说较为可靠。但是，从另外一个角度而言，如何合理考虑输入地震动不确定性也是一个亟须解决的问题，因为该方法的数值计算结果可信度取决于选择地震动的合理性。一般而言，地震动的合理选择需要满足以下几个条件：①必须选取足够多的地震动记录进行计算，使得计算结果的离散性最小；②所选择的地震动时程能够反映隧道结构所处场地特征，一般可以采用满足当地设计要求的反应谱进行选波；③能够体现地震动时程对于震级和震中距的不确定性特点。值得注意的是，采用的地震动时程越多，数值计算结果的离散性越小，但同时计算量也大大增加，如何选择合理的地震动数量，兼顾计算效率和准确性也是一个值得探讨的问题。

1.3.1.4 基于实验数据的地震脆弱性分析

基于实验数据的脆弱性分析的相关研究整体较少，而在建筑工程及桥梁工程中的应用较多，且在逐渐发展过程中。在地下结构领域，Kiani 等(2016)采用离心机试验方法，针对砂土圆形隧道，进行了7组考虑不同隧道埋深影响的离心机实验，研究了隧道在震后引发的地表峰值位移(*PGD*)下的结构地震脆弱性，揭示了隧道的不同失效模式，根据不同的使用性能状态，定义了五种隧道破坏状态，以 *PGD* 为地震动强度指标，获得了相应的地震脆弱性曲线，并与 NIBS(2004)在 HAZUS 系统中基于专家判断的地震脆弱性曲线进行了对比分析。研究表明，在不同 *PGD* 下，埋置于软土的隧道地震脆弱性要大于埋置于岩石的隧道，其提出的脆弱性曲线可以用于相似隧道的地震风险分析。

基于实验数据的脆弱性分析能够有效地获得结构在不同地震强度指标下的性能破坏

曲线,对于认识隧道结构的破坏机理以及定义不同的破坏状态具有重大意义,但是其结果也局限于实验数据次数,并存在试验工况、隧道结构试验模拟较为简单,难以模拟实际情况的缺陷。同时,考虑实验成本等原因,难以获得大量的数据样本,必然要结合数值方法来获得更精确的分析结果。因此,该方法还在发展之中。

1.3.1.5 基于混合分析法的地震脆弱性分析

尽管上述基于专家判断、历史震害调查、数值方法以及实验数据的地震脆弱性分析得到了较为广泛的应用,但是如前文所述,这些方法都存在一定的不足。因此,有相关学者提出了基于混合分析法的地震脆弱性分析手段,即采用上述四种分析方法中任意两种或三种对结构进行地震脆弱性分析。目前来说,基于混合分析法的地震脆弱性分析手段主要是通过结合结构在地震中的震害统计数据,对基于数值法的脆弱性曲线或专家调查法的脆弱性曲线进行补充和修正。目前,该方法已经在建筑工程和桥梁工程领域开始有所应用,但是在地下结构领域尚未开展使用。ATC-25(1991)和 ACT-40(1996)就分别采用了专家调查法以及实际两次大地震中的结构和桥梁震害相关数据获得了相应的地震脆弱性曲线。Barbat 等(1996)利用地震脆弱性指标方法,同时结合了历史震害数据和有限元分析计算结果,对西班牙城区的建筑展开了系统性的地震脆弱性分析。Kappos 等(2006)对希腊国内的钢筋混凝土结构展开了综合地震脆弱性分析,采用了混合分析方法,其中一部分分析数据采用有限元分析结果,另外一部分则来自历史震害数据。

基于混合分析法的地震脆弱性分析手段可以将专家判断、历史震害数据、有限元计算结果或相关试验结果信息有机地利用起来,但是这些不同方法对应的数据的相关性或交集相对有限,因此,该方法目前来说应用较少。此外,该方法避免了数值分析中的大规模计算以及随之带来的大量不确定性,同时也减少了专家判断带来的主观性影响,使得分析结果更可靠。因此,未来势必将在地下结构地震脆弱性分析领域得到更多发展与运用。

综上分析可见,地下结构地震脆弱性分析的理论方法十分丰富,且在近五年相关研究层出不穷。不同的学者根据不同的分析方法建立了地下结构的地震脆弱性曲线,为后续的隧道地震定量风险分析奠定了基础,从总体上来看,地下结构地震脆弱性分析的发展历程如图 1.7 所示。

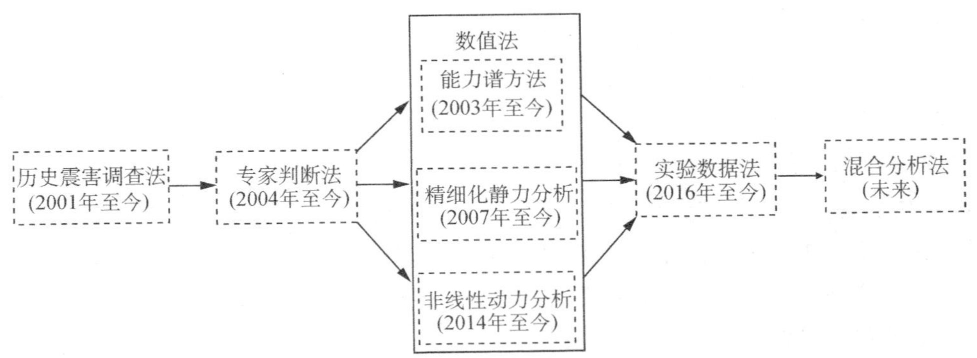

图 1.7 地下结构地震脆弱性分析发展历程

1.3.2 隧道及其他地下结构地震损失风险分析研究现状

地下工程结构埋置于地下，往往具有工程造价极其昂贵、结构环境相对封闭、破坏后难以修复等特性。在强震作用下，如果地下结构发生大量破坏，势必会威胁人们的生命安全并带来巨大的公共财产损失。印度洋大地震海啸发生后，世界银行灾害管理部通过研究分析发现，在采用合理的以预防为主的灾害风险管理的条件下，相应的自然灾害损失将减少至1/8～1/5(孙峥，2008)。由以上分析可知，对地下工程结构展开合理的地震风险分析具有极其重要的理论和工程意义。

风险(risk)的相关理念最早起源于19世纪末的经济研究领域(雷胜强，1996)，自20世纪70年代以来，风险分析(risk assessmnet)开始在各个领域广泛应用，如核电站风险分析、大型基础设施风险分析、桥梁工程风险分析、结构工程风险分析等。由于地震对工程结构会造成显著破坏，并造成巨大的经济损失，学术界不断在结构地震风险(seismic risk)分析方面开展研究，各国学者针对不同的研究对象建立了大量的地震风险分析方法和模型，合理预估震后经济损失并制订相应的恢复策略。20世纪70年代，美国针对旧金山等数个城市开展了地震风险分析工作，基于大量震后结构破坏数据，首次提出了NOAA/USGS风险分析方法，以此来开展建筑结构地震风险分析。自此数十年来，国内外专家学者们在核电站、土石坝、建筑工程及桥梁工程等领域开展了大量的包含地震领域的风险分析研究，提出了诸多不同的分析手段。但在地下工程领域，目前，其风险分析主要涉及临近工程、地表超载、运营管理及隧道施工等领域(黄宏伟，2006；黄宏伟等，2008)，而对于隧道结构在地震荷载下的风险分析研究工作相对较少。总的来说，现阶段在地下结构地震风险分析领域，国内外学者主要采用半定性半定量的风险矩阵分析法和概率定量地震风险分析法两种方法进行分析，以下将对其分别展开阐述。

1.3.2.1 风险矩阵分析法

地下工程结构的地震风险分析最早采用Richards(1999)提出的风险矩阵评价法进行分析，该方法借用了风险指标法的概念，从而获得相应的地震风险矩阵。在地下工程领域，陈桂香等(2006)及曾铁梅和侯建国(2007)等曾采用该方法对隧道运营管理开展风险分析。一般地，风险矩阵的表达式如式(1.1)所示：

$$\boldsymbol{R}=\boldsymbol{P}\times\boldsymbol{C} \tag{1.1}$$

式中 $\boldsymbol{R}$——风险等级矩阵；

$\boldsymbol{P}$——风险概率矩阵；

$\boldsymbol{C}$——后果严重度矩阵。

该方法能够将定性与定量相结合。首先，分别把风险后果和发生概率确定为不同的等级，即选为风险等级矩阵中的不同行和列，其中风险后果一般分为可接受程度、较轻程度、严重程度、灾难性程度等；然后，依据风险在矩阵中的不同位置做出相应的分析结论，如可以接受、部分可接受但需进一步监控、完全不可接受等。针对具体风险事件，可以将风险后果根据严重程度进行划分，并结合风险发生概率，通过上述风险分析矩阵进行风险评级，评定对应的风险可接受程度，拟定相应的降低风险的措施。风险矩阵方法能够比较直观地说明风险发生的可能性和风险后果的严重度，便于做出决策和采取措施。

国内一些学者采用该方法对地下结构开展了地震风险分析。苏燕和周健(2004)较早针对上海地区某越江隧道展开了拟静力分析，得到了地震作用下的失效概率，并结合矩阵风险分析方法，给出了该越江隧道的抗震风险分析表。刘翔和伍文(2007)介绍了矩阵风险分析方法在广州某越江隧道的简单应用，定性给出了地震发生的概率及对隧道可能造成的影响，以此确定了该隧道风险等级，并对该隧道展开地震风险分析，最后给出了相应的风险应对措施建议。

魏平等(2008)采用整体风险分析法对地震波作用下的隧道结构开展了风险分析，并利用实际震害数据进行了概率分析对比。苏燕和谯雯(2009)选用模糊综合评价方法针对软土地下隧道开展了地震风险分析，并编制了相应的基于软件的评价系统 QRA，该方法兼顾定性与定量分析，可以为其他类似隧道地震风险分析提供参考。刘莉娇等(2010)基于层次分析法和概率统计方法对隧道开展了进一步整体风险分析，获得了隧道的地震风险分析图，并利用已有震害数据资料进行验证。

还毅等(2010)以大开车站为例，根据其破坏情况建立风险矩阵，对该车站进行系统的风险管理，建立了基于风险指标评价和数值分析的地震风险分析框架。研究结果表明，弹塑性时程分析结合风险矩阵的风险分析方法具有较好的精确性和可靠性，适用于重要大型地下空间结构的地震风险分析。

王峥峥等(2012)基于汶川地震山岭隧道破坏数据统计分析，建立了基于模糊综合评价模型的山岭隧道地震风险分析方法，该方法能够很好地考虑山岭隧道抗震风险的随机性与模糊性特点，最终获得了山岭隧道抗震风险大小，可为隧道洞口抗震设计分析提供借鉴。

苏木标等(2013)提出并采用分层加权综合法，根据震后隧道损坏情况的现场调查结果，参照相应的扣分标准分别计算相应的扣分值，通过逐级分层加权分析最终得到隧道各部分以及整座隧道的震害指数值。

安军海等(2015)针对城市大型地下空间结构，首次制定了相应的地震风险的分析指标和分级标准，提出了对应的地震风险接受准则及震后救灾策略，建立了地下结构地震风险评价框架。廖聪和陈清军(2019)以上海某地下综合体结构为研究背景，采用全动力非线性时程分析与风险矩阵相结合的方法，对该地下综合体结构进行了地震风险分析。

Wang 和 Zhang(2013)针对汶川地震后山岭隧道破坏状况，开展了地震风险分析。Andreotti 和 Lai(2019)提出了基于风险矩阵分析法的半经验半定量的隧道地震风险分析流程，首先针对山区不同埋深岩石隧道开展了地震脆弱性分析，获得了相应的地震脆弱性曲线，并利用该曲线对采用不同支护类型的隧道进行了地震风险分析。

风险矩阵分析法较多地依赖定性分析，由于其有快速简便的特点，目前依然在科研及工程实践中广泛使用。但是，该方法很难综合考虑风险分析中的各个不确定性因素，因此，从概率定量的角度开展风险分析具有重要的意义。

1.3.2.2 概率定量地震风险分析法

除了风险矩阵分析法，概率定量地震风险分析法在过去的几十年中也广泛应用于地下结构或其他工程结构的地震风险分析及性能评价。在该理念框架下，美国地震工程研究中心定义地震风险为地震危险性、地震脆弱性及社会财富损失三者的乘积，国内学者胡聿贤(1999，2003)也阐明了这三者之间的关系。在某种程度上，地震风险性表达了人们对工程结构在未来一段时间内遭遇地震荷载袭击时，产生不同经济损失和社会后果的可信度。一般而言，概率地震风险 R_{ls} 可以使用地震脆弱性 $F_{\mathrm{R}}(x)$ 和地震危险程度（即地震灾害危险性）$\lambda(x)$ 的卷积形式进行表达，如式(1.2)所示：

$$R_{ls}=\int_{x}F_{\mathrm{R}}(x)\,|\,\mathrm{d}\lambda(x)\,| \tag{1.2}$$

一般而言，上述地震风险解析函数有三种基本形式，即基于地震动强度参数的形式、基于地震需求的形式和基于损失程度的形式。目前，国内外众多学者在该领域开展了大量计算分析，但总的来说该方法目前在核工程、水电站、大坝、建筑工程、桥梁工程等领域使用较多，在地下工程方面应用较少，下文将主要从建筑及桥梁工程领域和地下工程领域这两个方面展开综述。

1. 建筑及桥梁工程领域

在建筑及桥梁工程领域，美国学者 Cornell 教授、Ellingwood 教授及其研究团队做出了一系列开创性且卓越的贡献。Cornell(1968)提出了工程结构地震风险分析的基本理念和分析流程，紧接着，Cornell 和 Vanmarcke(1969)研究了工程结构地震风险分析的关键影响因素。Cornell(1994)首次建立了基于地震动强度参数的概率地震风险函数闭式解析表达式，其中以幂指数函数来刻画地震危险程度函数 $\lambda(x)$，以对数正态分布函数来刻画地震脆弱性函数。Ellingwood(2001)以带支撑钢框架为对象利用 Cornell(1994)建立的概率地震风险函数闭式解析表达式开展了抗震风险分析。Lupoi 等(2003)利用 Cornell(1994)建立的概率地震风险函数闭式解析表达式对一座未采用抗震设计的钢筋混凝土桥梁开展了地震风险概率分析。

Kim 和 Foutch(2007)利用 Cornell(1994)建立的方法分别对不同层数的钢筋混凝土剪力墙结构开展了地震风险概率分析。Dolšek(2012)建立了考虑本质不确定性(aleatory uncertainty)和认知不确定性(epistemic uncertainty)的建筑结构地震风险分析简化分析方法。Banerjee 等(2013)针对洪灾频发地区桥墩侵蚀下的桥梁开展了地震风险分析，得到了相应的地震脆弱性曲线及风险曲线。Melani 等(2016)针对低层钢筋混凝土结构采用增量动力分析法开展了地震风险分析。Shokrabadi 和 Burton(2018)针对钢筋混凝土框架结构开展了主震及余震作用下结构地震风险分析。Cui 等(2019)针对预应力混凝土连续梁桥对其在 100 年设计基准周期内开展了地震风险分析。

国内学者如吕大刚、于晓辉等课题组在地震风险分析领域开展了大量有影响力的分析研究。冯清海(2008)针对斜拉桥桥塔和结构体系采用蒙特卡洛模拟结合增量动力分析法(IDA)对其开展了地震风险概率分析。黄明刚(2009)针对钢筋混凝土连续梁桥的桥墩和支座结构，考虑地震纵横向作用，开展了系列地震风险分析。于晓辉(2012)针对单体和群体钢筋混凝土结构获得了相应的解析地震脆弱性函数，并依据常用的幂函数形式的概率风险解析表达式，进一步开展了单体结构和群体结构的地震风险分析研究，其研究结果表明按照我国抗震规范设计的钢筋混凝土框架结构可以满足“大震不倒”的要求，但无法满足规范要求的“小震不坏，中震可修”。

黄志堂(2015)针对叠合柱高墩连续刚构桥，基于数值模拟和概率分析方法开展了概率地震损伤风险和概率地震需求风险分析研究。王学伟(2017)针对公铁两用斜拉桥，利用解析函数，分别开展了地震损伤和需求风险分析，探讨了该斜拉桥结构在100年设计基准期内的概率地震风险。乔宇航(2018)基于数值法与概率手段相结合，针对钢筋混凝土框架结构，利用获得的解析地震脆弱性函数推导得到概率地震需求风险函数和概率地震损伤风险函数，开展了相应的地震需求风险和地震损伤风险分析。孟园英(2019)针对高墩大跨连续刚构桥开展了概率地震风险分析。杨恺(2019)针对考虑氯离子侵蚀引起性能退化的V腿连续梁桥开展了地震概率风险分析，并给出了加固防护建议。吕大刚等(2019)在其综述性论文中介绍了第二代基于性能地震工程中的地震正逆概率风险分析方法及框架。

2. 地下工程领域

在地下工程领域，国内外相关研究较少。国外学者 Selva 等(2013)针对埋置于C类和D类(EC 8，2004)土体的浅埋隧道开展了地震风险分析，分别对单环隧道及区间隧道开展了基于经济损失的地震风险分析，获得了相应的地震风险指标。Fabozzi 等(2018，2019)针对意大利高铁中的隧道系统开展了基于隧道地震风险分析的地震早期预警及迅速响应系统研究，该研究采用隧道地震脆弱性曲线计算获得了不同地震强度下的隧道地震损失，并将其作为指标开展了相关研究。Moayedifar 等(2019)针对伊朗西南无支护铁路隧道建立了以PGA为地震动强度指标的岩石隧道地震脆弱性曲线，并利用该曲线获得了岩石隧道随PGA变化的地震风险曲线。国内的隧道地震风险分析中，尚未有基于概率地震风险分析法的相关研究，未来值得进一步开展。

由以上分析可知，国内外关于地震风险分析的研究大多侧重于建筑结构或桥梁结构，近年来关于隧道及其他地下结构地震风险分析的研究引起了研究人员的重视并得到不断发展。本书以软土地区典型浅埋、中埋及深埋隧道为研究背景，开展合理的地震风险分析研究，为不同埋深的软土盾构隧道的抗震设计和地震风险管理提供指导。

1.3.3 工程结构可恢复性分析研究现状

可恢复性(resilience)的理念最初起源于 Holling(1973)在生态学领域的相关研究，他将可恢复性定义为“生态系统受周围环境干扰或吸收变化而短暂波动后仍然保持稳定性和持续性的能力”。目前，可恢复性分析已经在各个学科领域有所应用和发展。在遭受各种灾害时，不管是微小的材料，还是单独的个体，抑或是部分区域，甚至是庞大的城市都体现出可恢复性的思想。对于土木工程领域而言，学者们关注的是从材料到基本构件再到整体结构，乃至到单体建筑、大型社区或整个城市等从小到大的多尺度的研究范围，这些研究对象都需要有较强的可恢复性。在美国“9·11”恐怖袭击事件中，土木工程结构物遭受了巨大灾害，此后结构性能恢复能力逐渐引起人们重视，目前工程结构可恢复性研究在世界范围内已经成为一个研究热点。

2009年在日美地震工程合作讨论会中，日美相关研究人员首次建议把可恢复功能城市作为地震工程合作研究的主轴(吕西林等，2017)。Mahin(2012)根据近期大地震对城市的重大影响,发文指出需要建设更多的可恢复性城市。Ayyub(2014)将可恢复性概念应用在生命线网络系统中,并建立了较为系统的分析方法,其可恢复性评价指标定义为灾害影响时间范围内性能损失总面积与正常性能总面积之比。2016 年,美国太平洋地震工程研究中心(PEER)会议中,参会专家们把可恢复性作为大会主题,并认为其将成为下一代基于性能的地震工程研究的关键核心。2017 年,智利圣地亚哥召开的第 16 届世界地震工程研究大会(16WCEE)将"可恢复性功能——地震工程新挑战"定为大会主题(吕西林等,2017)。地震可恢复性评价涵盖了震后结构破坏和相应的经济损失分析,以及结构功能损失及恢复能力分析,整体反映了新一代地震灾害下结构性能评价分析策略,以此来保障结构在震后的有效使用和安全,获得显著的经济效益和社会效益,为城市地震防灾减灾提供了新的研究思路和视域。

工程抗震设计在近百年来得到了迅猛的发展,跨越了最开始的静力抗震设计、反应谱抗震设计、全动力抗震设计,目前处于广泛使用基于性能的抗震设计阶段(谢礼立,2003;谢礼立等,2009),未来可发展基于可恢复性分析的抗震设计(宁晓晴和戴君武,2017)。该发展历程体现了人们从最初的维护生命财产安全的设计理念,逐渐发展到提高社区生活幸福感及城市功能性、保障环境可恢复性及可持续性的现代化新理念,表达了人们对更美好生活质量的殷切追求。考虑到未来可能发生的严重地震及其他灾害,建立具有合理抗震可恢复性的工程结构甚至是即时可恢复性社会显得极其迫切,这在未来将拥有广阔的工程和实践应用前景。

下文将从大型基础设施可恢复性分析、建筑工程及桥梁工程可恢复性分析以及地下结构可恢复性分析四个方面来介绍这些领域可恢复性分析的国内外研究进展。

1.3.3.1 大型基础设施系统可恢复性分析

国外学者 Miles 和 Chang(2006)提出了一个提高社区震后可恢复性的计算模型,该模型可以计算个体家庭、商业、生命线设施等对整个社区的影响。Norris 等(2008)根据经济发展、社会效益、信息流动及社区完整性等多方面因素,提出了社区可恢复性分析方法。Cimellaro 等(2010)针对医院系统在极端事件下开展了可恢复性分析,提出了新颖的医疗系统灾害性能恢复模型,建立了相应的分析框架。Francis 等(2014)针对工程和基础设施系统提出了创新的可恢复性指标及分析流程。Burton(2015)等建立了地震灾害下考虑建筑性能极限状态不确定性的社区可恢复系分析框架,并对某一居民区进行了震后民众安置容量的可恢复性分析。Franchin 和 Cavalieri(2015)基于复杂图论理论及各种不确定性建立了社区系统地震概率可恢复分析模型,并以实际社区为例介绍了具体的工程应用。Nan 和 Sansavini(2017)建立了相关联基础设施系统多层次及考虑时间效应的可恢复性分析方法,并最终采用变电站系统作为案例验证了该方法的可操作性。Shin 等(2018)介绍了目前针对水基础设施系统开展的各类可恢复性分析研究工作,指出目前共有 21 种不同的可恢复性分析指标,主要是关于水资源来源及其分布系统。Nogal 和 Honfi(2019)基于考虑极端事件下人群随机反应效应针对城市交通网络开展了可恢复性分析,并使用 Luxembourg-Metz 交通网络应用了该方法。总的来说,近五年来,国外关于大型基础设施可恢复性分析的研究层出不穷,不同学者的研究对象、研究目的、研究手段都有所不同,呈现百花齐放的局面。

国内学者申鸿宇(2016)针对典型养老设施建筑，根据其相关功能和重要度对各类构件展开分类，提出了相应的建筑可恢复度指标及其评价方法。祁淳(2016)针对教学建筑开展了地震可恢复性分析，从结构和非结构两部分根据不同的破坏程度将教学建筑的地震可恢复性划分成五个不同的等级。杜杰等(2018)针对城市路网建立了震后可恢复性分析方法，并对大连城市路网进行了综合可恢复性分析。舒荣星(2018)和刘如山等(2019)针对变电站开展了地震可恢复性分析，并提出了相应的等级划分方法和量化指标，建立了变电站性能恢复时间、地震烈度与可恢复性指数之间的关系。

1.3.3.2 建筑工程可恢复性分析

国外学者 Titi 和 Biondini(2013)及 Biondini 等(2015)分别开展了性能退化的混凝土结构地震可恢复性研究，考虑了性能退化和地震荷载的共同影响，提出了相应的考虑退化的功能函数，表明了建筑结构分析中考虑多重灾害影响的重要性。Tirca 等(2016)建立了对既有支持框架办公结构的地震可恢复性分析方法，并且对加拿大东部和西部典型结构的地震可恢复性进行了案例分析，强调了加固对结构可恢复性的提升效果。Rousakis(2018)针对无黏结复合绳加固的钢筋混凝土柱从材料、构件和结构单元三个层次开展了地震可恢复性分析。Ranjbar 和 Naderpour(2020)针对重要高层建筑，采用地震脆弱性曲线及易损性曲线对其开展了地震可恢复性分析。

在国内，众多学者也相继针对建筑工程开展了可恢复性分析。吕西林等(2014)介绍了关于可恢复功能结构新体系上国内最新的相关研究，文章强调具有较多优势的可恢复功能抗震结构体系，能够满足预期的结构地震可恢复功能，未来在工程应用中将大有可为。何政等(2017)提出了结构抗震可恢复性指标，采用增量动力分析法建立了考虑结构损伤的可恢复性分析方法。李金玲(2018)分析了不同近远场地震动选择对框架结构地震可恢复性分析的影响。徐积刚等(2019)以我国典型混凝土框架为例，通过考虑近场地震作用及分析中的各个不确定因素，对其开展了结构抗震可恢复性分析和评价。周颖等(2019)从结构体系、设计方法、性能指标以及工程应用等多个角度揭示了可恢复功能结构的特点，并对未来可恢复功能结构进行了展望。吕西林等(2019)针对可恢复功能防震结构介绍了相关研究进展，并建议提出更多具有可恢复功能的结构体系，希望未来能建立基于可恢复性的相关设计规范。

1.3.3.3 桥梁工程可恢复性分析

Dong 和 Frangopol(2015)建立了考虑多种不确定性的公路桥梁地震概率可恢复性分析框架，有助于更好地理解震后桥梁性能及制订桥梁性能迅速恢复策略。Alipour 和 Shafei(2016)建立了由自然因素引起的桥梁构件性能退化影响下的交通网络地震可恢复性分析方法，该研究可以为地震交通系统的加固策略和措施提供参考。Andrić和 Lu(2017)采用模糊数学法针对桥梁结构开展了地震可恢复性分析，给出了不同 *PGA* 下桥梁的可恢复性指标及相应的地震灾害损失。Forcellini(2017)针对隔振桥梁考虑土-结构接触效应，对其震后损失及修复时间等因素开展了地震可恢复性分析。Vishwanath 和 Banerjee(2019)建立了分析全寿命周期内考虑材料退化的三跨混凝土桥梁的地震可恢复性风险分析框架，该研究发现可恢复性指标随地震动强度参数呈线性关系。

许圣(2015)对典型钢筋混凝土公路连续梁桥开展了地震风险和可恢复性分析，提出了可恢复性指标及可恢复性效益两个决策变量，建立了基于可恢复性理论框架的统一评价体系和决策机制。何峰(2017)利用模糊综合评判法结合层次分析法对单座桥梁可恢复性开展了相关研究,并利用桥梁脆弱性分析、图论理论以及交通流量分配模型等手段对桥梁交通网络开展了可恢复性分析。何超超和项贻强(2017)针对极端事件和结构恶化条件下的桥梁结构开展了可恢复系分析,提出了基于灾害可恢复性指数的分析指标,制定了反映桥梁可恢复性能力的分级标准。刘洋等(2017)基于桥梁地震脆弱性曲线和不同的修复加固措施建立了考虑恢复时间和初建时间的混凝土连续梁桥震后可恢复性评价方法,并提出了相应的可恢复性评价标准。史伟(2018)和李宁等(2018)提出了震后受损桥梁的可恢复性和可持续性分析框架,可以充分考虑社会成本、环境成本和修复成本等因素,并且能够考虑模型参数分布的不确定性,以此指导实践中为提高受损桥梁性能的加固改造方案。陈月(2018)和武芳文等(2018)以大跨度斜拉桥为例开展了地震易损性及可恢复性分析,并提出了斜拉桥抗震可恢复性指标。

1.3.3.4 地下结构可恢复性分析

在地下工程领域,国外的 Rinaudo 等(2016)首次针对隧道领域关于抗火性能的可恢复性做出了相关定义:"隧道在遭受火灾后损失最小且能尽快恢复原有功能的能力。"而在国内,同济大学黄宏伟及张东明等研究者率先开展了盾构隧道可恢复性相关研究,他们将地下结构可恢复性定义为"地下工程结构承受极端作用的能力以及通过加固补救措施快速恢复到原有服役性能的能力"(张东明,2015)。Huang 和 Zhang(2016)首次建立了极端超载作用下的盾构隧道结构可恢复性评价模型,以上海地区的突发地表超量堆载事故作为典型案例,基于实测数据及理论分析,建立了基于隧道收敛变形的性能指标,对盾构隧道灾后性能恢复开展了分析。紧接着,Huang 等(2017)建立了基于智能监测系统的盾构隧道可恢复性分析模型,并介绍了相关案例分析,基于上述研究,Zhang 等(2018)针对建立了基于网络拓扑法的城区地铁网络灾害可恢复性分析方法,定量地表征隧道网络的易损性及恢复速度,并以含 303 个车站的上海地铁网络系统为例开展了可恢复性分析。Khetwal 等(2019a)针对交通隧道开展了可恢复性分析,该研究将交通隧道可恢复性定义为"隧道维持原有交通流量且最小化社会和经济损失的能力",该研究讨论了运营期隧道监测数据对隧道性能损失模型的作用性,为后期开展系统可恢复性分析奠定了基础。运用类似手段,Khetwal 等(2019b)介绍了基于数据驱动的交通隧道的可恢复系分析框架,并以美国科罗拉多交通隧道为例进行了案例分析。Saadat 等(2019)采用图论和网络拓扑方法对美国华盛顿地铁网络系统开展了在极端事件下的可恢复性分析,考虑了车站失效和区间隧道失效两种极端状况,利用小世界网络方法定量刻画了地铁网络的易损性、效率性和可恢复性。

总的来说,在其他工程结构领域,学者针对可恢复性分析逐渐开展了大量研究,取得了较多成果。但在地下工程领域,相关可恢复性分析较少,尤其是针对地震荷载下的可恢复性分析,目前尚未在文献中出现,未来值得更多研究。

1.4 本书主要内容

本书针对我国软土地区不同埋深盾构隧道,通过数值模拟、解析分析及理论计算等方法，研究了软土隧道正常服役和考虑性能退化两种情况的地震脆弱性和易损性特点，揭示了不同埋深隧道地震脆弱性分析的合理地震强度指标，建立了基于双强度地震强度指标的地震脆弱性曲线，提出了软土盾构隧道展开了地震风险概率分析及可恢复性分析框架。上述研究可应用于定量分析地震灾害引发的隧道潜在风险及隧道可恢复性性能，以此来减小地震经济损失及社会影响，对顺利进行抢险救灾工作具有十分重要的意义。本书主要研究内容概括如下：

（1）开展了软土盾构隧道地震脆弱性及易损性分析。针对软土典型浅埋、中埋及深埋隧道，基于增量动力分析法展开了大量非线性动力时程分析，选用 *PGA* 或 *PGV* 为地震动强度指标，构建了不同埋深隧道的地震脆弱性及易损性曲线，揭示了地震脆弱性及易损性的发展规律。该曲线可以用于隧道定量地震风险与可恢复分析。

（2）分析了隧道地震脆弱性分析中的合理地震动强度参数，探讨了基于双地震动强度参数的隧道地震脆弱性曲面。依据相关性、有效性、实用性和效益性四个评价准则，合理选择分别用于浅埋、中埋及深埋隧道地震脆弱性分析的合理地震动指标。基于获得的合理地震动强度指标，本书首次获得了针对基于双地震动强度指标的隧道地震脆弱性曲面。

（3）分析了考虑氯离子侵蚀影响的隧道地震时变脆弱性及易损性。基于地震脆弱性及易损性分析方法，以 *PGA* 或 *PGV* 为地震动强度指标，获得了浅埋、中埋及深埋隧道的时变地震脆弱性曲线及曲面，分析了不同埋深隧道地震脆弱性及易损性的时变发展规律。

（4）开展了软土地区不同埋深隧道的地震概率损失分析及风险分析。分析了不同埋深隧道在不同地震强度等级下的平均损失、地震损失概率及地震风险发展规律，进而通过考虑多种脆弱性曲线模型的不确定性，以某一区间隧道为例开展了隧道地震损失与风险分析。

（5）开展了软土地区不同埋深隧道地震可恢复性概率分析。分别考虑正常服役和性能退化两种性能状态，分析了不同埋深隧道在不同地震强度等级下的时变地震可恢复性演化规律，归纳了考虑多种脆弱性曲线模型不确定性的隧道地震可恢复性分析方法。

第 2 章　软土盾构隧道地震脆弱性及易损性分析

2.1　概述

鉴于城市隧道工程的大规模建设以及地震震害的严峻形势，隧道结构安全及地震性能分析得到了业界越来越多的重视（季倩倩，2002；王明年等，2012）。城市盾构隧道若抗震设计考虑不足，则在强震下可能会发生严重的直接震害及次生灾害，且震后破坏难以修复，或修复代价极其巨大，对人们的人身安全和公共财产造成严重威胁。因此，盾构隧道地震结构安全是保障城市交通系统正常运营的核心和基础，合理开展盾构隧道地震脆弱性及易损性分析显得尤为重要，并已成为国内外热点研究方向。隧道地震脆弱性和易损性曲线可以从概率的角度对隧道结构抗震性能进行分析，对开展隧道结构的抗震设计、预测隧道结构的抗震性能，以及制订隧道结构震后加固和维修措施具有重要的应用价值。目前，已有相关学者开展了初步分析，但针对不同埋深隧道、软弱土层影响及不同地震强度指标分析等影响因素，亟待展开进一步相关研究。

基于此，本书首先建立了软土盾构隧道地震脆弱性及易损性详细分析方法，提出了隧道结构不同破坏状态的定量划分方法，以及地震脆弱性曲线及易损性曲线解析表达式。基于此，以上海软土地区典型隧道为例，建立了土体-隧道结构体系二维非线性有限元模型，展开了大量数值计算，通过考虑不同的隧道埋深、不同的土层断面、不同地震动强度指标影响，分析了不同地震强度等级下的土-隧道地震系统响应特征，建立了反映不同地震强度下隧道破坏概率大小的地震脆弱性曲线以及可表征震后经济损失特征的隧道地震易损性曲线，并在实际工程案例中实现了应用与验证。该系列曲线可以用于类似软土场地盾构隧道的定量地震风险分析，具有重要的理论和工程意义。

2.2　盾构隧道地震脆弱性及易损性分析方法

本节介绍了盾构隧道地震脆弱性及易损性分析流程，隧道地震破坏状态定义以及隧道地震脆弱性及易损性曲线解析式等内容。

2.2.1　地震脆弱性及易损性分析流程

本书提出的隧道地震脆弱性及易损性分析流程是基于隧道横向地震动力时程分析而展开的，该计算方法能够有效考虑场地影响、地震波特性以及隧道埋深等影响隧道地震反应的重要因素。基于此，本书提出了如图 2.1 所示的隧道地震脆弱性及易损性曲线的分析流程。

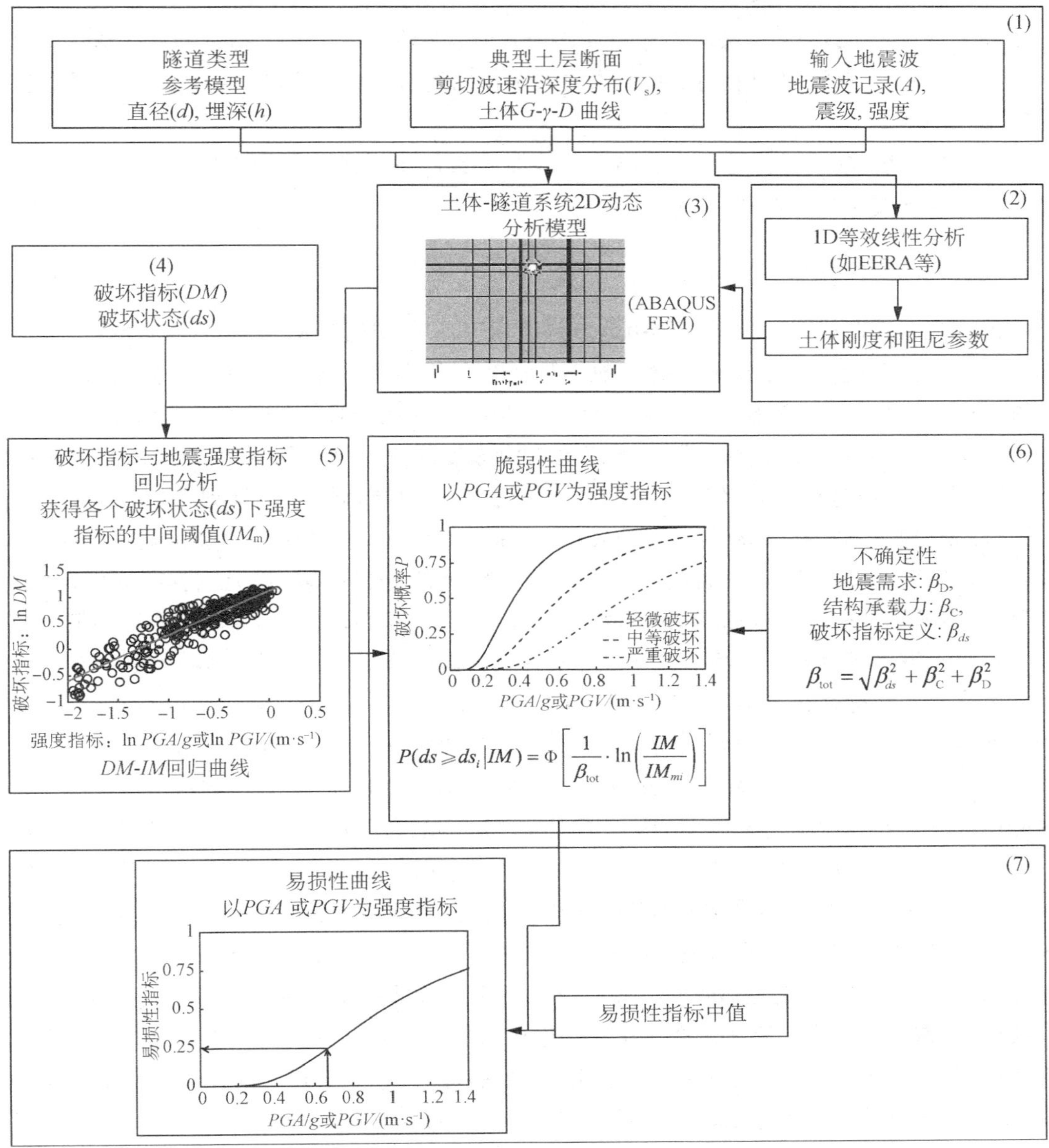

图 2.1　隧道地震脆弱性及易损性分析流程

该流程主要由以下几个步骤构成：

(1) 选择典型的隧道类型、土层信息、隧道埋深及输入地震波。

(2) 由选择的土层及地震波展开土体一维(1D)地震响应分析，获得相应的土层刚度参数及阻尼参数。

(3) 利用选择的隧道模型，输入地震波及由步骤(2)得到的土层刚度与阻尼参数建立二维(2D)土体-隧道动力有限元模型，并展开增量动力分析(IDA)。

(4) 衬砌不同破坏状态由不同的破坏指标(*DM*)限值确定，在本书中破坏指标(*DM*)定义为隧道横截面真实弯矩(M)与其弯矩承载力(M_{Rd})之比。

(5) 计算地震脆弱性曲线的两个关键性参数,即对数正态分布的平均值和标准差,主要基于步骤(3)和步骤(4)得到的破坏指标 DM 与地震动参数 PGA 或 PGV 拟合公式计算得到。

(6) 依据步骤(5)得到的两个关键参数及选择的地震动参数 PGA 或 PGV 获得隧道地震脆弱性曲线。

(7) 依据步骤(6)得到的地震脆弱性曲线及定义的各个破坏状态对应的易损性指标中值获得隧道地震易损性曲线。

2.2.2 衬砌破坏状态定义

地震脆弱性曲线是根据不同等级地震强度(IMs)与相应破坏指标(DM)关系计算得到的,因此,选择合理的破坏指标对隧道地震脆弱性分析非常重要。在建筑工程和桥梁工程领域,学者们提出了大量不同的破坏指标和相关参数并用于地震脆弱性分析。另外,我国地下结构抗震分析主要根据《地下铁道建筑结构抗震设计规范》(DG/TJ 08-2064—2009)、《建筑抗震设计规范》(GB 50011—2010)、《城市轨道交通结构抗震设计规范》(GB 50909—2014)以及《地下结构抗震设计标准》(GB/T 51336—2018),这些规范大多建议以层间位移角作为地震破坏性能指标。然而,在盾构隧道地震性能分析领域,相关地震破坏指标相对较少,已有隧道经验脆弱性曲线的破坏状态则根据以往地震隧道破坏定性描述来确定。

本书采取的破坏指标(DM)定义为隧道横截面真实弯矩(M)与其弯矩承载力(M_{Rd})之比。这个破坏指标也被其他学者广泛采用并验证,应用于类似研究之中(如 Argyroudis 和 Pitilakis, 2012; Mayoral 等,2016; Argyroudis 等,2017; Huang 等,2017; Qiu 等,2018; Nguyen 等,2019)。基于增量动力分析法展开大规模有限元计算,隧道衬砌真实弯矩(M)由静荷载和地震动荷载计算得到,隧道横截面弯矩承载力(M_{Rd})根据衬砌截面和材料特性以及产生的截面地震轴力(N)由极限状态分析得到(Argyroudis 等,2017; Huang 等,2017; Qiu 等,2018),本书采用 FAGUS 软件(Cubus, 2002)对隧道衬砌进行截面承载力分析,从而获得不同计算工况的破坏指标具体值。根据文献(Argyroudis 等,2017; Huang 等,2017),本书将盾构隧道破坏分为五个不同等级破坏状态,分别是无破坏、轻微破坏、中等破坏、严重破坏和完全破坏。在本书中,按 Werner 等(2006)推荐,易损性指标中值取值为 0, 0.10, 0.25 和 0.75,分别对应无破坏、轻微破坏、中等破坏和严重破坏四种破坏状态。综上所述,隧道破坏指标范围,破坏指标中值及易损性指标中值如表 2.1 所示。

表 2.1　破坏状态定义

破坏状态(ds)	破坏指标范围 (DM)	破坏指标中值	易损性指标中值
无破坏 ds_0	$M/M_{Rd} \leqslant 1.0$	—	0
轻微破坏 ds_1	$1.0 < M/M_{Rd} \leqslant 1.5$	1.25	0.10
中等破坏 ds_2	$1.5 < M/M_{Rd} \leqslant 2.5$	2.00	0.25
严重破坏 ds_3	$2.5 < M/M_{Rd} \leqslant 3.5$	3.00	0.75
完全破坏 ds_4	$M/M_{Rd} \geqslant 3.5$	—	—

本书基于王明年等(2009)针对隧道地震现场震害调查、统计及相应分析，扩展提出了表 2.1 所示不同破坏状态的隧道震害描述，如表 2.2 所示。

表 2.2　　不同破坏状态对应隧道震害描述

破坏状态(ds)	隧道震害描述
无破坏 ds_0	正常通车，无破坏现象
轻微破坏 ds_1	正常通车，局部破损，需要较小程度维修加固
中等破坏 ds_2	不影响通车，局部较严重，需要较大程度维修加固
严重破坏 ds_3	较长时间不能通车，破坏严重，需要极大程度维修加固
完全破坏 ds_4	长时间不能通车，完全坍塌，需要替换或重修

2.2.3　隧道地震脆弱性解析式

地震脆弱性曲线体现了结构在不同地震强度下超越不同破坏状态的概率。与建筑工程(Kappos 等，2006；Gelagoti 等，2012；陆新征等，2011；于晓辉，2012；Adhikari 和 Gautam，2019)和桥梁工程(Choi 等，2004；冯海清，2008；Moschonas 等，2009；谷音等，2011；Ramanathan 等，2015；Gidaris 等，2017)类似，隧道地震脆弱性分析中，大部分已有脆弱性曲线可采用双参数对数分布模型表示，如式(2.1)所示。

$$P_f(ds \geqslant ds_i \mid IM) = \Phi\left[\frac{1}{\beta_{tot}} \cdot \ln\left(\frac{IM}{IM_{mi}}\right)\right] \tag{2.1}$$

式中　$P_f(\cdot)$——超过某破坏状态 ds 的概率；

IM——对于由地震参数定义的给定地震强度水平，本章为自由场地表峰值加速度值(PGA)和地表峰值速度值(PGV)；

Φ——标准正态密度累积概率函数；

IM_{mi}——导致第 i 破坏状态对应的地震参数 S 的阈值；

β_{tot}——总的对数标准差，表达了脆弱性曲线的总变异性。

本书考虑了不确定性的三个主要来源，即破坏状态 ds 定义的不确定性(β_{ds})，隧道响应和承载能力的不确定性(β_C)以及输入地震动不确定性(需求)(β_D)。总变异性 β_{tot} 为三个不确定性的组合，假设它们相互独立，β_{tot} 可以由式(2.2)计算所得：

$$\beta_{tot} = \sqrt{\beta_{ds}^2 + \beta_C^2 + \beta_D^2} \tag{2.2}$$

式中，参数 β_{ds} 和 β_C 分别取值为 0.4 和 0.3(Argyroudis 和 Pitilakis，2012)，与地震需求相关的最后一个不确定性来源 β_D，由根据输入不同地震波计算得到的破坏指标与拟合回归曲线偏差的标准偏差确定。

值得注意的是，地震脆弱性分析中各种不确定性是一个关键因素，一般而言，脆弱性分析中的不确定性可以分为本质不确定性(alatory uncertainty)和知识不确定性(epistemic uncertainty)。其中，本质不确定性体现了不同影响因素的内在随机性，知识不确定性则体现了由于人们认知缺乏导致的误差。关于这两方面不确定性的更多讨论可以参阅于晓辉(2012)和吴文朋(2015)的相关研究。在隧道地震脆弱性分析中,相关 β 参数如 β_{ds}, β_C 及 β_D 的定义和取值也是具有挑战性且需要进一步研究的工作。总变异性 β_{tot} 用来描述各种不确定性的总和,如式(2.2)所示,也体现了最终脆弱性曲线的变异程度(Pitilakis 等,2014)。

一般来说,参数 β_{ds} 代表了用来划分不同破坏状态的破坏指标限值定义的不确定性,且针对不同的结构参数值往往不同。对于隧道,β_{ds} 一般取值为 0.4(HAZUS, 2004);对于桥墩、桥梁支座、桥梁基台,建议分别取值为 0.35, 0.20 及 0.47(Stefanidou 和 Kappos, 2017)。而对于参数 β_C,其取值往往取决于结构材料参数的变异程度和模拟方法的完善程度。对于桥墩,β_C 一般为 0.14~0.50,平均值可以取为 0.35(Stefanidou 和 Kappos, 2017);对于隧道,一般基于工程经验可取值为 0.3(Argyroudis 等,2019)。对于体现地震需求的参数 β_D 则依赖于所选择的地震动的不确定性,可以由输入不同地震波计算得到的破坏指标与拟合回归曲线偏差的标准偏差确定。由于考虑到在隧道地震脆弱性分析方面对于这些不确定参数的取值缺乏更严谨的研究,在本书中,参数 β_{ds} 和 β_C 的取值与其他相近研究一致(Argyroudis 和 Pitilakis, 2012; Osmi 等,2015; Huh 等,2017a, 2017b; Huang 等,2017; Qiu 等,2018; Nguyen 等,2019),采用了经验性数值,而参数 β_D 通过计算得到。未来在这方面可展开更多研究。

2.2.4 隧道易损性曲线解析式

当隧道地震脆弱性曲线获得后,便可以获得相应的描绘地震动强度和易损性指标关系的地震易损性曲线(Pitilakis 等,2014; Porter, 2015; Silva 等,2019),而易损性指标的定义根据不同的理论有不同的方式(吕大刚等,2010;黄栩,2014),在本书中,易损性指标从结构经济损失的角度来定义(Fotopoulou 等,2018)。具体地说,隧道易损性指标定义为破坏后结构修复花费与结构完全替换花费之比,取值范围为 0~1,代表从无破坏无修复状态到完全破坏完全替换状态。因此,通过这个关系,如果每环衬砌完全替换的花费确定,那么不同地震等级下的隧道修复花费也可以随之计算得到。因此,易损性曲线能够从经济损失的角度来分析在不同地震强度下的隧道结构破坏和地震风险。

根据上文建立的隧道地震脆弱性曲线,可以获得隧道在不同地震强度下超越不同破坏状态的概率,同时,基于式(2.3)可以获得不同地震强度下相应的易损性指标 VI:

$$VI_j = \sum_{k=1}^{4} d_k P_{kj} \tag{2.3}$$

式中 VI_j——地震强度 j 下的易损性指标,取值范围为 0(无破坏)~1(完全破坏);

d_k——破坏状态 k 下的易损性指标中值;

P_{kj}——地震强度 j 和破坏状态 k 下的离散概率,可以按式(2.4)—式(2.7)计算(Fotopoulou 等,2018):

$$P_{1j}(=\text{无破坏}) = 1.0 - P_j(ds \geq \text{轻微破坏}) \tag{2.4}$$

$$P_{2j}(=\text{轻微破坏})=P_j(ds\geqslant\text{轻微破坏})-P_j(ds\geqslant\text{中等破坏}) \tag{2.5}$$

$$P_{3j}(=\text{中等破坏})=P_j(ds\geqslant\text{中等破坏})-P_j(ds\geqslant\text{严重破坏}) \tag{2.6}$$

$$P_{4j}(=\text{严重破坏})=P_j(ds\geqslant\text{严重破坏}) \tag{2.7}$$

在本书中，按 Werner 等(2006)推荐，易损性指标中值取值为 0，0.10，0.25 和 0.75，分别对应无破坏、轻微破坏、中等破坏和严重破坏四种破坏状态，如表 2.1 所示。

2.3　盾构隧道概况及有限元数值模型

2.3.1　隧道概况

自 20 世纪 90 年代以来，上海地铁隧道大规模建设，且大多采用盾构法施工，结构类型包含圆形隧道、双圆隧道等(张冬梅等，2010；Huang 等，2017；Zhang 等，2018)，其中圆形隧道占上海地铁系统 95%以上，且大多数地铁隧道的覆土埋深(地表到拱顶)为 9～33 m。考虑到盾构隧道对超大城市交通的重要性(苗雨等，2014；王国波等，2014)，本书以上海地区典型圆形隧道为例开展隧道地震脆弱性及易损性分析。上海典型圆形隧道一般直径(d)为6.2 m，管片厚度为 0.35 m，混凝土保护层厚度为 5 cm，为了考虑不同埋深隧道的影响，本书选取了三个代表性埋深深度(h)，即 9 m，20 m 和 30 m，隧道埋深与直径比 h/d 值为 1.45，3.22 及 4.84，分别代表典型的浅埋隧道、中埋隧道及深埋隧道工况，其对应的几何和力学参数如表 2.3 所示。

表 2.3　本书研究的隧道几何及力学参数

隧道参数	取值
覆土埋深 h/m	9.0，20.0，30.0
隧道外径 d/m	6.2
衬砌厚度 t/m	0.35
混凝土弹性模量 E_c/GPa	3.55
混凝土泊松比 ν_c	0.2
钢筋弹性模量 E_s/GPa	200
钢筋泊松比 ν_s	0.2
抗弯钢筋面积 $A_s/(\mathrm{cm}^2\cdot\mathrm{m}^{-1})$	21.0，43.0，58.0
衬砌保护层厚度 c/cm	5.0

2.3.2　土层参数

上海位于华东地区，地处长江和黄浦江入海口，南临杭州湾，东濒东海，地属滨海平原地貌类型，城市大部分区域浅部存在厚度约 30 m 的软弱土层，该浅层土体标准贯入试验锤击数 N_{SPT}一般小于 13(朱士德，1996)，其中部分地区受到古河道切割，软弱土层厚度更大，下部地层受多次海侵的影响，黏性土和砂性土交替分布，属于典型的软土地区(Yang 等，2006)。总体而言，根据《地下铁道建筑结构抗震设计规范》(DG/TJ 08-2064—2009)，上海软土地区普遍为Ⅲ，Ⅳ类场地，对应于欧洲规范(EC8，2004)的 D 类场地(标准贯入试验基数 $N_{SPT}<15$)，场地抗震设防烈度为 7 度时设计基本地震加速度为 0.10g。

本书收集了上海地铁 10 号线及地铁 12 号线区间隧道沿线地勘报告(附录 A)，并从中选择了三个代表性土体断面展开分析，在下文中分别以断面 D-1、D-2 及 D-3 表示。在场地地震响应分析中，土层深度选择即基岩面的选择是一个重要因素(陈国兴和陈继华，2005)。根据《地下铁道建筑结构抗震设计规范》(DG/TJ 08-2064—2009)，在地下结构地震响应分析中土层深度可选 70 m 左右，而基于陈孝培和甘德福(1997)相关研究，推荐在上海地区的抗震设计中，基岩面选择为 100～120 m。综合考虑，本书三个代表性土层深度都选为 100 m，土体上层为黏土，下层为砂土。上海地区典型黏土及砂土泊松比分别为 0.30 和 0.33，其剪切模量衰减和阻尼比模型曲线根据《地下铁道建筑结构抗震设计规范》(DG/TJ 08-2064—2009)要求，如图 2.2 所示。值得注意的是，本书考虑的三个土层断面场地 20 m 深度范围内未有饱和砂质粉土或粉性土层分布，可不考虑地基土地震液化的影响。因此，本书的数值分析不考虑土体液化现象，后文展开的是非液化土的数值响应研究。

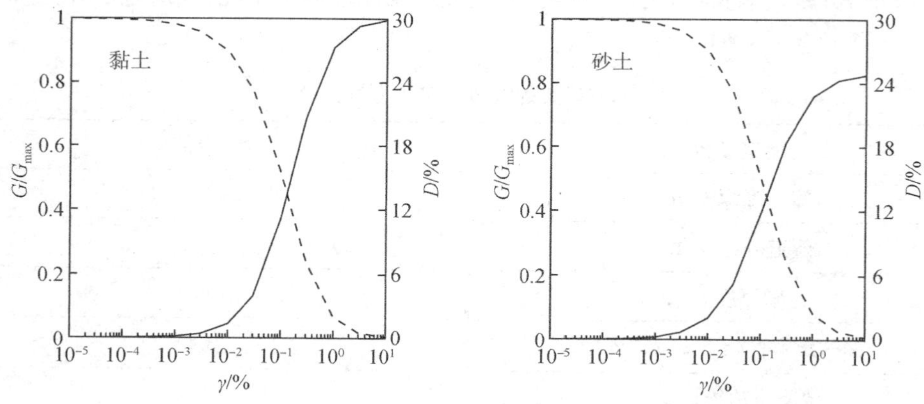

图 2.2　土体剪切模量衰减和阻尼比模型

根据三个代表性土体断面的地勘报告(附录 A)及土体剪切波速 V_s 沿深度分布情况，土层断面基本周期分别为 1.59 s，1.41 s 及 1.23 s，30 m 剪切波速 $V_{s,30}$ 分别为 123 m/s，165 m/s及 190 m/s，三个代表性断面 100 m 深度以下地层近似为弹性基岩，底部剪切波速可取为 500 m/s(陈国兴和陈继华，2005)。土层沿深度分层、剪切波速 V_s分布、土体密度 ρ 分布、土体黏聚力 c 及土体摩擦角 φ 分布等基本力学参数如图 2.3 所示。由图 2.3 可知，三个土层断面皆为典型的上海深厚软土地层，剪切波速越接近地表越小，地层深处黏土层和砂土层交替出现。

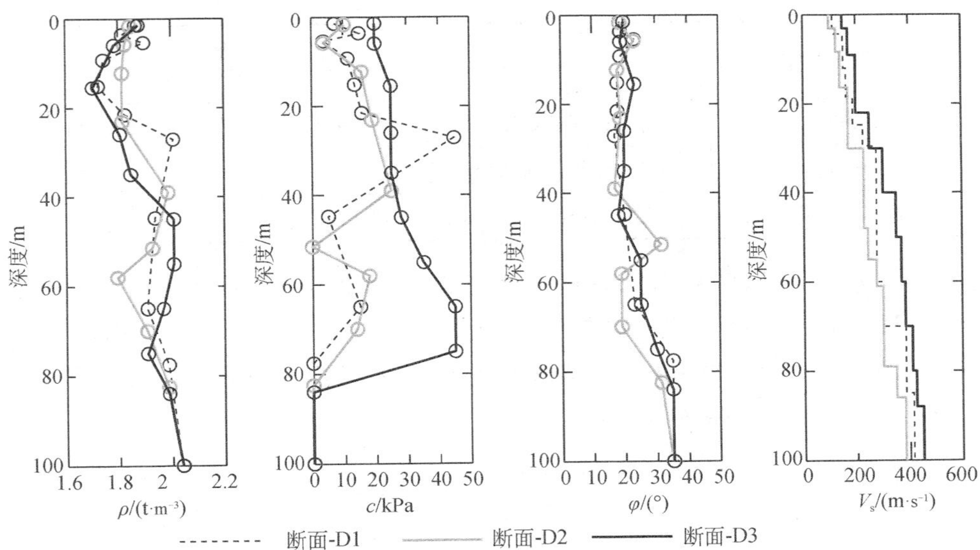

图 2.3　土层基本力学参数

2.3.3　输入地震波

输入地震波的不确定性是影响结构地震脆弱性分析的重要因素，因此，合理选择地震波对开展地震脆弱性分析极其重要(Iervolino 和 Manfredi，2008)。一般而言，合理选择 10～20 条地震波进行地震响应分析，能够考虑地震动不确定性，并有效控制地震需求计算的不确定性(Shome，1999；Liu 等，2016)。本书从美国太平洋地震研究中心网站(PEER，2000)选取了 12 条不同来源的地震波作为输入地震动，地震波来源场地与模型下卧基岩条件相近，地震震级 M_w 为 5.01～7.36，断层距为 1.63～77.32 km，地震波 PGA 为 0.13g～0.62g。地震波的主要参数见表 2.4。

表 2.4　选择的地震波主要参数

编号	地震波名	站台	年份	震级 M_w	震中距/km	PGA
1	Superstition Hills-01	Imperial Valley W. L. Array	1987	6.22	17.59	0.13g
2	Parkfield-02_ CA	Parkfield-Cholame 2WA	2004	6.00	1.63	0.62g
3	Tottori_ Japan	TTR008	2000	6.61	6.86	0.39g
4	Kobe_ Japan	Port Island	1995	6.90	3.31	0.32g
5	Imperial Valley-07	El Centro Array #11	1979	5.01	13.61	0.19g
6	Loma Prieta	Treasure Island	1989	6.93	77.32	0.16g
7	Kern County	Taft Lincoln School	1952	7.36	38.42	0.15g
8	Parkfield	Cholame-Shandon Array	1966	6.19	12.9	0.24g
9	Borrego Mtn	El Centro Array #9	1968	6.63	45.12	0.16g

（续表）

编号	地震波名	站台	年份	震级 M_w	震中距/km	PGA
10	San Fernando	Castaic-Old Ridge Route	1971	6.61	19.33	0.34g
11	Northridge-01	LA-Hollywood Stor FF	1994	6.69	19.73	0.23g
12	Imperial Valley-02	El Centro Array #9	1940	6.95	6.09	0.28g

图 2.4 为所选择的 4 个代表性地震波时程曲线图，其中地震波 PGA 分别为 0.13g，0.62g，0.39g 及 0.32g，地震波时长分别为 29.84 s，21.07 s，70 s 以及 41.99 s。为了得到隧道在不同等级地震波下的地震响应，本书将 12 条地震波以 0.1g 为梯度分别调幅为 0.1g～1.0g，总计 120 条输入波。

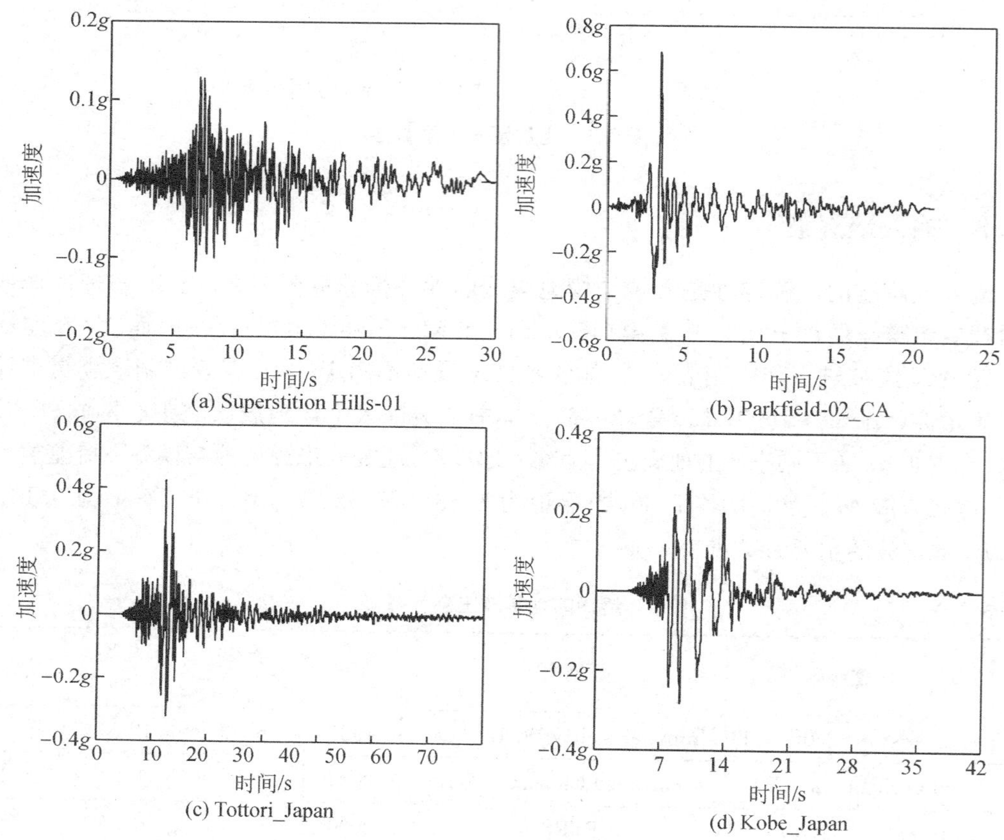

图 2.4　代表性地震波加速度时程曲线图

图 2.5 为各个地震波在阻尼比为 5%时的放大系数反应谱与《建筑抗震设计规范》(GB 50011—2010)规范谱的对比图，其中细实线为各个选用地震波的反应谱，其差异较大，体现了不确定性；黑色虚线为所选 12 条地震波反应谱均值，黑色实线为规范反应谱，由图 2.5可知，在主要周期 T(0～3 s)范围内，所选 12 条地震波反应谱均值与规范基本一致，能够很好地应用于隧道地震脆弱性分析。

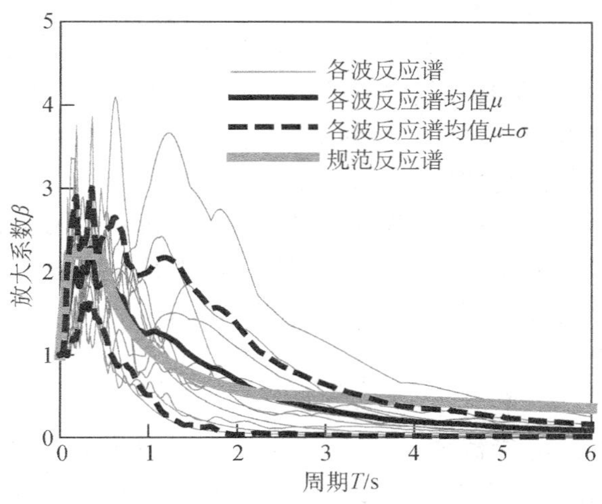

图 2.5　地震波放大系数谱

2.3.4　数值模型基本设定与介绍

本节介绍土体-隧道二维数值模型的基本设定和建模过程，接下来将详细展开介绍。

2.3.4.1　数值模型基本设定

为了兼顾计算效率和模型特点，本研究进行了一定的简化和假设，如下所述。

(1) 土体边界应为半无限空间体，理论上采用的分析区域为无穷大，本研究通过敏感性分析，采用截断边界的方法，模型宽度选为 400 m，模型底部选为 100 m，且其下卧土层认为是弹性基岩。

(2) 本书的分析仅限于考虑隧道横截面变形反应，没有考虑隧道纵向地震性能，也没有考虑随之带来的行波效应、地层不均匀等因素。

(3) 本研究的地震波只考虑了水平入射的剪切波，没有考虑入射角变化的影响，也没有考虑瑞雷波、洛夫波等面波或其他类型体波的影响。

(4) 采用均质圆环法模拟衬砌，没有考虑地铁盾构隧道的拼装形式、接头构造及衬砌周围注浆层等的影响。

(5) 本书采用常用的基于莫尔-库仑屈服准则的黏弹塑性模型模拟土体动态响应(Pitilakis, 2014)，没有采用更准确反映土体动态响应的动力本构模型，但是这个模型也能很好地应用在隧道地震反应中，被学者们广泛应用。未来可在 ABAQUS 软件中开发相应的动力本构模型展开分析。

(6) 本书在数值分析中采用线弹性模型模拟隧道衬砌，没有考虑混凝土材料非线性行为，下一步，可采用弹塑性模型如混凝土塑性损伤模型来反映衬砌混凝土非线性响应。

2.3.4.2　数值模型介绍

本书采用 ABAQUS 软件建立了土体-隧道相互作用有限元模型，按照平面应变问题进行计算分析，典型数值模型如图 2.6 所示。模型深度为 100 m，底部设为弹性基岩，按《地下铁道建筑结构抗震设计规范》(DG/TJ 08-2064—2009)建议，在动力时程法分析中，隧道中心与侧向边界的距离至少为隧道直径的 3～5 倍，本书模型宽度分别取不同值展开敏感性分析，最终确定为 400 m，因此，模型尺寸满足规范建议。土体选用平面应变单元(CPE4R)模拟，隧道衬砌采用梁单元(B21)模拟。参考 Lysmer 等(1969)网格划分建议及本书所研究频率区间(0.2～20 Hz)确定了土体和衬砌网格尺寸，同时对土-隧道界面附近土体划分了更为精细的网格。土-隧道界面模拟使用 ABAQUS 软件内嵌的面与面摩擦型接触，接触面法向设置为硬接触，切向行为计算利用罚刚度算法。底部边界采用施加阻尼器，如图 2.6 所示，阻尼器参数 C 参考 Lysmer 等(1969)方法计算，可由基岩密度 ρ、剪切波速 V_{sb} 和每个阻尼器占有的相应的土体面积 A 计算得到，如式(2.8)所示：

$$C=\rho\times V_{sb}\times A \tag{2.8}$$

其中，参数取值如下：基岩密度 $\rho=2.1\ \mathrm{t/m^3}$(翁大根和徐植信，2001)，剪切波速 $V_{sb}=500\ \mathrm{m/s}$，每个阻尼器占有的相应的土体面积 A 由每个单元面积计算得到。每个调幅后的输入地震波都在模型底部施加，具体在阻尼器的水平方向施加竖向传播的剪切地震波加速度时程。

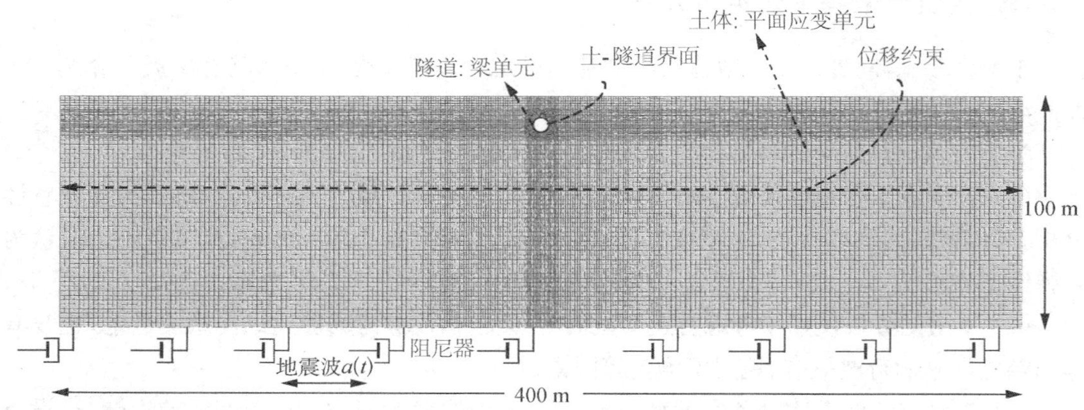

图 2.6 ABAQUS 有限元模型

本书利用弹性材料模拟隧道衬砌，具体材料参数如表 2.3 所示。对于土体本构模型，考虑到计算效率及土体塑性对土-隧道结构体系地震响应的影响，本书与文献(Argyroudis 等，2017)一致，采用了基于莫尔-库仑屈服准则的黏弹塑性模型展开计算分析。首先，采用数值软件 EERA(Bardet 等，2000)展开土体一维地震响应分析，使用的土体剪切模量衰减和阻尼比模型曲线如图 2.2 所示，通过计算获得每层土体的平均衰减剪切模量，从而得到相应土层的弹性模量，然后施加到二维模型的土体参数中(类似等效线性法)，最后，通过采用莫尔-库仑屈服准则考虑土体塑性行为。上述模拟方法也广泛应用于近期的数值模拟验证隧道动态离心机实验中(Cilingir 和 Madabhushi，2010，2011b；Tsinidis 等，2015，2016a，2016b)，并且数值结果与实验结果得到了很好的对比，证明了这一模拟方法的适用性。土体参数如黏聚力 c 及土体摩擦角 φ 等具体取值如图 2.3 所示。本书数值模型中土体的阻尼比采用 5%，阻尼参数使用常用的双频率法校正的瑞利阻尼形式，这个方法也广泛应用于其他近似研究(Hashash 和 Park，2002；Amorosi 和 Boldini，2009；Amorosi 等，2010；

Kontoe 等，2011；Argyroudis 等，2017）中。在本书中，两个频率即土体的基本频率 f_0 和其五倍频率 $5f_0$ 用于校正阻尼参数。一般来说，阻尼矩阵[C]可以由质量矩阵[M]和刚度矩阵[K]及其系数 α 和 β 确定，如式(2.9)所示：

$$[C]=\alpha[M]+\beta[K] \tag{2.9}$$

本书针对浅埋、中埋及深埋隧道和不同调幅的地震波共展开了 1 180 组数值模拟分析。总的来说，对于每个数值模型，计算主要分为两步，即地应力平衡步和动力分析步。模型底部在地应力平衡步中采用固定边界，即底部水平和竖向方向固定。而数值模型侧向边界使用运动绑定约束(图 2.6)，使得两侧边界在剪切波作用下的动力分析中拥有一致侧向变形模式，这个约束方法也广泛应用于地下结构动态响应的相关模拟分析中(Hleibieh 等，2014；Tsinidis 等，2014，2015，2016a，2016b；Argyroudis 等，2017)。在其后的动力分析步中，底部边界水平方向的自由度释放，同时通过阻尼器的水平方向施加竖向传播的剪切地震波，输入地震动采用表 2.4 所示地震波，分别从 0.1g 调幅至 1.0g，在动态分析步中计算采用隐式动力分析步，时间增量步长选用自动步长技术。上述数值模拟方法与以往相关研究(Hatzigeorgiou 和 Beskos，2010；Tsinidis 等，2014；Argyroudis 等，2017)一致，该模拟方法能很好地获得土-隧道结构地震响应，并与实验结果进行了良好验证。

2.4　土体-隧道地震系统响应

本节介绍土体-隧道结构体系在地震荷载下的响应分析，以不同埋深隧道在土体断面 D-3 及地震荷载 EQ2 条件下为例，研究和讨论了隧道周围土体动态塑性应变，隧道衬砌截面动态内力发展以及与常用解析解对比等内容。

2.4.1　隧道周围土体动态塑性应变发展

图 2.7 为不同埋深隧道在地震震动结束后隧道周围(15 m×15 m 区域)土体动态塑性应变分布图。从总体上来看，在较小地震等级(PGA 为 0.1g)下，对于浅埋、中埋及深埋隧道衬砌周围土体均未发生明显的动态塑性应变，但当地震荷载逐渐增加时，隧道周围土体塑性应变的大小和分布都逐渐增加，如对于浅埋隧道，当输入地震强度为 0.1g 时，隧道周围土体动态塑性应变基本为 0，而当输入地震强度增大到 1.0g 时，隧道周围土体动态塑性应变迅速增长到接近 $1.3e^{-2}$，隧道周围土体的动态塑性应变也会对隧道衬砌内力产生影响，将在下文进行描述。同时，由图 2.7(a)、图 2.7(b)及图 2.7(c)对比可知，对于同等地震强度，浅埋隧道周围土体动态塑性应变分布和大小均显著大于中埋隧道及深埋隧道，且土体动态塑性应变大小及分布有随隧道深度增加而减小的趋势。上述讨论突出了地震输入强度、土-隧道结构接触影响以及隧道埋深对隧道周围土体动态塑性应变发展的重要作用。

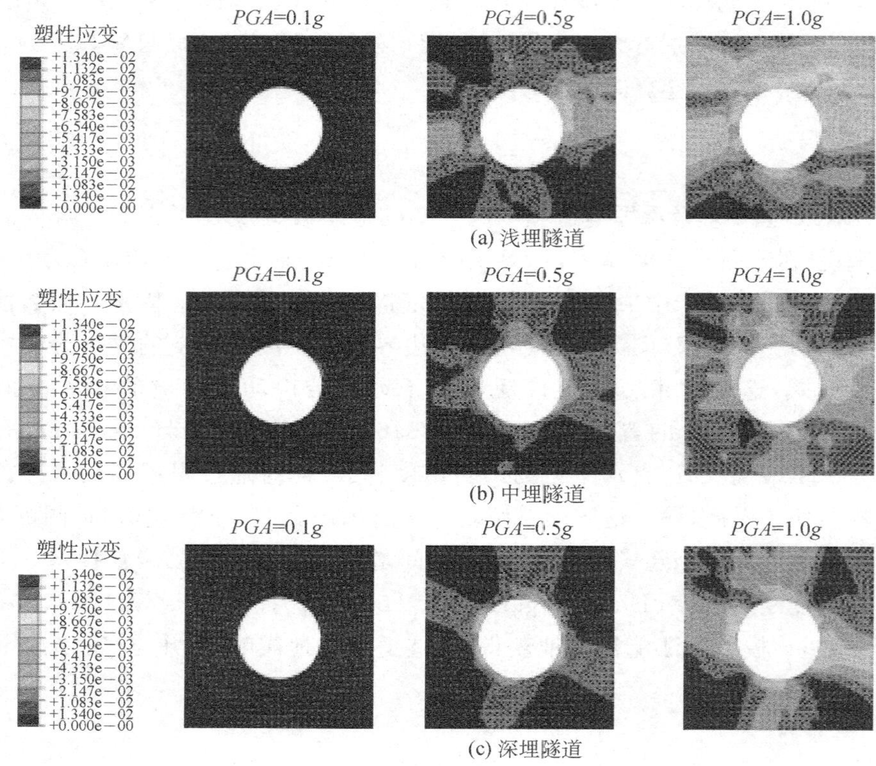

图 2.7　震后土体动态塑性应变分布

2.4.2　隧道衬砌动态内力发展

图 2.8 为地震波 EQ2 下埋置于土层 D3 中不同埋深隧道衬砌关键截面($\theta=45°$)动态弯矩时程曲线，角度定义如图 2.8 所示，输入地震强度分别为 0.1g 和 1.0g。由图 2.8 可知，对于这三种不同埋深下土-隧道工况可以发现一些相似的规律。一般来说，衬砌截面动态弯矩随着输入地震强度等级增大而增大。另外，当输入地震强度较小(0.1g)时，动态弯矩基本为 0，表明此时隧道周围土体未产生塑性应变，地震产生的动态弯矩都为可恢复；而当输入地震强度增大到 1.0g 时，动态弯矩发展将呈现典型的三阶段形式，分别是瞬态发展阶段、稳态发展阶段以及震后残余阶段。首先在第一阶段中，衬砌动态弯矩迅速增大，然后在接下来的稳态阶段中，衬砌动态弯矩将会在一个平均的震后残留永久弯矩上下震荡，最后，在震后残余阶段，衬砌便产生了永久动态弯矩，即不可恢复动态弯矩。同时，也可以发现，随着隧道埋深的增大，同等地震强度下衬砌残留的永久动态弯矩随之减少。

以浅埋隧道衬砌动态弯矩发展为例，如图 2.8(a)所示，当地震强度从 0.1g 增大到1.0g 时，衬砌最大动态弯矩由 60 kN·m/m 增长到 536 kN·m/m，产生这种增大现象的原因是地震输入强度越大，隧道周围的土体变形越大，从而导致隧道截面内力响应增大。与上文描述现象一致，当地震强度较低($PGA=0.1g$)时，衬砌动态弯矩较小且在 0 上下震荡，表明此时隧道动态弯矩都为可恢复状态，因为此时隧道周围土体基本没有发生动态塑性应变而近似处于弹性状态，但是当地震强度增大到 1.0g 时，动态弯矩震荡几秒后便迅速增大到

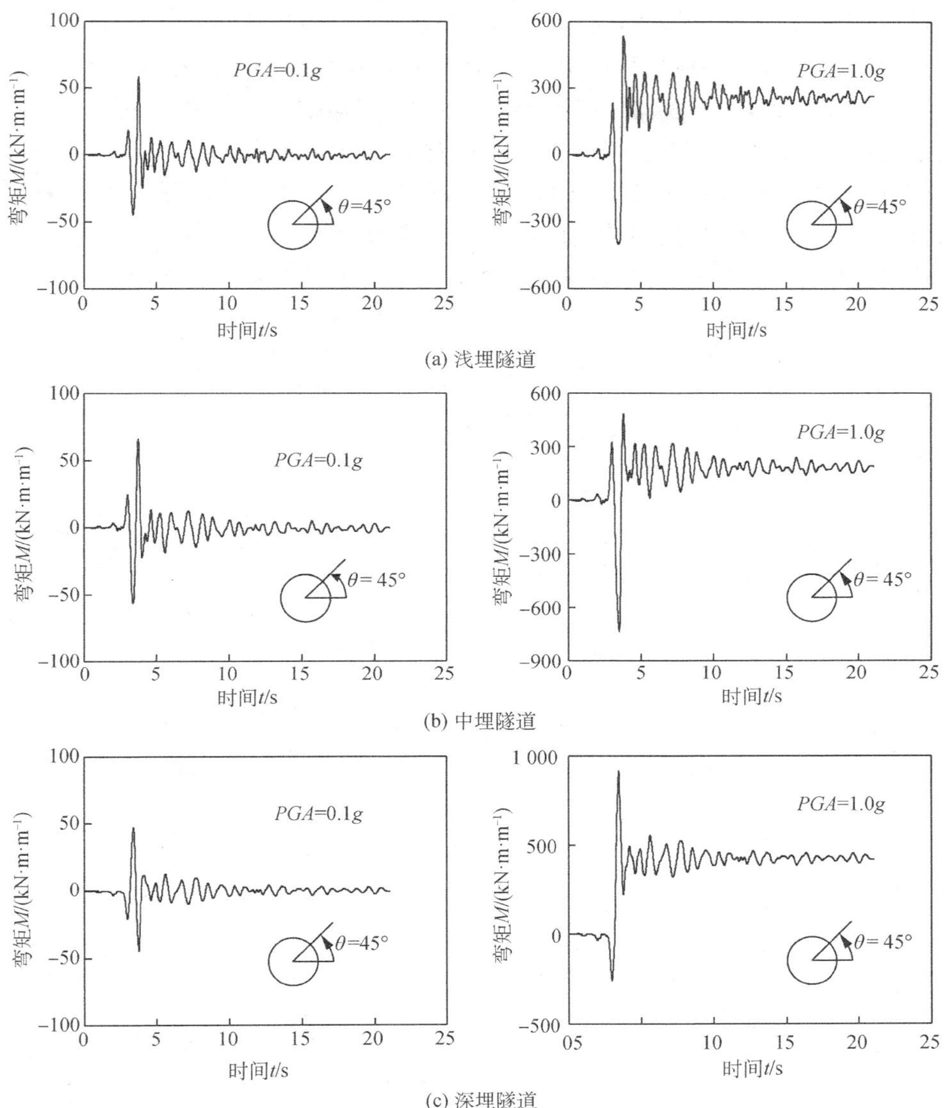

图 2.8　埋置于土体断面 D-3 中地震波 EQ6 下衬砌关键截面动态弯矩时程曲线

536 kN·m/m，然后在一个平均震后残留永久弯矩上下震荡，最后，在地震波末端，隧道衬砌产生了大小为 264 kN·m/m 的残留永久弯矩。产生这种现象的主要原因是在高强度地震输入条件（$PGA=1.0g$）下，此时隧道周围土体发生了较大土体塑性应变，从而引起了隧道周围土体应力重分布现象，衬砌产生永久残留弯矩。对于中埋隧道和深埋隧道，动态弯矩发展趋势与浅埋隧道一致，但其震后永久残留弯矩分别增长到 190 kN·m/m 和 118 kN·m/m，而浅埋隧道较小。上述现象也在最近隧道地震响应的相关文献中有所报道，包含数值模拟分析（如 Amorosi 和 Boldini，2009；Kontoe 等，2011；Pitilakis 和 Tsinidis，2014；Tsinidis 等，2014；2016a，2016b；Argyroudis 等，2017）和实验研究（如 Cilingir 和 Madabhushi，2010，2011b；Lanzano 等，2012；Tsinidis 等，2015）等。

图 2.9 为地震波 EQ2 下埋置于土层 D3 中不同埋深隧道衬砌弯矩沿圆周分布图，输入

地震强度分别为 0.1g 和 1.0g，图中包含三类弯矩分布，分别是地应力平衡步时衬砌弯矩，地震波全程衬砌弯矩包络值（最大和最小）分布和衬砌最大椭圆变形时刻弯矩分布。由图 2.9可知，总的来说，一方面，隧道埋深越深，衬砌弯矩包络值相对越大；另一方面，随着输入地震强度增加，衬砌弯矩包络值明显增加，如对于浅埋隧道，如图 2.9(a)所示，在衬砌截面 $\theta=90°$处，输入地震强度为 1.0g 时的最大弯矩近似为输入地震强度为 0.1g 时刻的 3 倍。另外，由图 2.9 也可以发现，隧道截面最大椭圆变形时刻弯矩分布能够很好地对应隧道圆周弯矩包络分布，表明其可以用来近似描述隧道衬砌最大应力状态，基于此，下文隧道

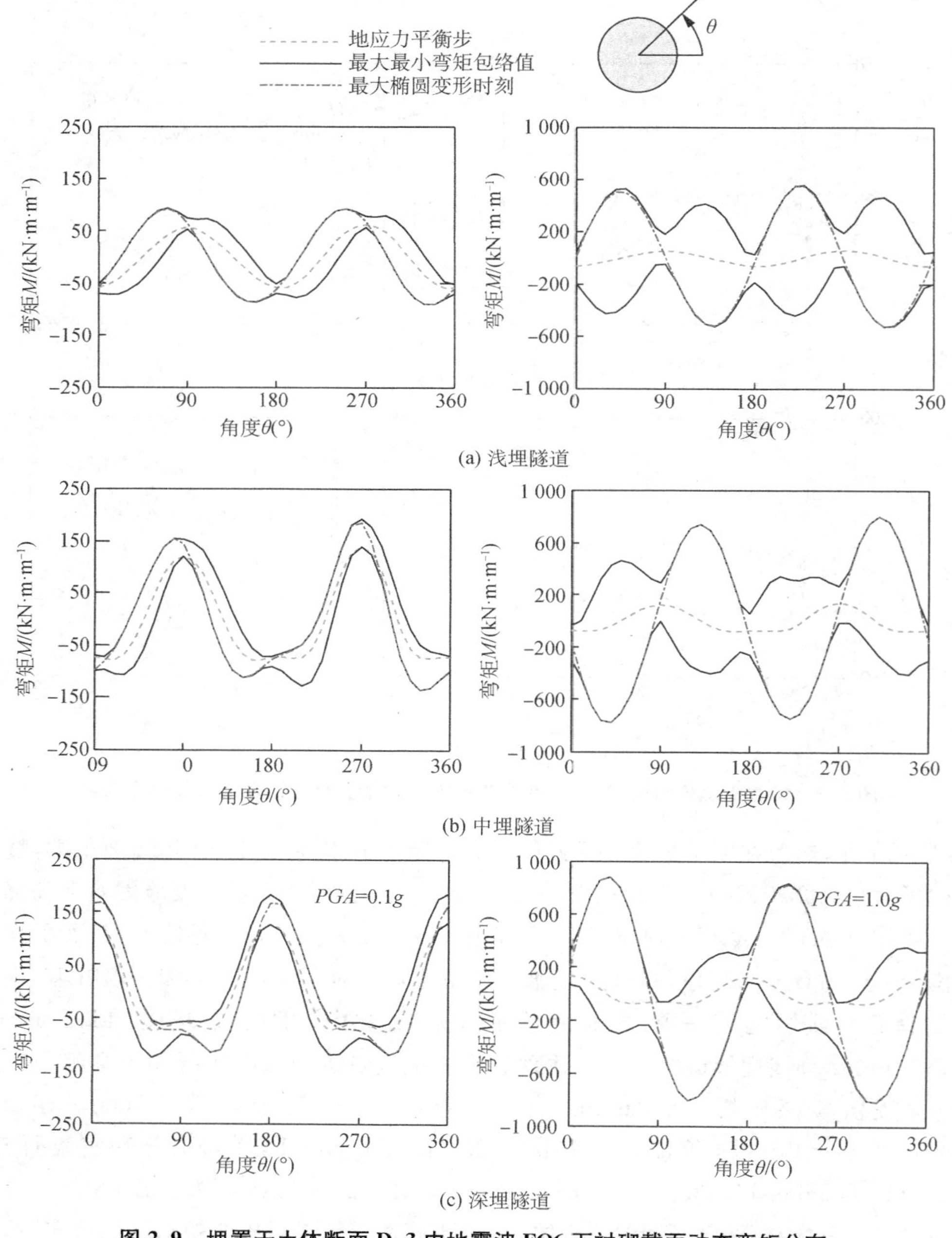

图 2.9　埋置于土体断面 D-3 中地震波 EQ6 下衬砌截面动态弯矩分布

破坏指标也根据此时刻隧道内力计算，这与 Argyroudis 等(2017)的研究结论一致。上述结论对于隧道动态轴力也近似成立。

2.4.3　衬砌动态内力数值解与解析解对比

国内外学者提出了大量隧道衬砌截面地震响应的解析方法，如 Wang(1993)、Penzien(2000)和 Park 等(2009)，由于其简易性，这些解析方法被广泛应用于工程实践中。上述解析方法与本书的数值分析相比，尽管其荷载模式和土-隧道界面模拟有一定差别，但是，二者对比在某种程度上能够验证数值计算合理性，反映二者差异大小及解析方法的适用性，对工程实践具有一定的参考意义。因此，本书采用上述三种常用解析方法对衬砌内力数值计算结果进行了对比分析，分别考虑了土-隧道界面完全滑移或无滑移两种情况，而数值法中的土-隧道界面特性处于上述两种情况之间。对于解析法计算需要的土体最大剪切应变 γ_{max}，本书采用模型近侧向边界的自由场中与隧道圆心同深度处土体最大剪切应变，衬砌内力具体计算公式参见文献(Wang，1993；Penzien，2000；Park 等，2009)。对于本书研究的三类埋深隧道，其对应的土-隧道柔度比 F 可以根据式(2.10)(Wang，1993)计算得到：

$$F=\frac{E_s(1-\nu_1^2)R^3}{6E_1I_1(1+\nu_s)} \tag{2.10}$$

式中　E_s和 ν_s——分别为土体弹性模量和泊松比；

E_1和 ν_1——分别为衬砌弹性模量和泊松比；

R——圆形隧道直径；

I_1——衬砌每延米的惯性矩。

表 2.5 为三类隧道对应不同土体断面计算得到的柔度比 F，均分布于 2.1～10.0，表明这几种隧道相对于周围土体介质更柔软。

表 2.5　隧道衬砌柔度比 F

隧道类型	断面 D-1	断面 D-2	断面 D-3
浅埋隧道	2.1	2.7	4.1
中埋隧道	3.2	3.9	6.8
深埋隧道	6.3	9.0	10.0

图 2.10—图 2.15 分别为位于土层断面 D-3 中不同埋深下的隧道在界面完全滑移和无滑移两种条件下衬砌动态弯矩以及轴力解析解与数值解的对比图。总体上来讲，对于三种埋深隧道，基本结论一致。以浅埋隧道为例，图 2.10(a)和图 2.10(b)分别为在界面完全滑移和无滑移两种条件下，埋置于土层断面 D3 中浅埋隧道衬砌关键截面($\theta=45°$)处弯矩数值解与解析解对比图。总体上来说，地震强度较小时，数值解与解析解吻合度相对较好，但当地震强度增大时，数值解明显小于解析解，一般而言，解析解要明显大于数值解。另外，对于不同土-隧道界面条件，当采用界面完全滑移时，所有解析计算结果相同；而当采用界面无滑移时，三种解析方法结果存在一定差异，Penzien(2000)方法计算结果略小于 Wang(1993)方法计算结果，而 Park 等(2009)计算结果略小于 Penzien(2000)计算结果。

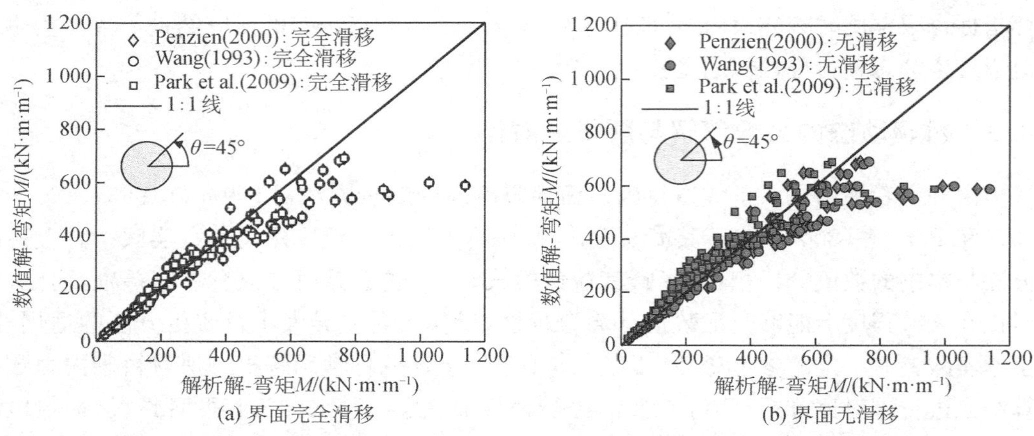

图 2.10　浅埋隧道衬砌截面 45°处衬砌截面弯矩数值与解析解对比

图 2.11(a)和图 2.11(b)分别为界面完全滑移和无滑移条件下，埋置于土层断面 D-3 中浅埋隧道衬砌关键截面($\theta=45°$)处轴力数值解与解析解对比图。由图 2.11 可知，无滑移和完全滑移条件下的解析结果分别构成了衬砌内力值的上、下限值。对于界面完全滑移条件，所有解析结果基本一致，均小于数值解；但对于无滑移条件，一般而言，解析解要大于数值解，Penzien(2000)方法的预测值相对于其他解析方法明显偏小，Wang(1993)和 Park 等(2009)的计算结果一致。因此，在实际工程应用中，Penzien(2000)的解析解不适用于无滑移条件。上述计算结果结论与本领域其他研究者(Hashash 等，2005；Konto 等，2014；Argyroudis 等，2017)的研究结论一致。同时，上述结论也可以从图 2.12—图 2.15 的中埋及深埋隧道内力解析解与数值解对比得出。

同时，值得注意的是上述解析方法往往采用较理想化的假设条件，如弹性均匀土层、静力剪切荷载等，不能反映数值分析中产生的土体塑性应变和土-隧道接触面非线性现象引起的土体应力重分布现象，及其对衬砌内力的影响。这些都是导致解析结果和数值解存在偏差的可能原因。上述讨论也凸显了这几个广泛使用的解析解可能会低估或高估隧道动态内力，因此，在工程实践使用中要格外小心，而比较推荐使用基于严格的动力时程分析(Pitilakis 和 Tsinidis，2014)。

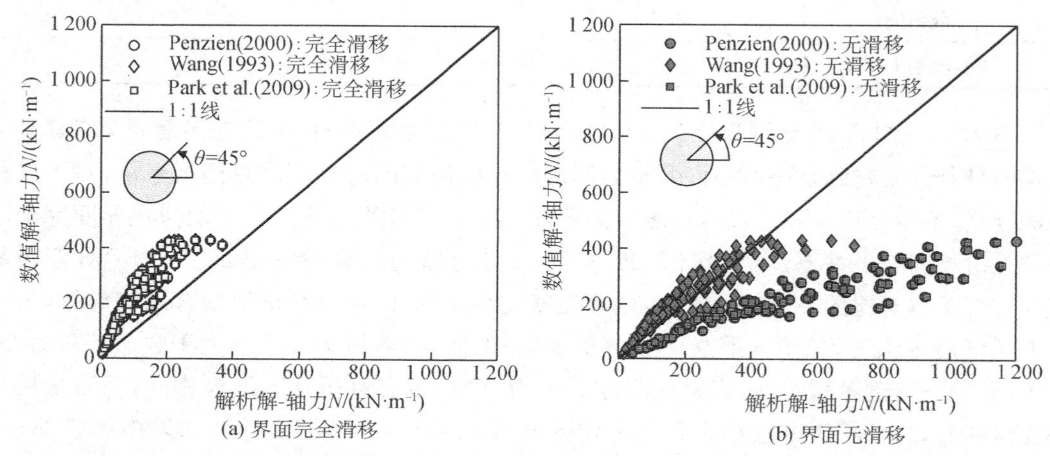

图 2.11　浅埋隧道衬砌截面 45°处衬砌截面轴力数值与解析解对比

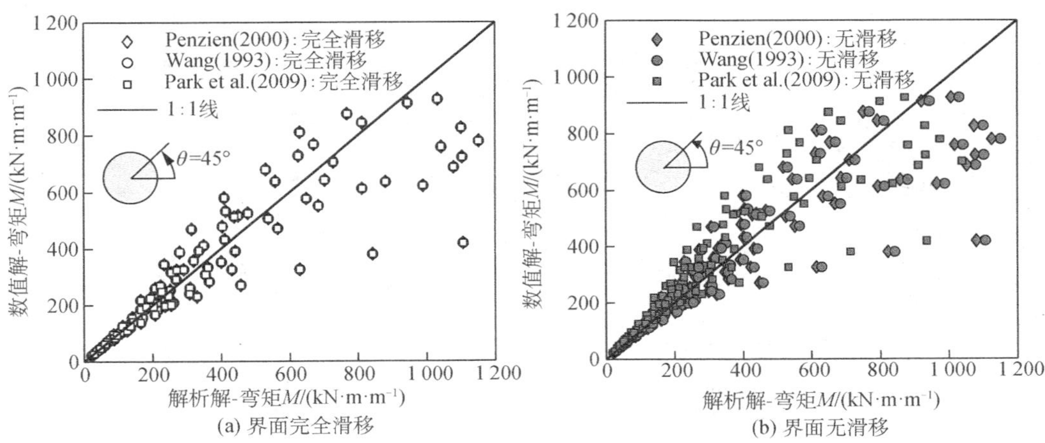

图 2.12　中埋隧道衬砌截面 45°处衬砌截面弯矩数值与解析解对比

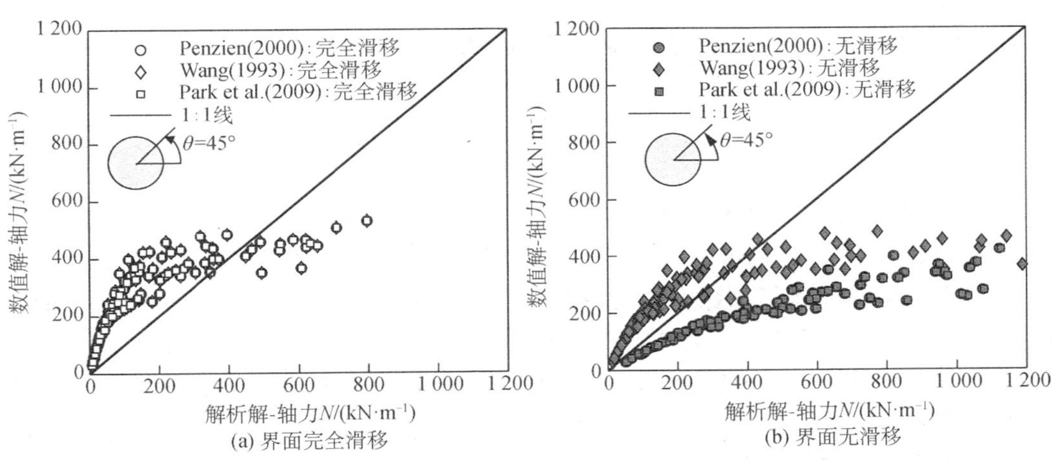

图 2.13　中埋隧道衬砌截面 45°处衬砌截面轴力数值与解析解对比

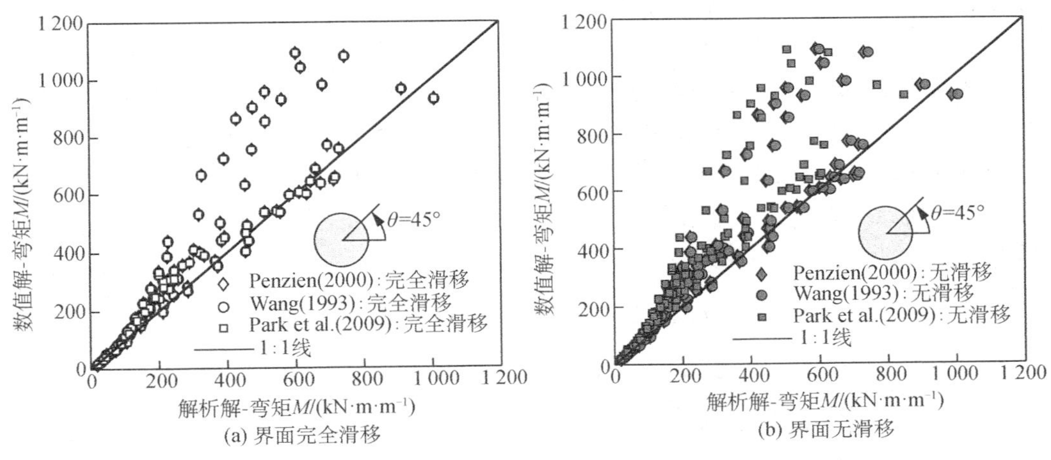

图 2.14　深埋隧道衬砌截面 45°处衬砌截面弯矩数值与解析解对比

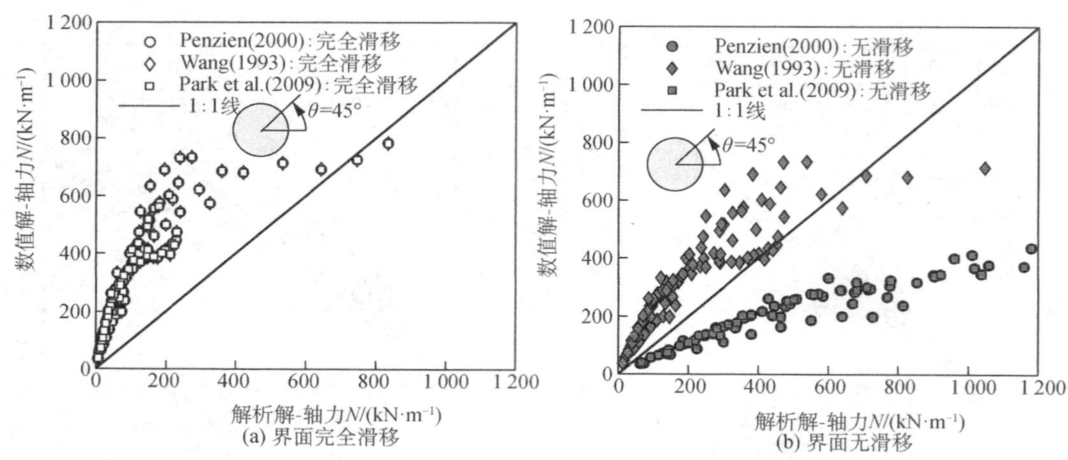

图 2.15　深埋隧道衬砌截面 45°处衬砌截面轴力数值与解析解对比

2.5　隧道地震脆弱性及易损性曲线

2.5.1　概率需求模型建立

隧道地震脆弱性曲线的构建需要获得两类参数，即 S_{mi} 和 β_{tot}。根据上述有限元数值分析的结果，可以绘制地震隧道破坏指标与所选择的地震强度参数关系，即概率需求模型。本书对地震动强度和破坏指标这两个变量分别取自然对数，即为 $\ln PGA$ 或 $\ln PGV$ 与 $\ln DM$，拟合曲线代表随地震强度增加于破坏指标的演化过程。基于上述破坏指标演化关系及表 2.1 中给出的破坏状态划分，可以获得每个破坏状态对应的地震参数的阈值 S_{mi}，根据数值计算得到的破坏指标与回归曲线对应破坏指标偏差可以确定 β_D。上述地震脆弱性曲线的获取流程也广泛被其他同行在类似研究中采用，如 Nielson 和 DesRoches (2007)、Argyroudis 和 Pitilakis (2012)以及 Qiu 等(2018)等。

2.5.1.1　以 *PGA* 为地震动强度指标

图 2.16(a)、图 2.16(b)、图 2.16(c)及图 2.16(d)分别对应土体断面 D-1、D-2 和 D-3 及综合的场地 D(包含前三种土体的所有计算数据)浅埋隧道的地震强度 $\ln PGA$ 与破坏指标 $\ln DM$ 关系图，其中实线为线性拟合曲线，空心圆点为计算数据点，据此得到各个破坏状态对应地震参数 S_{mi} 以及各个土层对应输入地震动不确定性参数 β_D，从而计算得到易损性曲线总的对数标准差 β_{tot}，拟合结果如图 2.16 所示，从而得到浅埋隧道各土体断面下的概率地震需求模型，如式(2.11)—式(2.14)所示。

$$\text{D-1:}\quad \ln DM = 0.750\ln PGA + 1.106,\ \beta_{tot} = 0.522 \tag{2.11}$$

$$\text{D-2:}\quad \ln DM = 0.767\ln PGA + 1.075,\ \beta_{tot} = 0.534 \tag{2.12}$$

$$\text{D-3:}\quad \ln DM = 1.034\ln PGA + 1.198,\ \beta_{tot} = 0.526 \tag{2.13}$$

$$\text{D:}\quad \ln DM = 0.860\ln PGA + 1.127,\ \beta_{tot} = 0.533 \tag{2.14}$$

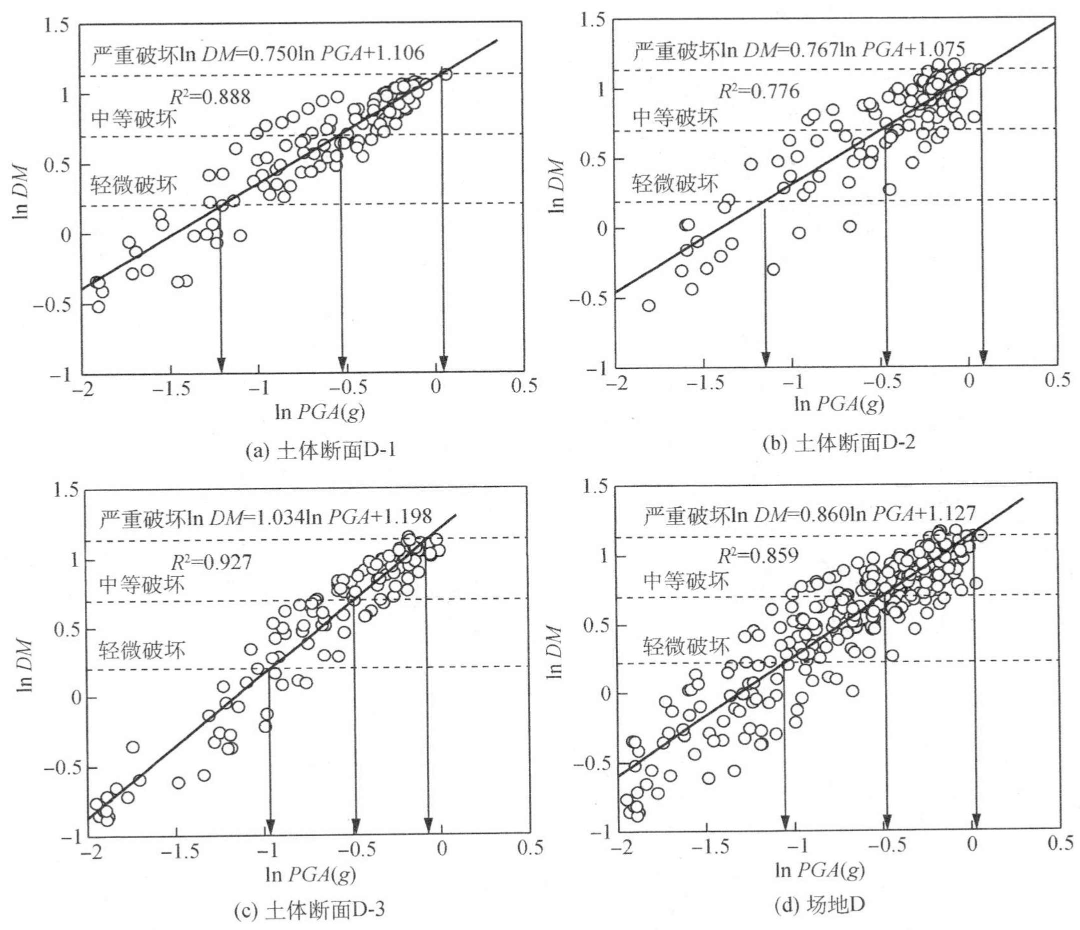

图 2.16　浅埋隧道破坏指标 *DM*-*PGA* 回归分析

同理，图 2.17(a)、图 2.17(b)、图 2.17(c)及图 2.17(d)分别为土体断面 D-1、D-2 和 D-3 及综合的场地 D(包含前三种土体的所有计算数据)中埋隧道的地震强度 $\ln PGA$ 与破坏指标 $\ln DM$ 关系图，根据类似方法，获得相应的地震脆弱性参数，从而得到中埋隧道各土体断面下的概率地震需求模型，如式(2.15)—式(2.18)所示。

$$\text{D-1:}\quad \ln DM = 0.666\ln PGA + 0.749,\ \beta_{\text{tot}} = 0.586 \tag{2.15}$$

$$\text{D-2:}\quad \ln DM = 0.630\ln PGA + 0.853,\ \beta_{\text{tot}} = 0.566 \tag{2.16}$$

$$\text{D-3:}\quad \ln DM = 0.824\ln PGA + 0.869,\ \beta_{\text{tot}} = 0.580 \tag{2.17}$$

$$\text{D:}\quad \ln DM = 0.700\ln PGA + 0.819,\ \beta_{\text{tot}} = 0.580 \tag{2.18}$$

相应地，图 2.18(a)、图 2.18(b)、图 2.18(c)及图 2.18(d)分别对应深埋隧道置于土体断面 D-1、D-2 和 D-3 及综合的场地 D 中的地震强度 $\ln PGA$ 与破坏指标 $\ln DM$ 关系图，根据同样方法，获得深埋隧道地震脆弱性参数，式(2.19)—式(2.22)为深埋隧道各土体断面下的概率地震需求模型以及相应的对数标准差。

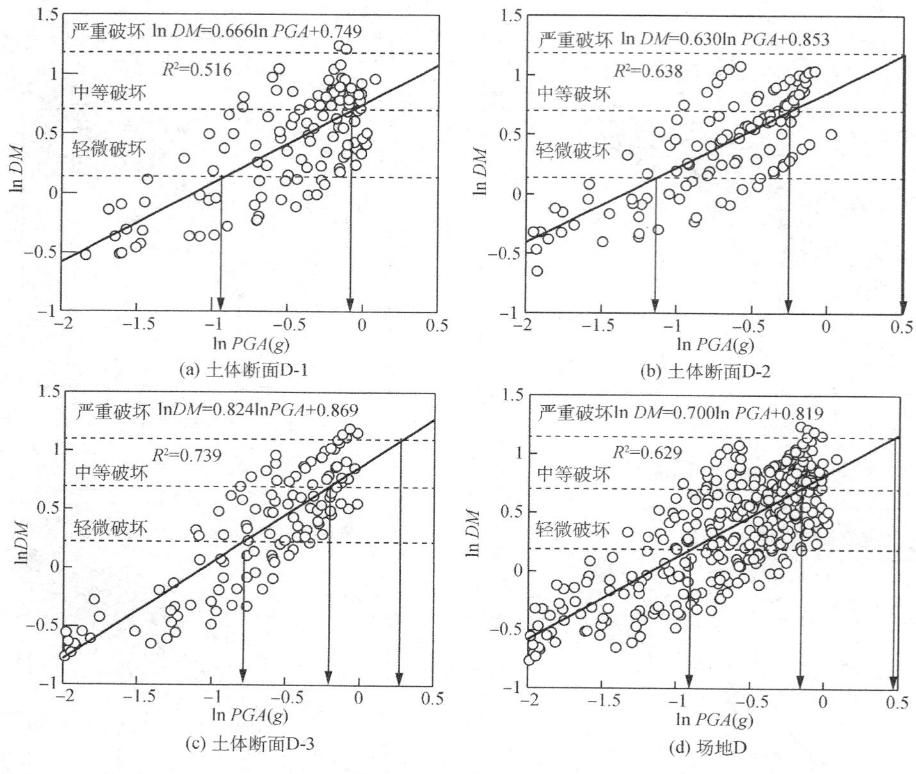

图 2.17 中埋隧道破坏指标 DM-PGA 回归分析

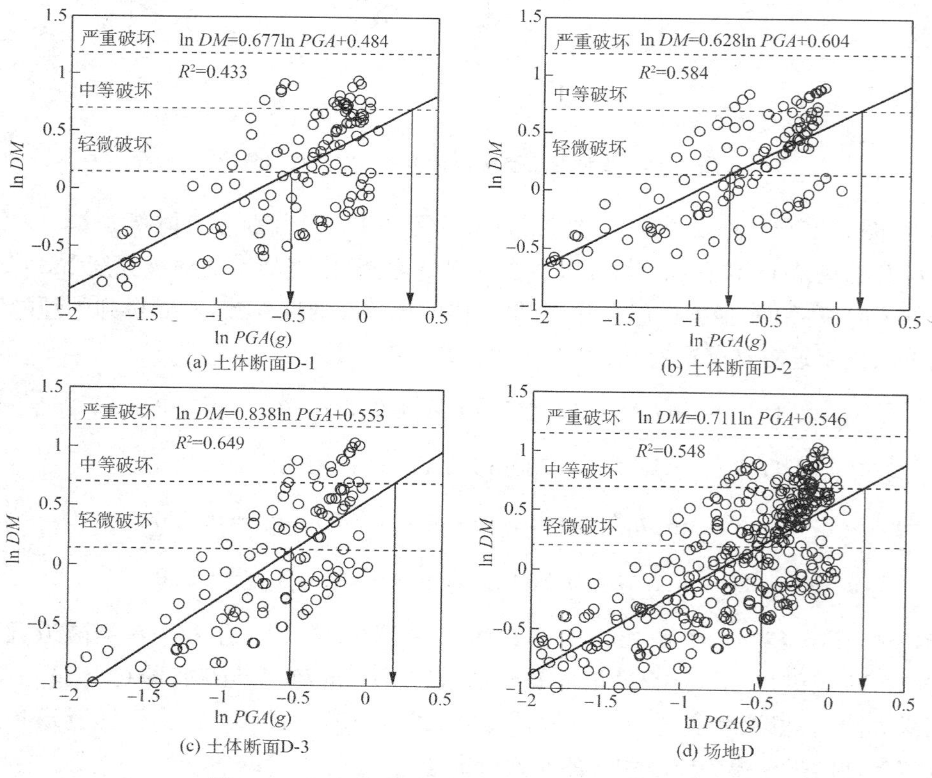

图 2.18 深埋隧道破坏指标 DM-PGA 回归分析

$$\text{D-1：}\quad \ln DM = 0.677\ln PGA + 0.484,\ \beta_{tot} = 0.623 \tag{2.19}$$

$$\text{D-2：}\quad \ln DM = 0.628\ln PGA + 0.604,\ \beta_{tot} = 0.583 \tag{2.20}$$

$$\text{D-3：}\quad \ln DM = 0.838\ln PGA + 0.553,\ \beta_{tot} = 0.612 \tag{2.21}$$

$$\text{D：}\quad \ln DM = 0.711\ln PGA + 0.546,\ \beta_{tot} = 0.613 \tag{2.22}$$

对比图 2.16—图 2.18 可以看出，随着隧道埋深的增加，破坏指标 $\ln DM$ 与 $\ln PGA$ 的离散型也相对增加；从其对应的对数标准也可以看出，对于综合场地 D 下的概率需求模型，由浅埋隧道到深埋隧道，地震脆弱性曲线的对数标准差分别由 0.533 和 0.580 增长到 0.613。

2.5.1.2　以 *PGV* 为地震动强度指标

与以 *PGA* 为地震强度指标方法一致，对于以 *PGV* 为强度指标，本书也采用线性拟合方法对各种埋深隧道下的地震破坏指标与地震动强度进行了演化分析，获得了相应的地震概率需求模型及对数标准差。图 2.19(a)、图 2.19(b)、图 2.19(c)及图 2.19(d)分别为土体断面 D-1、D-2 和 D-3 及综合的场地 D 内浅埋隧道的地震强度 $\ln PGV$ 与破坏指标 $\ln DM$ 关系图，得到的各土体断面下的概率地震需求模型如式(2.23)—式(2.26)所示。

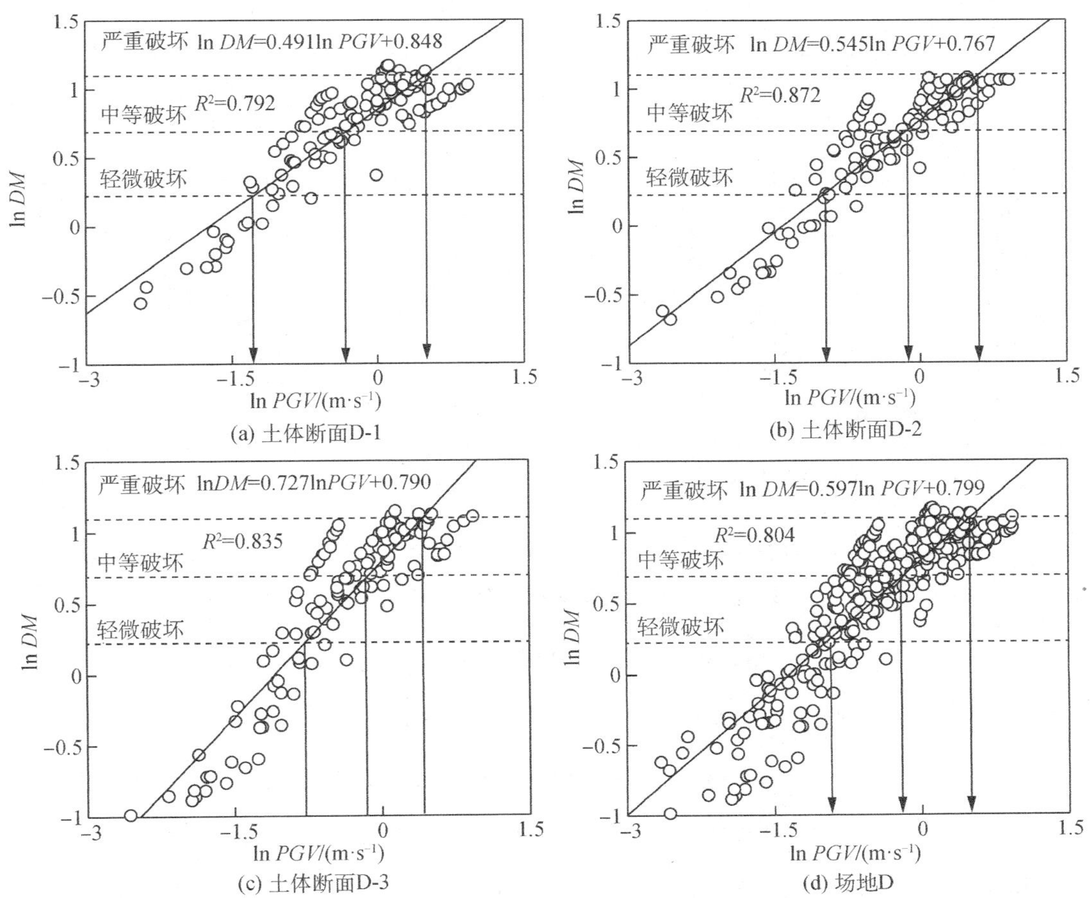

图 2.19　浅埋隧道破坏指标 *DM*-*PGV* 回归分析

$$\text{D-1:}\quad \ln DM = 0.491\ln PGV + 0.848,\ \beta_{tot} = 0.524 \tag{2.23}$$

$$\text{D-2:}\quad \ln DM = 0.545\ln PGV + 0.767,\ \beta_{tot} = 0.531 \tag{2.24}$$

$$\text{D-3:}\quad \ln DM = 0.727\ln PGV + 0.790,\ \beta_{tot} = 0.556 \tag{2.25}$$

$$\text{D:}\quad \ln DM = 0.597\ln PGV + 0.799,\ \beta_{tot} = 0.543 \tag{2.26}$$

对于中埋隧道，图 2.20(a)、图 2.20(b)、图 2.20(c)及图 2.20(d)分别为土体断面 D-1、D-2 和 D-3 及综合的场地 D 中地震强度 $\ln PGV$ 与破坏指标 $\ln DM$ 关系图，得到的各土体断面下的概率地震需求模型如式(2.27)—式(2.30)所示。

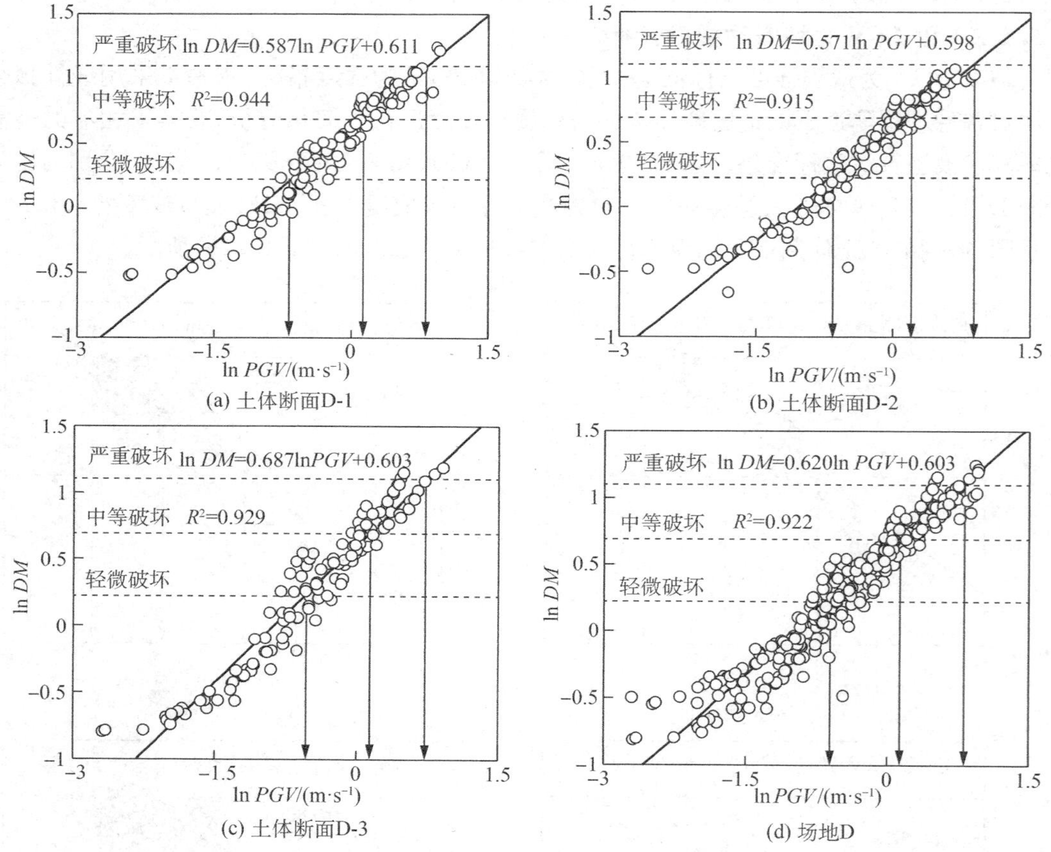

图 2.20　中埋隧道破坏指标 *DM*-*PGV* 回归分析

$$\text{D-1:}\quad \ln DM = 0.587\ln PGV + 0.611,\ \beta_{tot} = 0.511 \tag{2.27}$$

$$\text{D-2:}\quad \ln DM = 0.571\ln PGV + 0.598,\ \beta_{tot} = 0.516 \tag{2.28}$$

$$\text{D-3:}\quad \ln DM = 0.687\ln PGV + 0.603,\ \beta_{tot} = 0.521 \tag{2.29}$$

$$\text{D:}\quad \ln DM = 0.620\ln PGV + 0.603,\ \beta_{tot} = 0.518 \tag{2.30}$$

相应地，对于深埋隧道，图 2.21(a)、图 2.21(b)、图 2.21(c)及图 2.21(d)分别为土体断面 D-1、D-2 和 D-3 及综合的场地 D 中的地震强度 $\ln PGV$ 破坏指标 $\ln DM$ 关系图，根据同样方法，获得深埋隧道地震脆弱性参数，式(2.31)—式(2.34)为深埋隧道各土体断面下的概率地震需求模型以及相应的对数标准差。

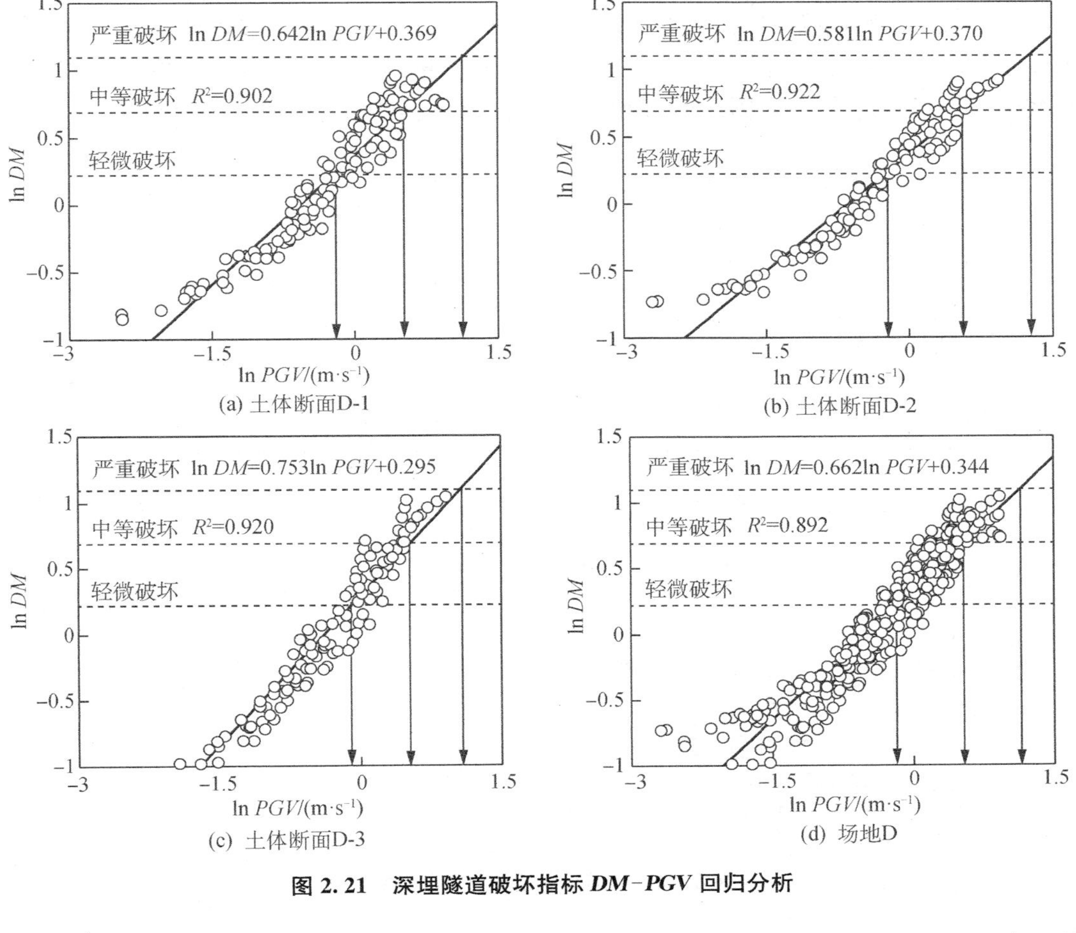

图 2.21　深埋隧道破坏指标 *DM*-*PGV* 回归分析

$$\text{D-1:}\quad \ln DM = 0.642\ln PGV + 0.369,\ \beta_{\text{tot}} = 0.523 \tag{2.31}$$

$$\text{D-2:}\quad \ln DM = 0.581\ln PGV + 0.370,\ \beta_{\text{tot}} = 0.517 \tag{2.32}$$

$$\text{D-3:}\quad \ln DM = 0.753\ln PGV + 0.295,\ \beta_{\text{tot}} = 0.528 \tag{2.33}$$

$$\text{D:}\quad \ln DM = 0.662\ln PGV + 0.344,\ \beta_{\text{tot}} = 0.529 \tag{2.34}$$

从上述破坏指标与地震强度指标拟合曲线也可以看出，当采用 *PGV* 为地震强度指标时，破坏指标的离散程度相对较小，尤其是对于中埋隧道和深埋隧道，而对于浅埋隧道，二者的离散程度较为接近。关于地震动强度指标的优选分析将在下一章详细展开。

2.5.2　隧道地震脆弱性曲线

基于上一节获得的隧道地震概率需求模型，可以获得相应的基于 *PGA* 或 *PGV* 的地震脆弱性曲线，下面将展开具体阐述。

2.5.2.1 以 *PGA* 为地震动强度指标

图 2.22 为以自由场地表 *PGA* 为地震动强度指标的隧道地震脆弱性曲线，分别为轻微破坏、中等破坏和严重破坏脆弱性曲线，其中虚线为不同土体断面对应的脆弱性曲线，从结果可以发现各个破坏状态的脆弱性曲线尽管有所差异，但相对较为接近，实线为考虑了所有工况的场地 D 的隧道脆弱性曲线，近似为三个场地的地震脆弱性曲线均值，其考虑了 D 类场地土层不确定性影响，因此可以用来统一表达 D 类场地的隧道地震脆弱性。

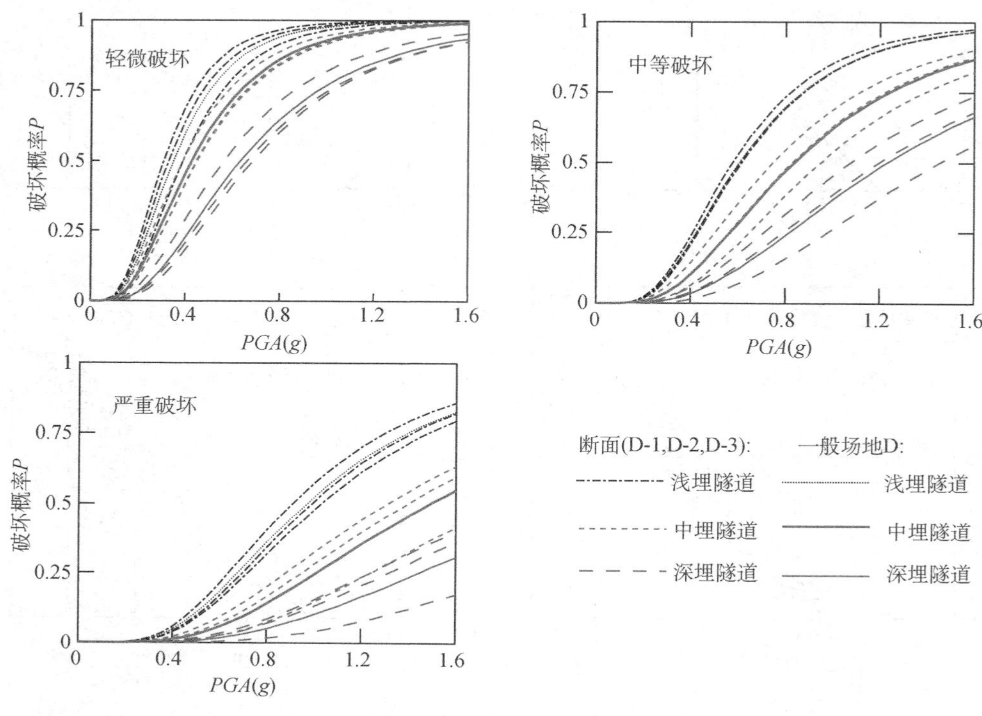

图 2.22　隧道地震脆弱性曲线(*PGA*)

由图 2.22 可知，当地震强度越大，隧道各个破坏状态的超越概率越高。总体上来看，对于所有破坏状态，当隧道埋深越大，其对应的破坏概率越小，表明浅埋隧道的地震脆弱性相对中埋隧道和深埋隧道较高。这个结论也与其他同类研究(Cilingir 等，2011a，2011b；Chen 等，2012)结果一致。这里以 0.1*g*，0.2*g* 及 1.0*g* 三个地震灾害工况为例来说明上述不同埋深隧道的脆弱性曲线。其中，*PGA* 为 0.1*g* 和 0.2*g* 分别对应上海地区 50 年内超越概率为 10%的设计加速度，也对应于上海 7 度及 8 度设防条件下的地表地震加速度值大小；*PGA* 为 1.0*g* 则代表极端情况。当 *PGA* 为 0.1*g* 时，对于三种类型隧道，中等破坏和严重破坏的破坏概率均非常小，可以忽略不计，而轻微破坏的超越概率对应浅埋、中埋及深埋隧道分别为 1.0%，0.6%和 0.1%，表明在这种强度的地震波下，隧道发生各级破坏的概率非常小，隧道基本不会发生破坏。当 *PGA* 为 0.2*g* 时，中等破坏和严重破坏的破坏概率有所增长，但依旧非常小，而轻微破坏的超越概率对应浅埋、中埋及深埋隧道分别增长到 14.9%，9.6%和 3.0%，表明在这个地震强度下隧道依然可以维持良好的性能，但是也可能遭受一定量的轻微破坏，值得注意的是浅埋隧道发生轻微破坏的概率较高。而当 *PGA*

为 1.0g 时，轻微破坏的超越概率对应浅埋、中埋及深埋隧道分别增长到 97%，93%和 77%，中等破坏的超越概率对应浅埋、中埋及深埋隧道分别增长到 83%，62%和 37%，严重破坏的超越概率对应浅埋、中埋及深埋隧道分别增长到 52%，25%和 10%，上述结果表明在强震条件下，浅埋隧道发生严重破坏的可能性非常高，而中埋隧道和深埋隧道相对安全，因此，强震时隧道的可能主要破坏属于轻微或中等破坏。

软土场地 D 下浅埋、中埋及深埋隧道的地震脆弱性参数如表 2.6 所示。

表 2.6　　浅埋、中埋及深埋隧道的地震脆弱性参数(*PGA*)

隧道类型	轻微破坏(g)	中等破坏(g)	严重破坏(g)	β_{tot}
浅埋隧道	0.350	0.604	0.968	0.533
中埋隧道	0.427	0.836	1.491	0.580
深埋隧道	0.635	1.231	2.177	0.613

2.5.2.2　以 *PGV* 为地震动强度指标

图 2.23 为以自由场地表 *PGV* 为地震动强度指标的隧道地震脆弱性曲线，分别为轻微破坏、中等破坏和严重破坏脆弱性曲线，其中虚线为不同土体断面对应的脆弱性曲线，实线为考虑了所有工况的场地 D 的隧道脆弱性曲线。以 *PGV* 为地震动强度指标的隧道地震脆弱性曲线基本趋势和结论与图 2.22 基本相同，但是也存在一定的不同点。值得注意的是，对于浅埋隧道，以 *PGA* 或 *PGV* 为地震动强度指标的隧道地震脆弱性曲线离散程度类似，

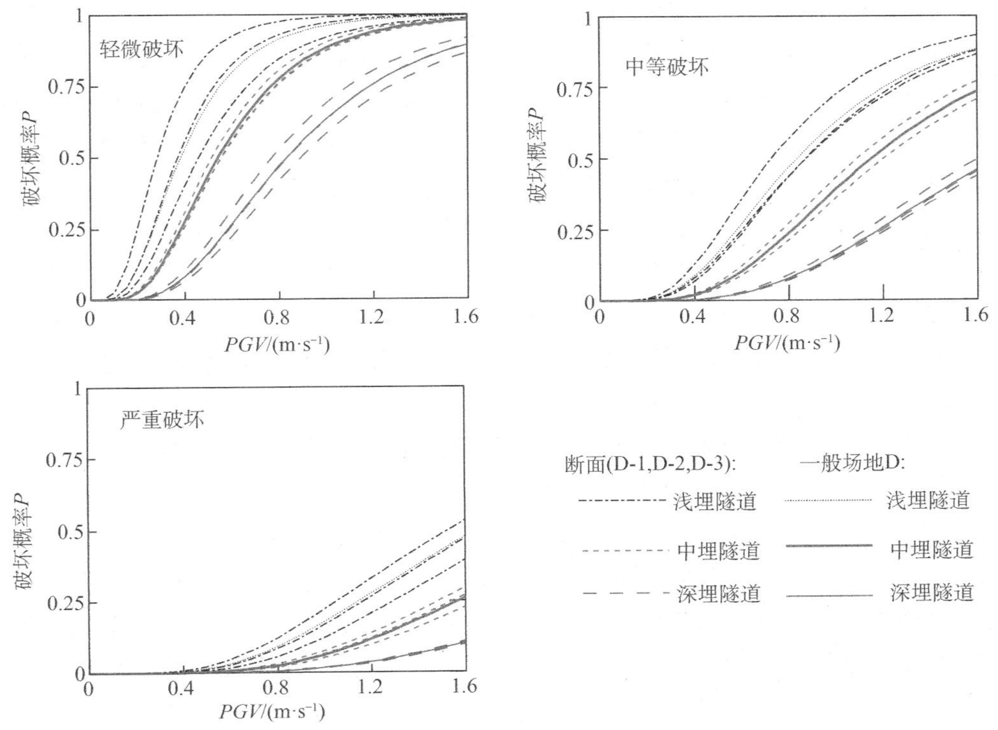

图 2.23　隧道地震脆弱性曲线(*PGV*)

但是对于中埋隧道及深埋隧道，以 *PGA* 为地震动强度指标的曲线离散程度要明显高于以 *PGV* 为地震动强度指标的曲线，表明对于本书选取的土体断面而言，*PGA* 为地震强度指标对结果更为敏感。因此，对于软土隧道地震脆弱性分析，*PGV* 相对 *PGA* 更为合适，其他学者的同类相关研究（Corigliano 等，2007；Chen 和 Wei，2013；Liu 等，2016；Nguyen 等，2019）也表明 *PGV* 相对 *PGA* 更适合用于地下结构抗震风险分析。值得一提的是，*PGA* 由于其方便性依然是在地下结构地震脆弱性分析中最为常用的地震强度指标（HAZUS，2004；Argyroudis 和 Pitilakis，2012；Argyroudis 等，2017）。

软土场地 D 下浅埋、中埋及深埋隧道的地震脆弱性参数如表 2.7 所示。

表 2.7　　浅埋、中埋及深埋隧道的地震脆弱性参数（*PGV*）

隧道类型	轻微破坏/($m \cdot s^{-1}$)	中等破坏/($m \cdot s^{-1}$)	严重破坏/($m \cdot s^{-1}$)	β_{tot}
浅埋隧道	0.381	0.838	1.652	0.543
中埋隧道	0.542	1.156	2.225	0.518
深埋隧道	0.833	1.694	3.124	0.529

2.5.3　与已有脆弱性曲线对比

下面将本书提出的隧道地震脆弱性曲线与已有的脆弱性曲线进行了对比，从而突出了场地特性、隧道埋深、土-隧道几何特征对地震脆弱性分析的重要性。

2.5.3.1　以 *PGA* 为地震动强度指标

将本书获得的上海软土隧道地震脆弱性曲线与已有类似研究展开了对比验证，其一为 Argyroudis 等（2017）提出的 D 类场地的浅埋隧道地震脆弱性曲线，其二为 ALA（2001）提出的基于统计调查法（含各种埋深及场地）的施工质量良好的一般隧道经验性脆弱性曲线，对比如图 2.24 所示。总体上看，对于本书提出的隧道脆弱性曲线，隧道埋深越深则脆弱性越弱，即隧道在地震来临时相对安全，这与以往的研究和实际观测结论一致。从对比可以看出，对于浅埋隧道，总体而言，同等地震强度条件下，本书的隧道脆弱性相对 Argyroudis 等（2017）更高。主要原因是本书选取的场地相对 Argyroudis 等（2017）使用的 D 类场地二者土体-隧道特性有所不同，另外，本书选取的基岩深度为 100 m，而 Argyroudis 等（2017）文章中的基岩深度为 50 m，不同深度土体对地震波放大效应的影响也不同，这也是引起二者差异的一个可能原因。

ALA（2001）提出的经验性脆弱性曲线包含轻微破坏曲线和中等破坏曲线。由各组对比可以看出，对于轻微破坏，经验性脆弱性曲线更接近本书提出的中埋隧道脆弱性曲线，而对于中等破坏，则与本书提出的浅埋隧道相对较为接近。从对比中可以看出，经验性脆弱性曲线与本书提出的地震脆弱性曲线存在明显差异。出现这种差异可能的原因有以下几点：①经验性脆弱性曲线在数据统计分析中未考虑具体土层特性，某种程度上是基于各类场地地震破坏案例的统计均值，且大多为硬土层，而非本书所探讨的场地类型，这也侧面反映了在隧道地震脆弱性分析中区域场地条件的重要性；②经验性脆弱性曲线未能考虑隧道埋深对结果的影响，且其准确性往往受实际发生案例数据量的限制；③经验性脆弱性曲线

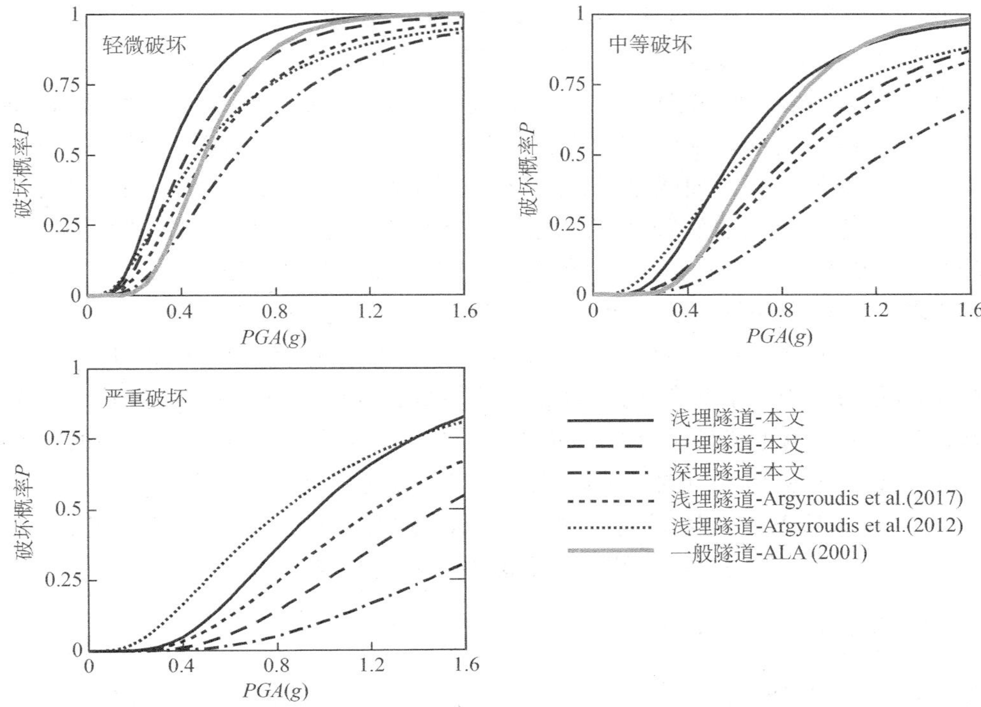

图 2.24　隧道地震脆弱性曲线对比(*PGA*)

针对的是铁路隧道、供水隧道和通信隧道等隧道类型，相对来说，不确定性因素较多，与本书针对的地铁盾构隧道有差异。上述对比与讨论突出了场地条件、隧道特性、土-隧道结构体系特性等对隧道地震脆弱性分析的影响。

2.5.3.2　以 *PGV* 为地震动强度指标

针对以 *PGV* 为地震动强度指标的隧道地震脆弱性曲线，目前研究较少。将本书得到的基于 *PGV* 的隧道地震脆弱性曲线与 Corigliano 等(2007)建立的深埋岩石隧道地震脆弱性曲线进行对比，如图 2.25 所示。

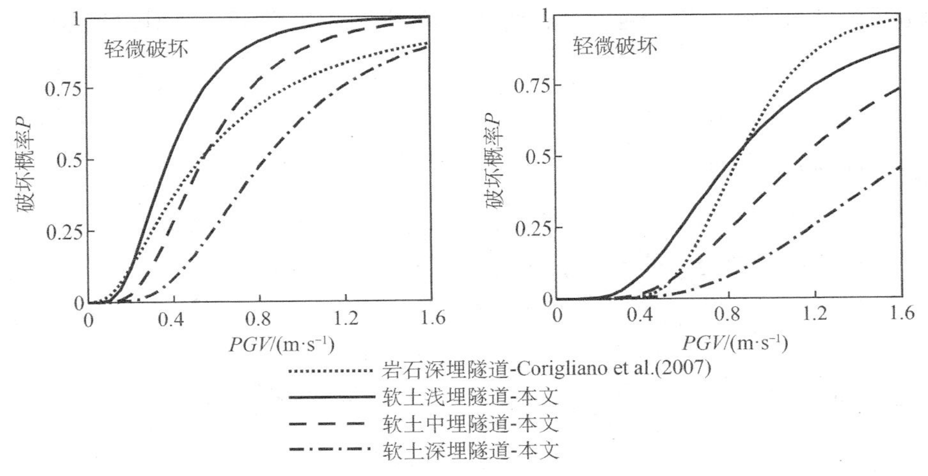

图 2.25　隧道地震脆弱性曲线对比(*PGV*)

Corigliano 等(2007)建立的经验性脆弱性曲线是由 1952 年美国 Kern County 地震、1989 年美国 Loma Prieta 地震及 1994 年美国 Northridge 地震等 7 次世界各地重大地震中的 121 个地震破坏案例的数据库拟合得到，且其破坏状态的定义相对非常定量化，衬砌破坏现象主要用文字描述表示，与本书以弯矩承载力大小定量划分破坏状态不同。另外，值得注意的是，在经验性脆弱性曲线中，不包含严重破坏状态下的概率曲线，且当 *PGV* 大于 1.1 m/s 时，中等破坏下的破坏概率要明显大于轻微破坏，这与一般脆弱性曲线同等地震强度下轻微破坏概率更加不符。总体上看，与 *PGA* 作为地震强度指标时一致，对于本书提出的隧道脆弱性曲线，隧道埋深越深，脆弱性越弱，也与以往的研究和实际观测结论一致。对于深埋隧道，从对比中也可以看出，本书的结果与经验性曲线二者差异较大，这个结果也与预期相符，主要原因有以下几点：①二者隧道埋深场地不同，本书为软土，经验性曲线为岩石场地；②二者的破坏状态定义有所不同，本书以抗弯承载力比为指标，经验性曲线则根据定量描述；③二者隧道类型、土体(围岩)-隧道结构系统几何特征以及获得脆弱性曲线方法均有不同。与以 *PGA* 作为地震强度指标时一致，上述对比与讨论也突出了场地条件、隧道特性、土-隧道结构体系特性等对隧道地震脆弱性分析的影响。

2.5.4 隧道地震易损性曲线

基于 2.2.2 节中定义的易损性指标中值及 2.2.4 节中易损性曲线的获取方法，可以获得不同地震强度(*PGA* 或 *PGV*)下的隧道地震易损性曲线。

图 2.26 和图 2.27 分别为以 *PGA* 和 *PGV* 为地震强度指标的 D 类场地的浅埋、中埋及深埋隧道的地震易损性曲线图。总体上看，易损性曲线的趋势与脆弱性曲线一致，随着 *PGA* 或 *PGV* 的增大，易损性也逐渐增大，且埋深越浅，隧道易损性也越大。在本书中，易损性指标为衬砌修复花费与衬砌完全替换花费之比，因此通过获得易损性曲线图和衬砌完全替换的花费，可以获得隧道衬砌在不同地震强度下的估计损失。比如，当某软土地区遭受 *PGA* 为 0.5g 的地震袭击时，由图 2.26 可知对浅埋、中埋及深埋隧道的易损性指标分别为 0.18，0.10 及 0.05，那么在这个地区，地震后对浅埋、中埋及深埋隧道衬砌修复的总花费则分别等于将他们完全替换花费的 18%，10%和 5%，其中浅埋隧道的花费最多。如果不同埋深隧道每环衬砌震后完全替换的花费已知，根据图 2.26 则可以估计隧道震后修复的具

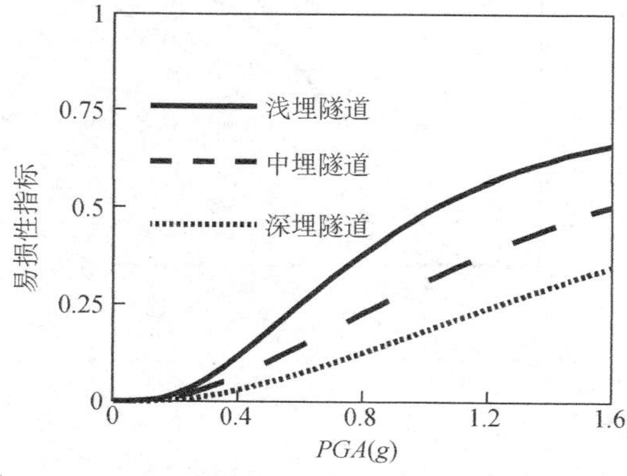

图 2.26　D 类场地隧道地震易损性曲线(*PGA*)

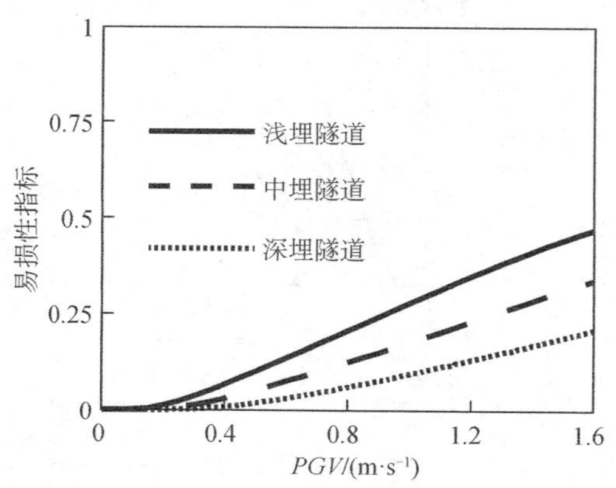

图 2.27　D 类场地隧道地震易损性曲线(*PGV*)

体费用。从图 2.27 中也可以得到相似的结论。比如，当某软土地区遭受 PGV 为 0.5 m/s 的地震袭击时，由图 2.27 可知对浅埋、中埋及深埋隧道的易损性指标分别为 0.10，0.05 及 0.02，那么在这个地区，地震后对浅埋、中埋及深埋隧道衬砌修复的总花费则分别等于将他们完全替换花费的 10%，5%和 2%，其中浅埋隧道的花费最多，深埋隧道较为安全，花费最少。

通过上述方法和计算流程，本书获得的软土场地下隧道脆弱性曲线及易损性曲线便可应用于地铁隧道定量地震风险分析，具体应用将在本书后续内容中予以介绍。

2.6　隧道地震脆弱性及易损性曲线的应用

下文利用建立的隧道地震脆弱性及易损性曲线构建了某地区不同埋深隧道结构破坏灾害曲线。

破坏灾害曲线 λ_{DM} 体现了不同大小破坏指标 DM 的年发生次数，图 2.28 为隧道破坏灾害曲线的生成流程，分别需要展开隧道地震脆弱性分析及场地地震灾害分析，从而获得最终的破坏灾害曲线 λ_{DM}，由式(2.35)计算：

$$\lambda_{DM} = \int_0^{+\infty} P_f(DM \geqslant dm \mid IM)\,\mathrm{d}\lambda_{IM}(x) \tag{2.35}$$

式中　IM——地震动强度指标；

x——IM 的不同取值；

λ_{IM}——对应地震动强度的年发生次数曲线，即地震灾害曲线；

$P_f(DM > dm \mid IM)$——地震脆弱性曲线，即上文获得的软土隧道地震脆弱性曲线。

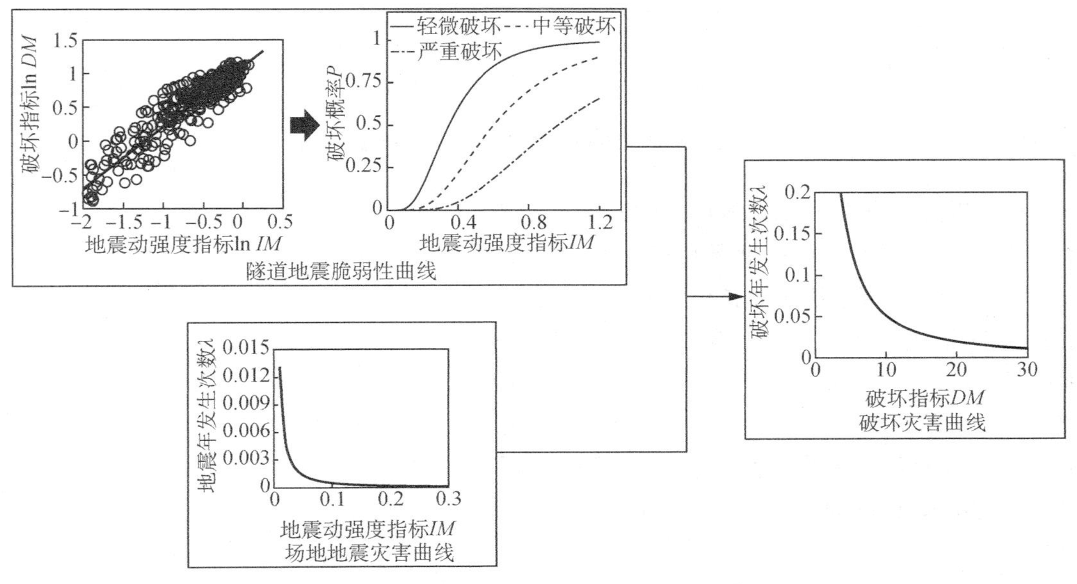

图 2.28　隧道破坏灾害曲线 λ_{DM} 生成流程

下面以某地区为例，介绍软土地区不同埋深隧道破坏灾害曲线的具体建立流程。

Baker(2008)介绍了场地概率地震灾害分析的具体步骤及计算公式，本书不再赘述，参照 Baker(2008)给出的案例，设某地区场地与 100 km 长断层中心处距离为 6 km，如图 2.29 所示，该断层产生线源地震且假设地震灾断层任何地方发生的概率相同，则震中距离小于 r 的概率等于 r 半径内占整个断层的比例，据此可以得到不同震中距的概率。基于 Gutenberg-Richter 公式的震级-频度关系(Gutenberg 和 Richter，1944)，可以得到不同震级的发生概率，其中假设该断层发生的最小及最大震级分别为 5 和 8，Gutenberg-Richter 公式常数 a 和 b 取值为 1，年度发生震级大于 5 地震的次数参数 λ_0 为 0.03。根据以上信息，可以得到该场地在断层影响下不同震中距 r 及震级 M_w 离散概率分布，如图 2.30 所示。

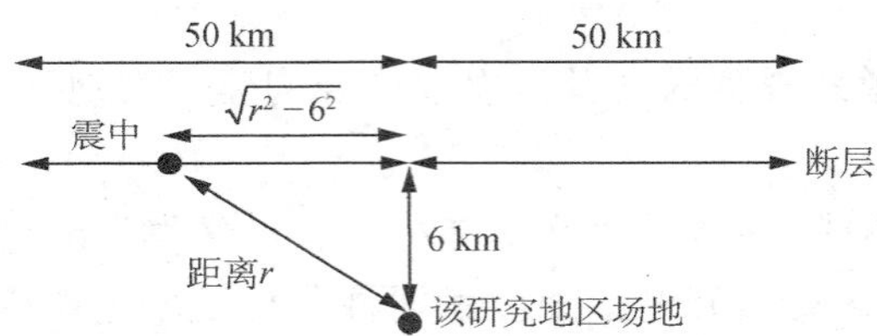

图 2.29　该地区线源地震示意图(Baker，2008)

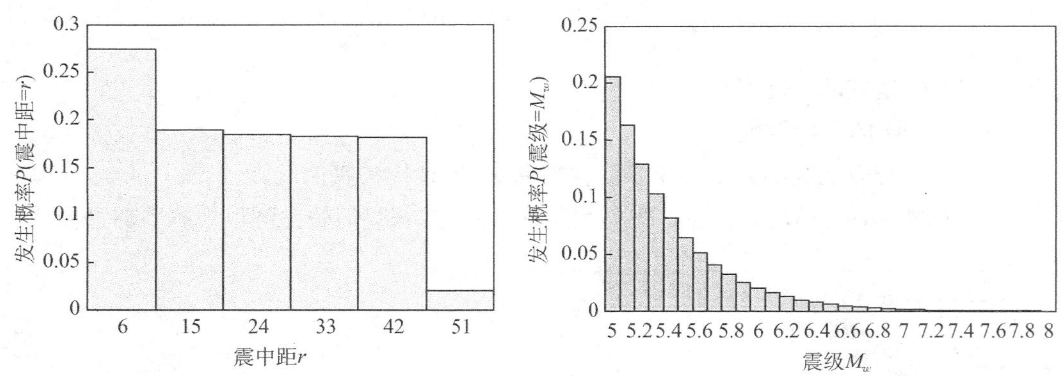

图 2.30　不同震中距 r 及震级 M_w 离散概率分布

根据以上信息及 Akkar 等(2014)建立的地震动预测方程 GMPE(见附录 B)，且考虑该场地 $V_{s,30}=170$ m/s，基于震中距指标且断层为走滑断裂机制，可以最终得到该地区基于 PGA 的地震灾害曲线，如图 2.31 所示。由该曲线可以得知，PGA 越小，其发生的概率越高。由图可以知道，重现期为 475 年(年发生次数 λ_{IM} 为 0.00211/年和 50 年内超越概率为 10%)对应的 PGA 大小为 0.3g。

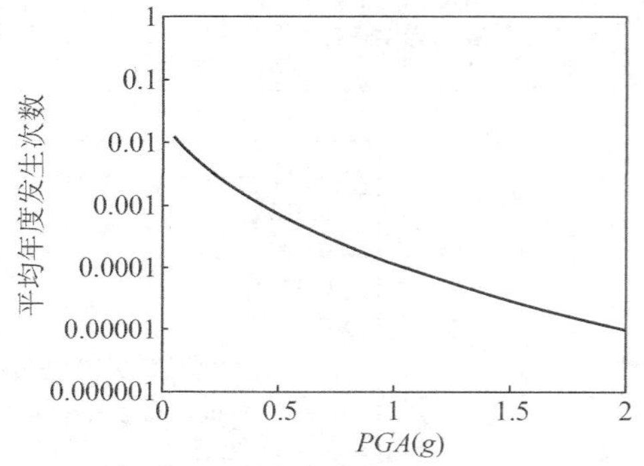

图 2.31　基于 PGA 的地震灾害曲线

2.7　本章小结

本章针对软土地区盾构隧道，考虑不同的隧道埋深、土层断面和地震动强度指标影响，展开了大量非线性动力时程分析，分别选用 *PGA* 或 *PGV* 作为地震动强度指标与结构破坏指标参数 *DM* 进行对数线性回归分析，获得相应的地震脆弱性曲线参数，建立了不同埋深隧道的地震脆弱性曲线及易损性曲线，并和已有数值及经验性脆弱性曲线进行了对比验证。分别对隧道地震脆弱性及易损性曲线的工程应用进行案例说明。基于以上研究得到的研究结论如下。

(1) 揭示了软土地区不同埋深隧道的地震脆弱性及易损性发展规律，基于本书提出的隧道地震脆弱性曲线及易损性曲线，可获得各个地震水平作用下隧道发生各种等级破坏的概率及其损失估计。建立的软土地区不同埋深隧道地震脆弱性及易损性曲线为隧道定量概率风险分析提供了支持，可为类似场地浅埋、中埋及深埋隧道的地震风险分析提供参考和依据。

(2) 将本书建立的隧道地震脆弱性曲线与已有数值地震脆弱性曲线及经验性脆弱性曲线进行对比，表明土体-隧道结构体系几何特性、隧道埋深及区域特定场地条件对地震脆弱性分析的重要性。

(3) 计算结果表明，当地震荷载越大和隧道埋深越浅时，隧道地震脆弱性及易损性越高，即隧道震后修复花费越大。在小地震时，盾构隧道发生各级破坏的概率非常小，基本不会发生重大破坏，但是在强震作用下，不同埋深隧道发生不同破坏的概率显著增加。如当遭受 *PGA* 为 $0.5g$ 的地震时，震后对浅埋、中埋及深埋隧道衬砌修复的总花费则分别等于将他们完全替换花费的 18%，10%和 5%，其中浅埋隧道的花费最多。上述分析表明高地震风险地区浅埋隧道的地震易损性及损失最大，值得相关机构的重视。同时，为有效防御强震来袭，有必要对隧道进行足够的抗震设计。

(4) 基于建立的地震脆弱性曲线及易损性曲线，将其应用于某地区盾构隧道的破坏灾害曲线建立，且该灾害曲线可以获得不同埋深隧道每年发生不同重现期的破坏指标的次数。上述工程应用表明建立的地震脆弱性和易损性曲线可以为城市隧道风险管理工作者提供参考。

(5) 隧道结构破坏指标和地震动强度参数指标对隧道地震脆弱性分析具有一定影响，本书采用衬砌截面弯矩承载能力比为破坏指标，以 *PGA* 或 *PGV* 为地震动强度指标，未来可以在新的地震破坏指标(*DM*)做进一步研究。下一章将对地震脆弱性分析中的合理地震动强度指标(*IM*)选择展开分析。

第3章 地震动强度指标优选与脆弱性曲面概率分析

3.1 概述

地震是一种具有突发性、随机性和强烈不确定性的自然灾害。在某种程度上，地震动强度参数直接影响地震脆弱性分析结果的离散性和合理性（吕大刚和于晓辉，2013），也是隧道结构进行地震脆弱性及易损性分析的关键因素之一。截至目前，世界大部分国家和地区都采用地震动峰值加速度（*PGA*）作为地震动强度指标用于地上或地下结构的抗震设计、分析与风险分析（王国波，2007）。从过往收集的现场震害案例分析统计中得知，在有些案例中，峰值加速度（*PGA*）很高，但是结构的破坏程度却较轻；有些案例的峰值加速度（*PGA*）很小，却引起了结构较为严重的破坏。可见，地震动峰值加速度（*PGA*）有时候未必是最为理想的地震强度参数。从第2章的分析也可得知，对于中埋及深埋隧道，地震动峰值速度（*PGV*）相对地震动峰值加速度（*PGA*）与破坏指标（*DM*），回归的离散性较小，即更适合用于地震脆弱性分析中。另外，在目前绝大部分地震脆弱性分析中，往往只采用单一地震动强度参数展开分析，显然难以全面反映地震动特性对结构破坏概率的综合影响。

因此，本章基于第2章的数值计算结果，选择了常见的18个地震强度指标（*IMs*），根据地震动强度参数的四个评价准则，即相关性、有效性、实用性和效益性，分别对软土场地下浅埋、中埋及深埋隧道地震脆弱性分析对应的理想地震动强度指标展开了分析与讨论。最后，基于获得的理想地震动强度指标，本书首次建立了基于双地震强度指标的隧道地震脆弱性曲面（fragility surface），并与第2章获得的对应地震脆弱性曲线（fragility curve）进行了对比，表明多个地震动指标在地震脆弱性分析时的重要性，本书建立的地震脆弱性曲面将有助于更合理地进行隧道地震风险分析。

3.2 地震动强度参数定义与分类

本节介绍了选取的18个常用地震动参数（*IMs*），并对其进行了分类，用于之后的地震脆弱性分析的合理地震动强度参数选取。

3.2.1 地震动强度参数定义

以下介绍18个地震动强度参数的定义。

(1) 地震动峰值加速度 *PGA*。

地震动峰值加速度 *PGA* 是目前使用最为广泛的地震动强度指标，由于其概念简单直观、方便应用，大多数国家的抗震规范都采用 *PGA* 作为动力时程分析的地震动强度指标，其数学表达式如式(3.1)所示：

$$PGA = \max|a(t)| \tag{3.1}$$

式中　$a(t)$——地表地震动加速度时程；

t——时间。

(2) 地震动峰值速度 *PGV*。

地震动峰值速度 *PGV* 为地表地震动速度时程的最大值，也是一个较为常用的指标，日本国内使用它作为地震动强度指标，其数学表达式定义如式(3.2)所示：

$$PGV = \max|v(t)| \tag{3.2}$$

式中，$v(t)$为地表地震动速度时程。

在地下结构领域，有些学者(Corigliano 等，2007；Chen 和 Wei，2013；Liu 等，2016；Nguyen 等，2019)已研究发现在某种程度上 *PGV* 比 *PGA* 能更好地用于地下结构安全分析中。

(3) 地震动峰值位移 *PGD*。

地震动峰值位移 *PGD* 即为地表地震位移时程中的最大值，相对于 *PGA* 及 *PGV* 使用较少，可以用式(3.3)表示：

$$PGD = \max|d(t)| \tag{3.3}$$

式中，$d(t)$为地表地震动位移时程。

(4) 频率比 *FR1*。

频率比 *FR1* 为峰值速度 *PGV* 与峰值加速度 *PGA* 之比，可以综合考虑峰值速度与峰值加速度的影响，以往的研究表明地震动峰值比在某种程度上反映了地震动的频谱特性，可以用式(3.4)表示：

$$FR1 = \frac{PGV}{PGA} = \frac{\max|v(t)|}{\max|a(t)|} \tag{3.4}$$

(5) 均方根加速度 A_{rms}。

考虑到结构总输入能量与地震加速度平方的积分成正比关系，Vanmarcke 和 Lai(1980)首次提出了地震动的均方根强度指标，其中均方根加速度 A_{rms} 由加速度时程积分得到，可以由式(3.5)表示：

$$A_{\text{rms}} = \sqrt{\frac{1}{t_{\text{tot}}}\int_0^{t_{\text{tot}}} [a(t)]^2 \mathrm{d}t} \tag{3.5}$$

式中　t_{tot}——地表地震加速度时程时长；

$a(t)$——地表地震动加速度时程。

(6) 均方根速度 V_{rms}。

均方根加速度 V_{rms} 由速度时程积分得到(Housner 和 Jennings，1964)，可以由式(3.6)

表示：

$$V_{\mathrm{rms}}=\sqrt{\frac{1}{t_{\mathrm{tot}}}\int_{0}^{t_{\mathrm{tot}}}[v(t)]^{2}\mathrm{d}t} \tag{3.6}$$

式中 t_{tot}——地表地震加速度时程时长；

$v(t)$——地表地震动速度时程。

(7) 均方根位移 D_{rms}。

均方根加速度 D_{rms} 由位移时程积分得到(Housner 和 Jennings，1964)，可以由式(3.7)表示：

$$D_{\mathrm{rms}}=\sqrt{\frac{1}{t_{\mathrm{tot}}}\int_{0}^{t_{\mathrm{tot}}}[d(t)]^{2}\mathrm{d}t} \tag{3.7}$$

式中 t_{tot}——地表地震加速度时程时长；

$d(t)$——地表地震动位移时程。

(8) Arias 强度 I_{a}。

Arias 强度 I_{a} 可以由加速度时程确定(Arias，1970)，如式(3.8)所示：

$$I_{\mathrm{a}}=\frac{\pi}{2g}\int_{0}^{t_{\mathrm{tot}}}[a(t)]^{2}\mathrm{d}t \tag{3.8}$$

(9) 特征强度 I_{c}。

特征强度 I_{c} 可以由均方根加速度和加速度时长确定(Park 等，1985)，如式(3.9)所示：

$$I_{\mathrm{c}}=A_{\mathrm{rms}}^{\frac{3}{2}}\cdot\sqrt{t_{\mathrm{tot}}} \tag{3.9}$$

(10) 比能量密度 SED。

比能量密度 SED 可以由速度时程和时长获得，如式(3.10)所示：

$$SED=\int_{0}^{t_{\mathrm{tot}}}[v(t)]^{2}\mathrm{d}t \tag{3.10}$$

(11) 累积绝对速度 CAV。

累积绝对速度 CAV 可由加速度时程积分波与时间轴围成的面积获得，该指标由 Kramer(1996)首先提出，如式(3.11)所示：

$$CAV=\int_{0}^{t_{\mathrm{tot}}}|a(t)|\mathrm{d}t \tag{3.11}$$

(12) 加速度反应谱密度 ASI。

加速度反应谱密度 ASI 为 Von Thun 等(1988)首次提出的一种地震动强度指标，可由加速度反应谱积分获得，以加速度反应谱在 0.1～0.5 s 范围内围成的面积得到，如式(3.12)所示：

$$ASI=\int_{0.1}^{0.5} S_{a}(\xi=0.05, T)\mathrm{dT} \tag{3.12}$$

式中　$S_a(z=0.05, T)$——阻尼为 5%对应的加速度谱；

T——结构自振周期。

(13) 速度谱密度 *VSI*。

速度反应谱密度 *VSI* 为 Von Thun 等(1988)首次提出的一种地震动强度指标，可由速度反应谱积分获得，以速度反应谱在 0.1～2.5 s 范围内围成的面积得到，如式(3.13)所示：

$$VSI=\int_{0.1}^{2.5} S_{v}(\xi=0.05, T)\mathrm{d}T \tag{3.13}$$

式中　$S_v(z=0.05, T)$——阻尼为 5%对应的速度谱；

T——结构自振周期。

(14) Housner 强度 *HI*。

Housner(1952)提出了用拟速度反应谱在周期 0.1～2.5 s 内所围成的面积来表达地震动的强度，数学表达式见式(3.14)：

$$HI=\int_{0.1}^{2.5} PSV(\xi=0.05, T)\mathrm{d}T \tag{3.14}$$

式中　$PSV(z=0.05, T)$——阻尼比为 5%时的拟速度谱；

T——结构自振周期。

(15) 持续最大加速度 *SMA*。

Nuttli(1979)首次提出了以持续最大加速度 *SMA* 作为地震动参数，定义为加速度波的第三最大绝对值。

(16) 持续最大速度 *SMV*。

Nuttli(1979)首次提出了以持续最大加速度 *SMV* 作为地震动参数，定义为速度波的第三最大绝对值。

(17) 有效设计加速度 *EDA*。

以往研究显示高频地震动成分对加速度峰值的影响较大，但对结构的地震需求影响却相对较小，因此可以对加速度时程中频率高于 8～9 Hz 的部分采用滤波方法进行过滤。进一步地，Kennedy(1980)提出了使用 1.25 倍滤波后的加速度时程的第三峰值作为地震动参数指标，并将其命名成有效设计加速度 *EDA*。

(18) *A*95 指标。

*A*95 地震动强度指标是指对应于 95%Arias 强度的最大加速度值。

3.2.2　地震动强度参数分类

地震动强度特点、频谱特征和持时特性是决定地震波破坏强度的关键影响因素。目前，在实践和研究中常用的地震动参数往往体现了地震波的这三个特性。不同学者对地震动参数的分类标准往往不同，有时其分类也与结构动力特性相关。根据地震动指标的物理意义和定义内容，以上 18 种地震动指标可以划分成以下四类：①振幅型，与地震波的振动幅值有关，如 *PGA*，*PGV*，*PGD*，*SMA*，*SMV*，*EDA* 和 *A*95；②频谱型，与地震波的频谱特性有关，如 *ASI*，*VSI* 和 *HI*；③持时型，与地震波的持时特性有关，如 I_a，A_{rms}，V_{rms}，D_{rms}，*CAV* 和 *SED*；④混合型，与地震波的多种特性有关，如 I_c和 *FR1*。对上述地震动强度参数进行汇总分类，结果如表 3.1 所示。

表 3.1　　地震动强度指标分类

分类	地震动强度指标
振幅型	*PGA*，*PGV*，*PGD*，*SMA*，*SMV*，*EDA* 和 *A*95
频谱型	*ASI*，*VSI* 和 *HI*
持时型	I_a，A_{rms}，V_{rms}，D_{rms}，*CAV* 和 *SED*
混合型	I_c和 *FR1*

3.3　地震动强度参数评价标准

在隧道地震脆弱性分析中，往往要展开大量的非线性动力时程有限元分析，从而获得隧道结构在不同地震强度等级的地震响应，然后对获得的破坏指标 *DM* 与地震强度 *IM* 进行回归分析，建立地震动强度参数 *IM* 与结构地震需求参数 *DM* 之间的关系，最后获得不同破坏状态下的隧道地震脆弱性曲线。选择合理的地震动强度参数（*IM*）是隧道地震概率风险分析的一个重要环节。在本书中，结构地震需求参数 *DM* 可由地震动强度参数 *IM* 的对数线性表达式来表示，这也与第 2 章中的拟合公式一致，表达式如式(3.15)所示：

$$\ln d = a + b \cdot \ln(IM) \tag{3.15}$$

式中　d——结构地震需求参数；

IM——地震动强度参数；

a，b——回归参数。

在结构地震脆弱性分析中，往往通过回归分析来确定结构地震需求参数 *DM* 与地震动强度参数 *IM* 之间的关系。因此，回归分析中的一些统计量可以作为地震动强度参数选取的准则(Padgett 等，2008)，以此选取出合理的地震动强度参数。在本研究中主要包含四个评价指标，分别为相关性(correlation)指标、有效性(efficiency)指标、实用性(practicality)指标和效益性(proficiency)指标。

3.3.1　相关性指标

相关性指标表达了研究的地震动强度参数 *IM* 与结构地震需求参数 *DM* 之间相关性的大小。该指标即地震动强度参数 *IM* 与结构地震需求参数 *DM* 关系式回归分析中得到的相关系数 R^2。其中，假如相关系数 R^2数值越大，则代表地震动参数 *IM* 越合适；反之，相关系数 R^2越小，则代表地震动参数 *IM* 越不合适。本书针对各个地震动强度参数 *IMs* 展开其与结构地震需求参数 *DM* 的相关性分析，合理优选出与结构地震需求参数回归最显著

的地震动强度参数 IM。

3.3.2　有效性指标

有效性指标表达了实际计算数据和回归预测数据之间的离散性大小，在本研究中，采用在地震动强度参数 IM 与结构地震需求参数 DM 之间回归分析的标准差 $b_{d/IM}$来评价。针对不同地震动强度参数 IMs，通过分析对数线性回归结果的标准差来分析计算得到的结构地震需求的差异性大小。通过上述回归分析得到的标准差越大，则表明该地震动强度参数 IM 的有效性越差；反之，标准差越小，有效性越好。标准差 $\beta_{d/IM}$计算表达式如式(3.16)所示：

$$\beta_{d/IM} \cong \sqrt{\frac{\sum (\ln(D_j) - \ln(d_j))^2}{K}} \tag{3.16}$$

式中　D_j——第 j 个输入地震波的隧道结构地震响应计算值；

d_j——由回归分析得到的结构地震需求值；

K——总的计算样本量。

标准差 $\beta_{d/IM}$越小，代表地震动参数越有效。

3.3.3　实用性指标

实用性指标表达了结构地震需求参数 DM 受地震动强度参数 IM 的变化的影响程度。本研究采用对数线性回归方程中的斜率 b，作为分析地震需求参数 IM 实用性大小的指标。斜率 b 值越大，则结构地震需求参数 DM 受对应地震动强度参数 IM 的变化的影响越大，实用性越好；若斜率 b 值越小，则结构地震需求参数 DM 受对应地震动强度参数 IM 的变化的影响越小，实用性越差。

3.3.4　效益性指标

对于某一地震动强度参数 IM，往往会碰到当有效性和实用性的分析结果不一致时的困境。基于有效性指标 $\beta_{d/IM}$和实用性指标 b，学者 Padgett 等(2008)首度构建了一个名为“效益性”的综合评价地震动强度参数合理性的指标，且用参数 ζ 来表示地震动强度参数 IM 的效益性，如式(3.17)所示：

$$\zeta = \frac{\beta_{d/IM}}{b} \tag{3.17}$$

式中，$\beta_{d/IM}$和 b 为标准差和回归系数，分别对应有效性和实用性的评价指标。

可见，在某一地震动强度参 IM 与结构地震需求参数 DM 进行的回归分析中，当斜率 b 值越大且标准差 $\beta_{d/IM}$值越小时，则对应的 ζ 值就越小，该地震动强度参数 IM 的效益性就越好；反之 ζ 值就越大，该地震动强度参数 IM 的效益性就越差。

3.4　合理地震动强度参数选取分析

在大量非线性有限元动力时程分析的基础上，获取了每个工况的地表加速度时程曲线，再根据地震动强度参数定义，获得了不同埋深隧道工况对应的各组地震动强度指标 *IMs*，再结合其获得的对应的地震破坏指标 *DM*，展开了对数线性（ln *IM*－ln *DM*）回归分析，对回归结果进行统计分析，最终得到了上述对应统计量作为地震动强度参数选取分析依据。

3.4.1 地震动强度参数(*IM*)与破坏指标(*DM*)关系研究

根据第 2 章针对浅埋隧道、中埋隧道及深埋隧道有限元数值分析的结果，可以绘制相应的地震隧道破坏指标 *DM* 与所选择的地震强度参数 *IM* 关系。本书对地震动强度和破坏指标这两个变量分别取自然对数，即为 ln *IM* 与 ln *DM*，拟合曲线代表随地震强度增加破坏指标的演化过程。为便于对比，选取 3.2 小节介绍的 18 个地震动强度参数展开分析，以浅埋隧道为例，图 3.1 为浅埋隧道地震破坏指标与不同地震动参数的初步的回归分析图，其中对应拟合公式及相关回归系数如表 3.2 所示。

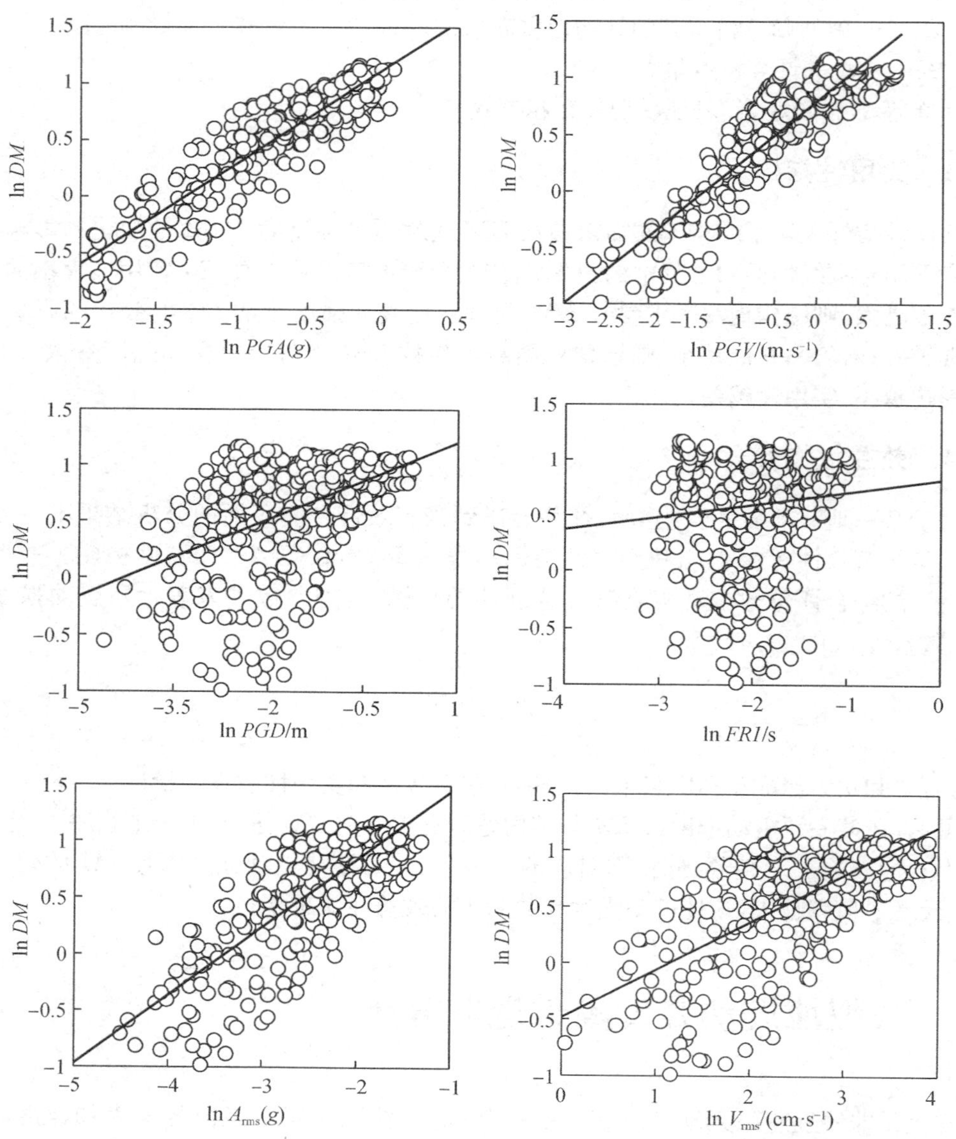

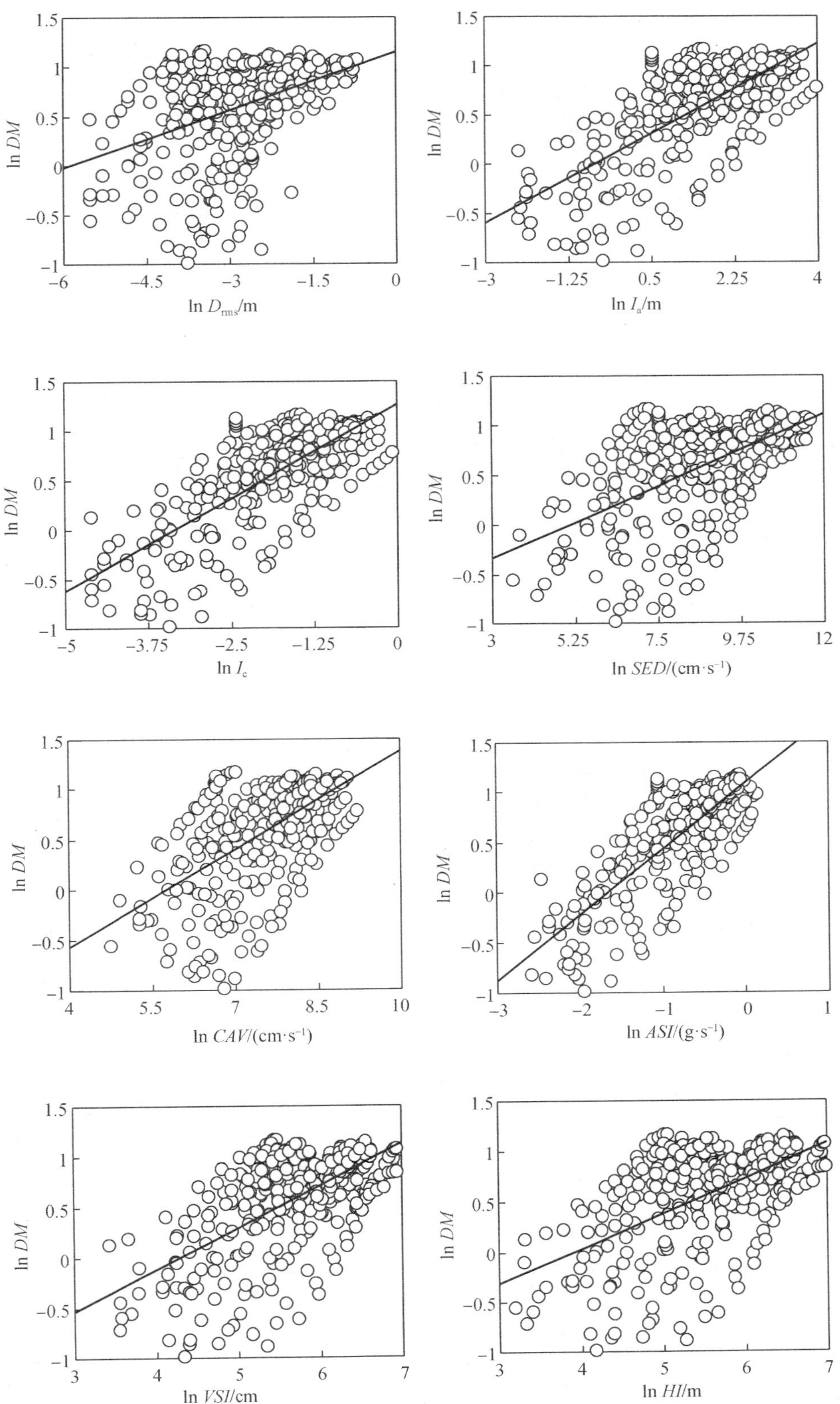
1.5
1
0.5
0
−0.5
−1
ln DM
−6
−4.5
−3
−1.5
0
ln D_{rms}/m
−3
−1.25
0.5
2.25
4
ln I_a/m
−5
−3.75
−2.5
−1.25
ln I_c
3
5.25
7.5
9.75
12
ln SED/(cm·s⁻¹)
4
5.5
7
8.5
10
ln CAV/(cm·s⁻¹)
−3
−2
−1
0
1
ln ASI/(g·s⁻¹)
3
4
5
6
7
ln VSI/cm
ln HI/m

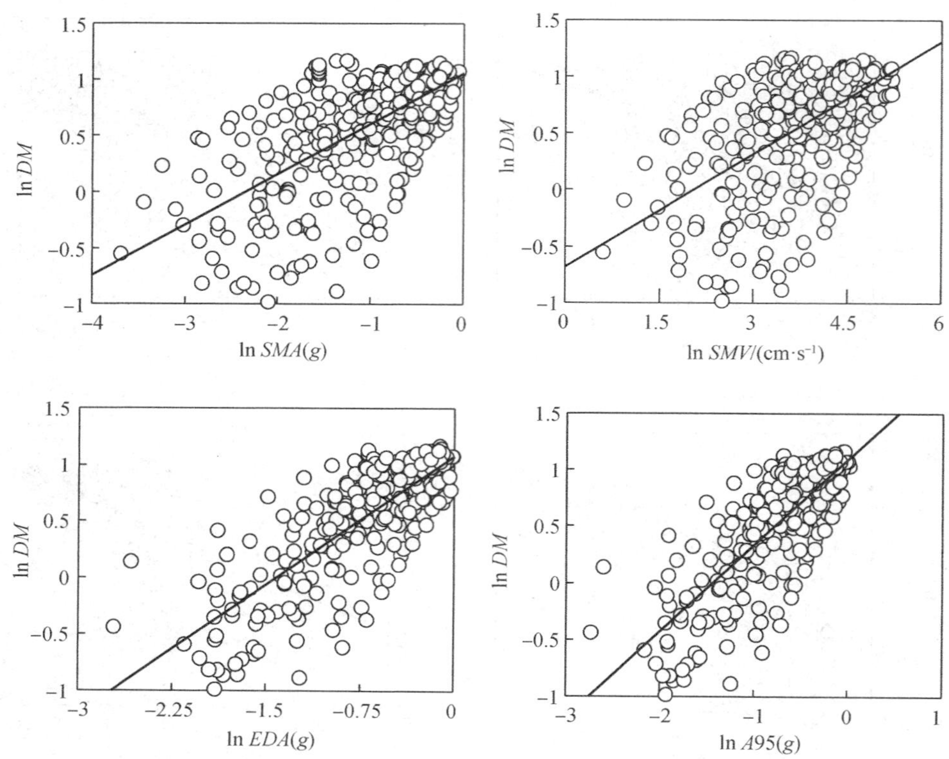

图 3.1 浅埋隧道地震破坏指标与不同地震动参数的回归分析

表 3.2 浅埋隧道对应的回归参数

地震动强度参数 IM	回归系数 b	回归系数 a	相关系数 R^2
PGA	0.860	1.127	0.859
PGV	0.597	0.799	0.804
PGD	0.229	0.974	0.194
$FR1$	0.111	0.814	0.01
A_{rms}	0.603	2.045	0.643
V_{rms}	0.422	−0.482	0.438
D_{rms}	0.196	1.153	0.162
I_a	0.259	0.183	0.527
I_c	0.376	1.263	0.583
SED	0.160	−0.811	0.318
CAV	0.324	−1.862	0.341
ASI	0.655	1.087	0.668
VSI	0.416	−1.781	0.397

（续表）

地震动强度参数 IM	回归系数 b	回归系数 a	相关系数 R^2
HI	0.348	−1.358	0.335
SMA	0.450	1.055	0.434
SMV	0.332	−0.680	0.34
EDA	0.760	1.080	0.647
$A95$	0.758	1.091	0.644

同理，可以得到中埋隧道及深埋隧道对应的地震破坏指标与不同地震动参数的初步回归分析图及相应的回归参数。根据上述结果，可以对浅埋隧道、中埋隧道及深埋隧道的合理地震动参数展开分析。

3.4.2　浅埋隧道合理地震动参数

3.4.2.1　相关性分析

图 3.2 为各个地震动强度参数回归分析结果的对比图，相关系数越大，则代表该地震动强度参数与结构地震需求参数的关系越紧密。由图 3.2 可知，地表峰值加速度 PGA 的相关系数最大，为 0.859，说明地表峰值加速度 PGA 与破坏指标的相关性最好，其次是地表峰值速度 PGV，相关系数为 0.804；峰值速度与峰值加速度之比 $FR1$ 的相关性最差，相关系数仅为 0.01，其次为均方根位移 D_{rms}，相关系数大小为 0.162。

从不同地震动强度参数类型来说，对于振幅型地震动强度参数，PGA 的相关系数最大，PGD 的相关系数最小；对于频谱型地震动强度参数，ASI 的相关系数最大，HI 的相关系数最小；对于持时型地震动强度参数，A_{rms}的相关系数最大，D_{rms}的相关系数最小；对于混合型地震动强度参数，I_c的相关系数最大，$FR1$ 的相关系数最小。

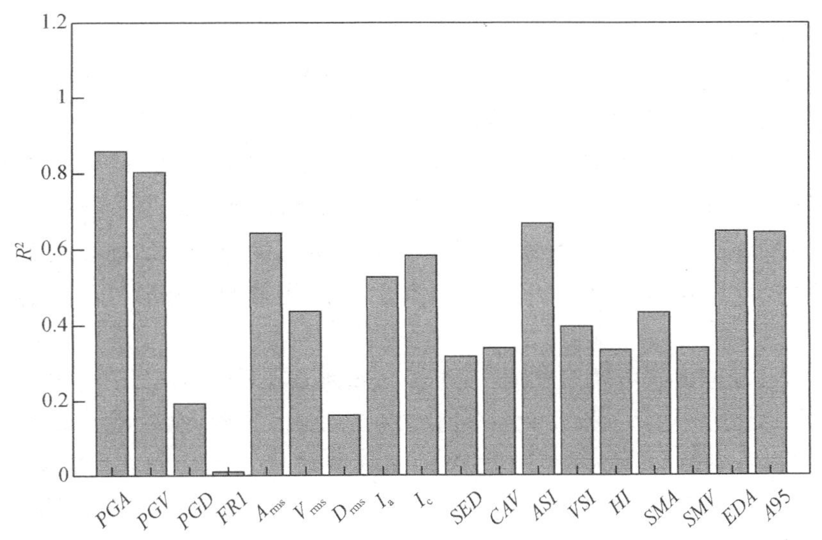

图 3.2　地震动强度参数的相关性分析（浅埋隧道）

3.4.2.2 有效性分析

依据式(3.16)获得了各个地震动参数回归分析结果对应的标准差，如图 3.3 所示。其中，对应地震动强度参数的回归分析结果的标准差越小，则其有效性越高。由图 3.3 可知，地表峰值加速度 *PGA* 的标准差最小，为 0.186，其次是地表峰值速度 *PGV*，标准差为 0.219，二者较为接近；峰值速度与峰值加速度之比 *FR1* 的标准差最大，相关系数仅为 0.492，其次为均方根位移 D_{rms}，标准差大小为 0.453。

从不同地震动强度参数类型来说，对于振幅型地震动强度参数，*PGA* 的标准差最小，*PGD* 的标准差最大；对于频谱型地震动强度参数，*ASI* 的标准差最小，*HI* 的标准差最大；对于持时型地震动强度参数，A_{rms}的标准差最小，D_{rms}的标准差最大；对于混合型地震动强度参数，*FR1* 的标准差最大，I_c的标准差最小。

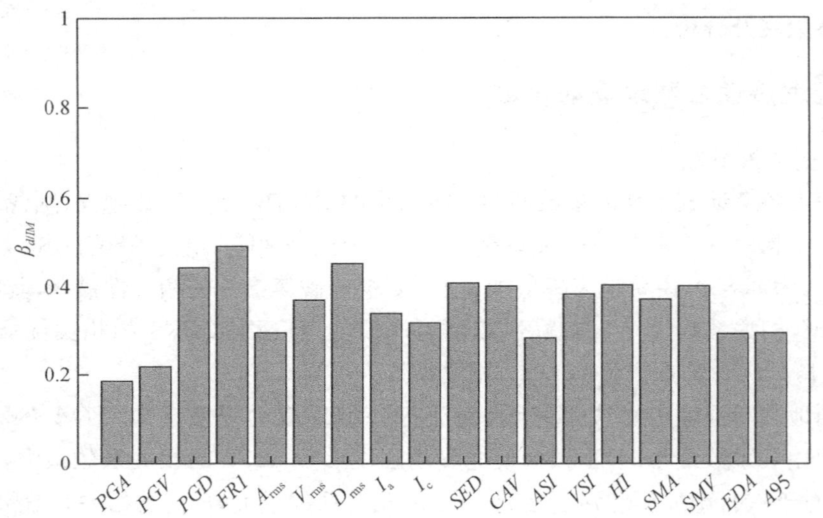

图 3.3　地震动强度参数的有效性分析(浅埋隧道)

3.4.2.3 实用性分析

分析采用不同地震动强度参数为自变量的对数线性回归方程中的斜率 *b*，以斜率大小来衡量地震动强度参数的变化对结构地震需求参数的影响。当各个地震动强度参数为自变量时，回归方程中的斜率值如图 3.4 所示。由图 3.4 可知，地表峰值加速度 *PGA* 的回归方程斜率最大，为 0.860，表明 *PGA* 的变化对结构地震需求参数的影响最大，有效设计加速度 *EDA* 次之，回归方程斜率为 0.760；峰值速度与峰值加速度之比 *FR*1 的回归方程斜率最小，回归方程斜率仅为 0.111，其次为比能量密度 *SED*，回归方程斜率大小为 0.160。

从不同地震动强度参数类型来说，对于振幅型地震动强度参数，*PGA*的回归方程斜率最大，*PGD* 的回归方程斜率最小；对于频谱型地震动强度参数，*ASI* 的回归方程斜率最大，*HI* 的回归方程斜率最小；对于持时型地震动强度参数，A_{rms}的回归方程斜率最大，*SED* 的回归方程斜率最小；对于混合型地震动强度参数，I_c的回归方程斜率最大，*FR*1 的回归方程斜率最小。

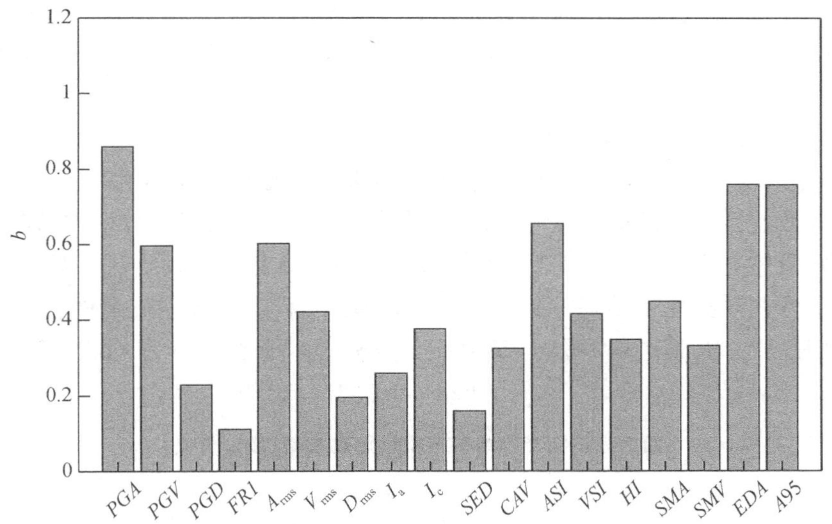

图 3.4　地震动强度参数的实用性分析(浅埋隧道)

3.4.2.4　效益性分析

通过引入效益性指标 ζ，进一步综合分析各个地震动强度参数的合理性。根据式(3.17)计算出 18 个地震动强度参数的效益性指标并进行排序，如图 3.5 所示。效益性指标值越小，表明地震动强度参数的效益性越高。由图 3.5 可知，地表峰值加速度 *PGA* 的效益性指标最小，为 0.216，地表峰值速度 *PGV* 次之，效益性指标大小为 0.367；峰值速度与峰值加速度之比 *FR1* 的效益性指标最大，效益性指标仅为 4.432，其次为比能量密度 *SED*，效益性指标大小为 2.556。

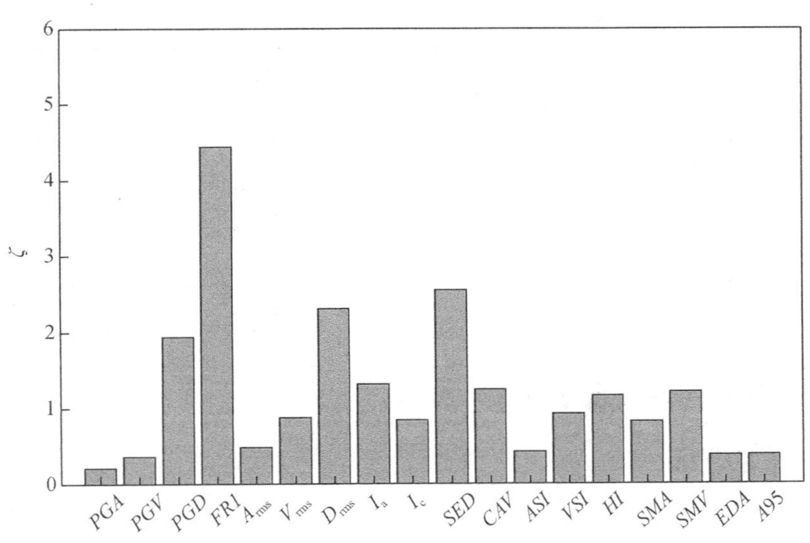

图 3.5　地震动强度参数的效益性分析(浅埋隧道)

从不同地震动强度参数类型来说，对于振幅型地震动强度参数，*PGA*的效益性指标最小，*PGD* 的效益性指标最大；对于频谱型地震动强度参数，*ASI* 的效益性指标最小，

HI 的效益性指标最大；对于持时型地震动强度参数，A_{rms}的效益性指标最小，*SED* 的效益性指标最大；对于混合型地震动强度参数，I_c的效益性指标最小，*FR1* 的效益性指标最大。

3.4.2.5　综合选取地震动强度参数

对于浅埋隧道工况而言，针对选取的 18 个地震动强度参数，基于以上得到相关性、有效性、实用性和效益性四个评价指标大小，本书选取了四个分析指标中分别排名前 5 位的地震动强度参数，具体见表 3.3。由表 3.3 可知，*PGA* 的四项分析指标均排名第一，而 *PGV* 的相关性、有效性和效益性三项指标排名靠前。由此可知，对于浅埋隧道而言，*PGA* 是最合适的地震动强度指标，其次是 *PGV*。综合四个分析指标排名，对于浅埋隧道工况，理想地震动强度指标可选为 *PGA*，*PGV*，*ASI*，*EDA*，*A*95。

表 3.3　　四个分析指标排名前五位地震动参数(浅埋隧道)

分析指标	排名				
	1	2	3	4	5
相关性	*PGA*	*PGV*	*ASI*	*EDA*	*A*95
有效性	*PGA*	*PGV*	*ASI*	*EDA*	*A*95
实用性	*PGA*	*EDA*	*A*95	*ASI*	A_{rms}
效益性	*PGA*	*PGV*	*A*95	*EDA*	*ASI*

同理，针对 18 个地震动强度参数，根据相关性、有效性、实用性和效益性四个指标的分析结果，选取出四个分析指标排名最后三位的地震动强度参数，具体见表 3.4。由表 3.4 可知，*FR1* 是浅埋隧道工况的最差地震动强度指标，其次是 D_{rms}、*SED* 及 *PGD*。

表 3.4　　四个分析指标排名后三位地震动参数(浅埋隧道)

分析指标	排名		
	16	17	18
相关性	*PGD*	D_{rms}	*FR1*
有效性	*PGD*	D_{rms}	*FR1*
实用性	D_{rms}	*SED*	*FR1*
效益性	D_{rms}	*SED*	*FR1*

3.4.3　中埋隧道合理地震动参数

3.4.3.1　相关性分析

图 3.6 为各个地震动强度参数回归分析结果的对比。由图 3.6 可知，地表峰值速度 *PGV* 的相关系数最大，为 0.922，其次是速度谱密度 *VSI*，相关系数为 0.883；峰值速度与峰值加速度之比 *FR1* 的相关性最差，相关系数仅为 0.410，其次为加速度谱密度 *ASI*，相关系数大小为 0.457。

从不同地震动强度参数类型来说，对于振幅型地震动强度参数，*PGV* 的相关系数最大，

SMA 的相关系数最小；对于频谱型地震动强度参数，*VSI* 的相关系数最大，*ASI* 的相关系数最小；对于持时型地震动强度参数，V_{rms}的相关系数最大，D_{rms}的相关系数最小；对于混合型地震动强度参数，I_c的相关系数最大，*FR1* 的相关系数最小。

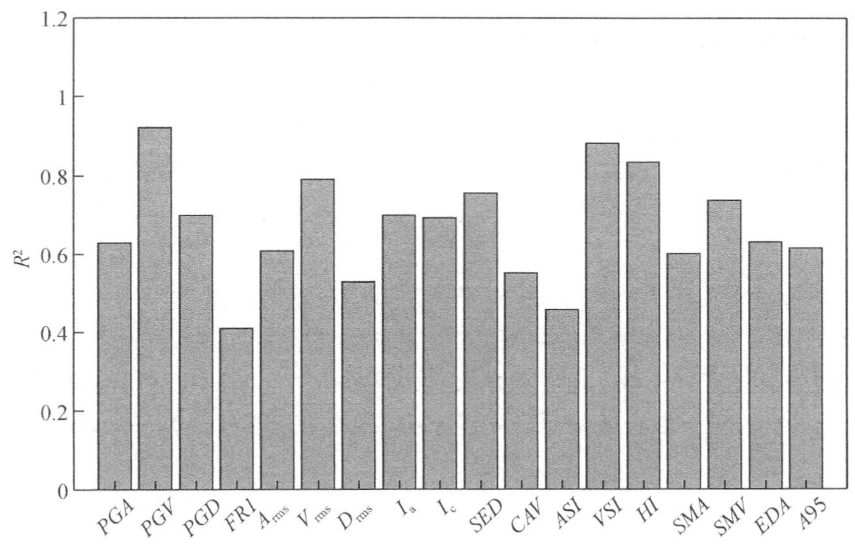

图 3.6　地震动强度参数的相关性分析(中埋隧道)

3.4.3.2　有效性分析

依据式(3.16)获得了各个地震动参数回归分析结果对应的标准差，如图 3.7 所示。由图 3.7 可知，地表峰值速度 *PGV* 的标准差最小，为 0.135，其次是速度谱密度 *VSI*，标准差为 0.164，二者较为接近；峰值速度与峰值加速度之比 *FR1* 的标准差最大，大小 0.369，其次为加速度谱密度 *ASI*，标准差大小为 0.355。

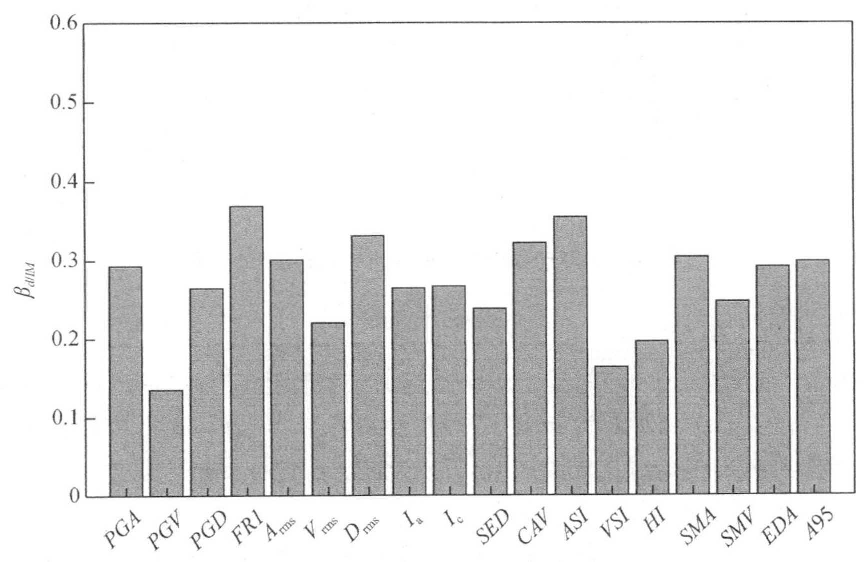

图 3.7　地震动强度参数的有效性分析(中埋隧道)

从不同地震动强度参数类型来说，对于振幅型地震动强度参数，*PGV* 的标准差最小，*SMA* 的标准差最大；对于频谱型地震动强度参数，*VSI* 的标准差最小，*ASI* 的标准差最大；对于持时型地震动强度参数，V_{rms}的标准差最小，D_{rms}的标准差最大；对于混合型地震动强度参数，I_c的标准差最小，*FR1* 的标准差最大。

3.4.3.3 实用性分析

图 3.8 为各个地震动强度参数为自变量时的回归方程斜率值 b。由图 3.8 可知，有效设计加速度 *EDA* 的回归方程斜率最大，为 0.739，表明有效设计加速度 *EDA* 的变化对结构地震需求参数的影响最大，*A*95 指标次之，回归方程斜率为 0.715；比能量密度 *SED* 的回归方程斜率最小，回归方程斜率仅为 0.239，其次为 Arias 强度 I_a，回归方程斜率大小为 0.290。

从不同地震动强度参数类型来说，对于振幅型地震动强度参数，*EDA* 的回归方程斜率最大，*PGD* 的回归方程斜率最小；对于频谱型地震动强度参数，*VSI* 的回归方程斜率最大，*ASI* 的回归方程斜率最小；对于持时型地震动强度参数，A_{rms}的回归方程斜率最大，*SED* 的回归方程斜率最小；对于混合型地震动强度参数，I_c的回归方程斜率最小，*FR1* 的回归方程斜率最大。

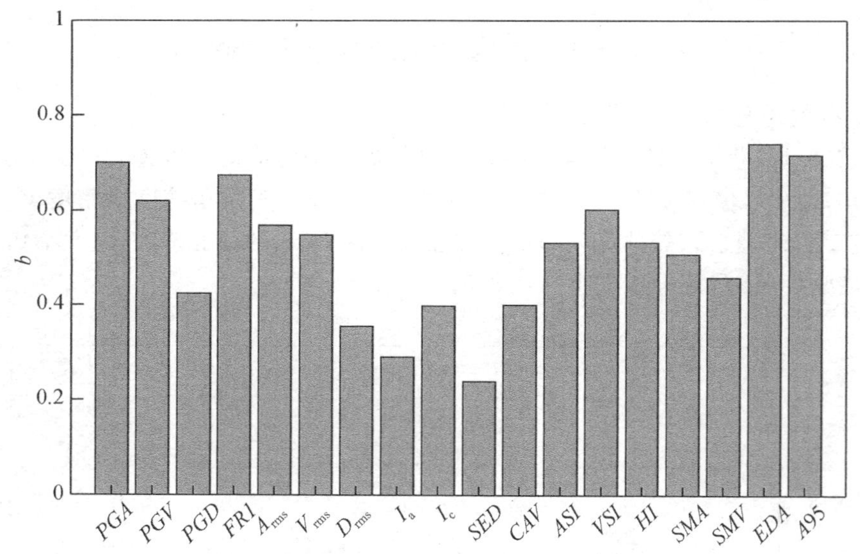

图 3.8 地震动强度参数的实用性分析(中埋隧道)

3.4.3.4 效益性分析

根据式(3.17)计算出 18 个地震动强度参数的效益性指标 z 并进行排序，如图 3.9 所示。由图 3.9 可知，地表峰值速度 *PGV* 的效益性指标最小，为 0.218，速度谱密度 *VSI* 次之，效益性指标大小为 0.272；比能量密度 *SED* 的效益性指标最大，仅为 0.996，其次为均方根位移 D_{rms}，效益性指标大小为 0.932。

从不同地震动强度参数类型来说，对于振幅型地震动强度参数，*PGV* 的效益性指标最小，*PGD* 的效益性指标最大；对于频谱型地震动强度参数，*VSI* 的效益性指标最小，

ASI 的效益性指标最大；对于持时型地震动强度参数，V_{rms}的效益性指标最小，*SED* 的效益性指标最大；对于混合型地震动强度参数，I_c的效益性指标最大，*FR1* 的效益性指标最小。

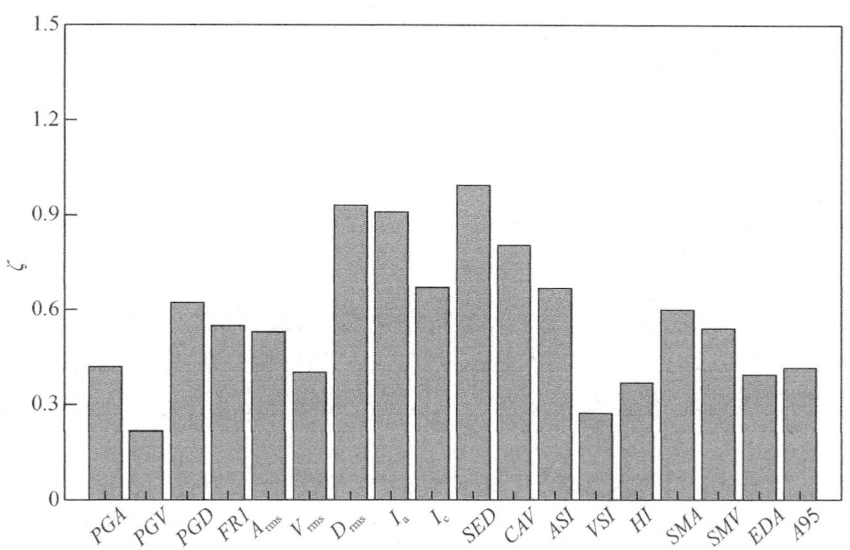

图 3.9　地震动强度参数的效益性分析(中埋隧道)

3.4.3.5　综合选取地震动强度参数

对于中埋隧道工况而言，针对选取的 18 个地震动强度参数，基于以上得到的相关性、有效性、实用性和效益性四个评价指标大小，本书选取了四个分析指标中分别排名前 5 位的地震动强度参数，具体见表 3.5。由表 3.5 可知，*PGV* 的相关性、有效性和效益性三项指标均排名第一，而 *VSI* 的相关性、有效性和效益性三项指标排名靠前。由此可知，对于中埋隧道而言，*PGV* 是最合适的地震动强度指标，其次是 *VSI*。综合四个分析指标排名，同时考虑到 *PGA* 也是我国抗震规范常用的地震强度参数，对于中埋隧道工况，理想地震动强度指标可选为 *PGV*，*VSI*，*HI*，V_{rms}和 *PGA*。

表 3.5　四个分析指标排名前五位地震动参数(中埋隧道)

分析指标	排名				
	1	2	3	4	5
相关性	*PGV*	*VSI*	*HI*	V_{rms}	*SMV*
有效性	*PGV*	*VSI*	*HI*	V_{rms}	*SED*
实用性	*EDA*	*A95*	*PGA*	*FR1*	*PGV*
效益性	*PGV*	*VSI*	*HI*	V_{rms}	*PGA*

同理，针对 18 个地震动强度参数，根据相关性、有效性、实用性和效益性四个指标的分析结果，选取出四个分析指标排名最后三位的地震动强度参数，具体见表 3.6。由表 3.6 可知，*FR1* 及 *SED* 是中埋隧道工况的最差地震动强度指标，其次是 D_{rms}，*ASI* 及 I_a。

表 3.6　　四个分析指标排名后三位地震动参数(中埋隧道)

分析指标	排名		
	16	17	18
相关性	D_{rms}	ASI	$FR1$
有效性	D_{rms}	ASI	$FR1$
实用性	D_{rms}	I_a	SED
效益性	I_a	D_{rms}	SED

3.4.4　深埋隧道合理地震动参数

3.4.4.1　相关性分析

图 3.10 为各个地震动强度参数回归分析结果的对比。由图 3.10 可知,地表峰值速度 PGV 的相关系数最大,为 0.892,其次是速度谱密度 VSI,相关系数为 0.864;加速度反应谱密度 ASI 的相关性最差,相关系数仅为 0.401,其次为峰值速度与峰值加速度之比 $FR1$,相关系数大小为 0.432。

从不同地震动强度参数类型来说,对于振幅型地震动强度参数,PGV 的相关系数最大,PGA 的相关系数最小;对于频谱型地震动强度参数,VSI 的相关系数最大,ASI 相关系数最小;对于持时型地震动强度参数,V_{rms}的相关系数最大,A_{rms}的相关系数最小;对于混合型地震动强度参数,$FR1$ 的相关系数最小,I_c的相关系数最大。

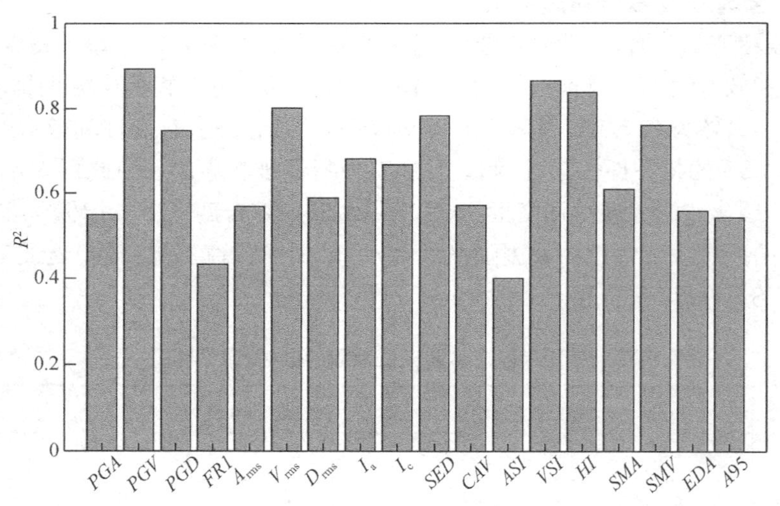

图 3.10　地震动强度参数的相关性分析(深埋隧道)

3.4.4.2　有效性分析

依据式(3.16)获得了各个地震动参数回归分析结果对应的标准差,如图 3.11 所示。其中,对应地震动强度参数的回归分析结果的标准差越小,则其有效性越高。由图 3.11 可知,地表峰值速度 PGV 的标准差最小,为 0.173,其次是速度反应谱密度 VSI,标准差为 0.195,二者较为接近;加速度反应谱密度 ASI 的标准差最大,相关系数仅为 0.408,其次为峰值速度与峰值加速度之比 $FR1$,标准差大小为 0.398。

从不同地震动强度参数类型来说，对于振幅型地震动强度参数，*PGV* 的标准差最小，*A*95 的标准差最大；对于频谱型地震动强度参数，*VSI* 的标准差最小，*ASI* 的标准差最大；对于持时型地震动强度参数，*SED* 的标准差最小，A_{rms}的标准差最大；对于混合型地震动强度参数，*FR1* 的标准差最大，I_c的标准差最小。

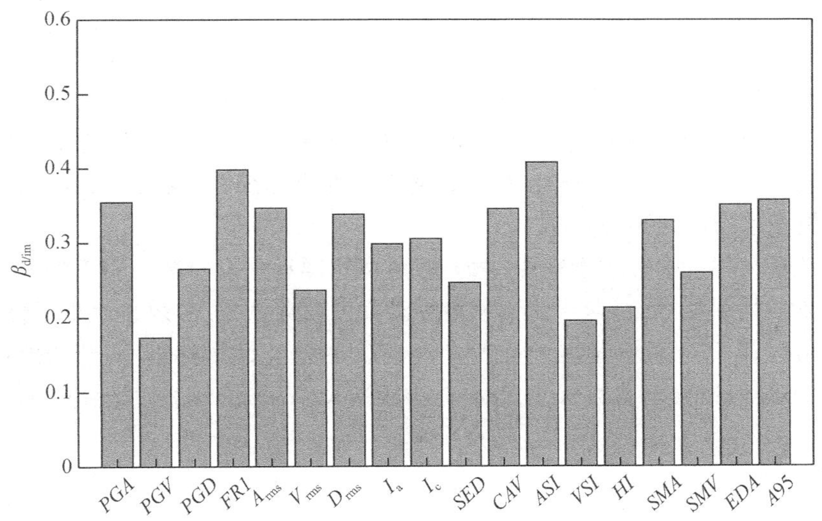

图 3.11　地震动强度参数的有效性分析(深埋隧道)

3.4.4.3　实用性分析

图 3.12 为各个地震动强度参数为自变量时的回归方程斜率值 b。由图 3.12 可知，峰值速度与峰值加速度之比 *FR1* 的回归方程斜率最大，为 0.758，表明峰值速度与峰值加速度之比 *FR1* 的变化对结构地震需求参数的影响最大，有效设计加速度 *EDA* 次之，回归方程斜率为 0.735；比能量密度 *SED* 的回归方程斜率最小，仅为 0.266，其次为 Arias 强度 I_a，回归方程斜率大小为 0.313。

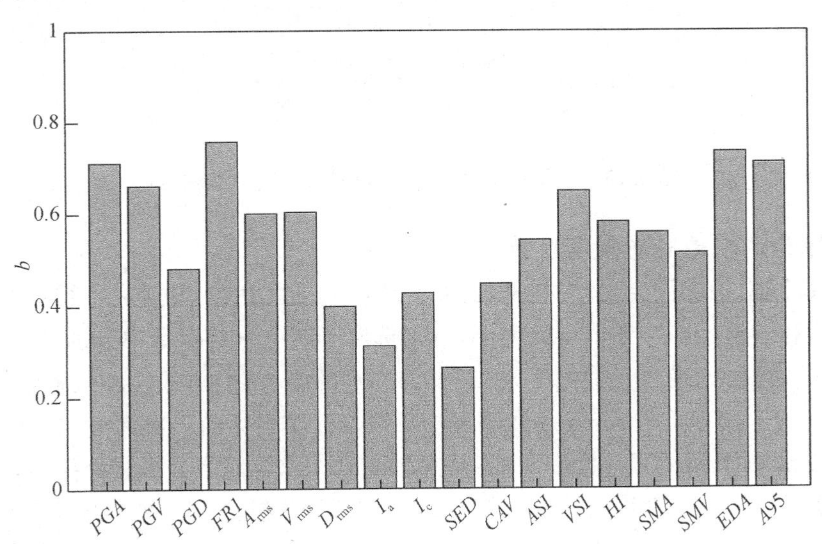

图 3.12　地震动强度参数的实用性分析(深埋隧道)

从不同地震动强度参数类型来说，对于振幅型地震动强度参数，*PGA* 的回归方程斜率最大，*PGD* 的回归方程斜率最小；对于频谱型地震动强度参数，*VSI* 的回归方程斜率最大，*ASI* 的回归方程斜率最小；对于持时型地震动强度参数，V_{rms}的回归方程斜率最大，*SED* 的回归方程斜率最小；对于混合型地震动强度参数，I_c的回归方程斜率最小，*FR1* 的回归方程斜率最大。

3.4.4.4 效益性分析

根据式(3.17)计算出 18 个地震动强度参数的效益性指标 z 并进行排序，如图 3.13 所示。由图 3.13 可知，地表峰值速度 *PGV* 的效益性指标最小，为 0.261，速度谱密度 *VSI* 次之，效益性指标大小为 0.300；Arias 强度 I_a的效益性指标最大，仅为 0.952，其次为比能量密度 *SED*，效益性指标大小为 0.925。

从不同地震动强度参数类型来说，对于振幅型地震动强度参数，*PGV* 的效益性指标最小，*SMA* 的效益性指标最大；对于频谱型地震动强度参数，*VSI* 的效益性指标最小，*ASI* 的效益性指标最大；对于持时型地震动强度参数，V_{rms}的效益性指标最小，I_a的效益性指标最大；对于混合型地震动强度参数，I_c的效益性指标最大，*FR1* 的效益性指标最小。

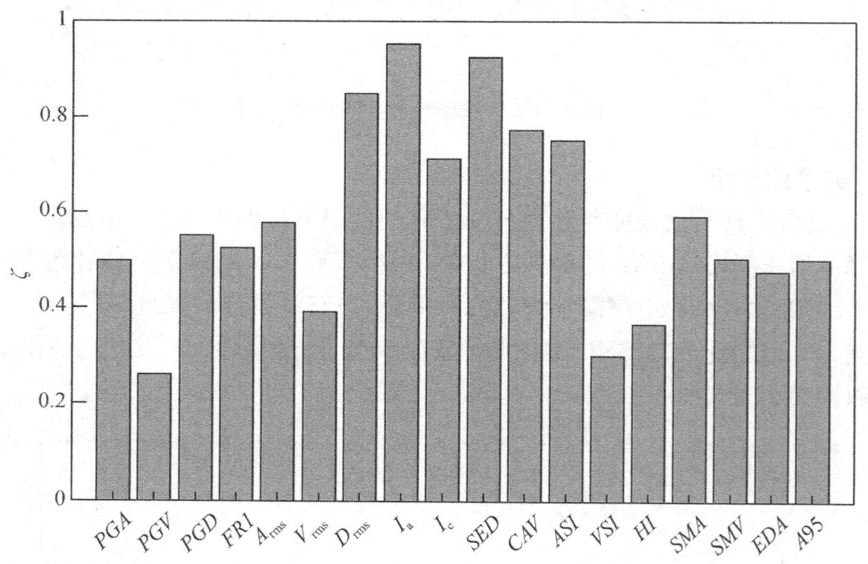

图 3.13　地震动强度参数的效益性分析(深埋隧道)

3.4.4.5 综合选取地震动强度参数

对于深埋隧道工况而言，针对选取的 18 个地震动强度参数，基于以上得到的相关性、有效性、实用性和效益性四个评价指标大小，本书选取了四个分析指标中分别排名前 5 位的地震动强度参数，具体见表 3.7。由表 3.7 可知，*PGV* 的相关性、有效性和效益性三项指标均排名第一，而 *VSI* 的相关性、有效性和效益性三项指标排名靠前。由此可知，对于深埋隧道而言，*PGV* 是最合适的地震动强度指标，其次是 *VSI*。综合四个分析指标排名，同时考虑到 *PGA* 也是我国抗震规范常用的地震强度参数，对于深埋隧道工况，理想地震动强度指标可选为 *PGV*，*VSI*，*HI*，V_{rms}，*PGA*。

表 3.7　　四个分析指标排名前五位地震动参数(深埋隧道)

分析指标	排名				
	1	2	3	4	5
相关性	*PGV*	*VSI*	*HI*	V_{rms}	*EDA*
有效性	*PGV*	*VSI*	*HI*	V_{rms}	*SMV*
实用性	*FR1*	*EDA*	*A*95	*PGA*	*PGV*
效益性	*PGV*	*VSI*	*HI*	V_{rms}	*EDA*

同理,针对 18 个地震动强度参数,根据上述从相关性、有效性、实用性和效益性四个指标的分析结果,选取出四个分析指标排名最后三位的地震动强度参数,具体见表 3.8。由表 3.8 可知,*ASI* 是深埋隧道工况的最差地震动强度指标,其次是 *SED* 和 I_a、*FR1* 及 *A*95 和 D_{rms}。

表 3.8　　四个分析指标排名后三位地震动参数(深埋隧道)

分析指标	排名		
	16	17	18
相关性	*A*95	*FR1*	*ASI*
有效性	*A*95	*FR1*	*ASI*
实用性	D_{rms}	I_a	*SED*
效益性	D_{rms}	*SED*	I_a

3.5　基于双地震强度参数的隧道脆弱性曲面概率分析

上一节分别获得了针对不同类型隧道的基于单指标地震动合理参数以及不推荐的地震动参数,该研究为地下结构地震脆弱性分析的地震动强度指标选择提供了参考。另外,考虑到地震波的随机性非常大,地震脆弱性分析中的地震带强度参数倘若只采用单一的地振幅参数,如 *PGA* 或 *PGV*,则显然很难全面地反映结构地震需求受不同地震动特性的影响(何铭基,2013;钟紫蓝等,2020)。因此,为获得更合理、全面的隧道地震脆弱性分析结果,探究其他类型地震动强度参数对结构地震响应的影响是极其必要的。本节选用了两个地震动强度参数(IM_1 和 IM_2)对隧道结构展开地震脆弱性分析,建立了相应的隧道地震脆弱性曲面,研究结果有助于获得更全面的结构抗震风险分析结果。

3.5.1　基于双地震强度参数的地震脆弱性曲面概率模型

地震脆弱性曲面表达了当两个地震动强度参数 IM_1 和 IM_2 分别取不同数值时,结构地震需求参数超越或达到某一结构抗震能力参数 *C* 的概率大小,可以用式(3.18)表示:

$$P_f = P(C/D \geqslant 1 \mid IM_1 = i_1,\ IM_2 = i_2) \tag{3.18}$$

假定结构地震需求参数 *D* 和抗震能力参数 *C* 均服从对数正态分布,则式(3.18)的概率函数可由式(3.19)表示：

$$P_f = P(C/D \geqslant 1 \mid IM_1 = i_1,\ IM_2 = i_2) = \Phi\left(\frac{\ln(D) - \ln(C)}{\beta_{tot}}\right) \tag{3.19}$$

式中 Φ——标准正态密度累积概率函数；

β_{tot}——与式(2.1)定义一致，包含了三个不确定性，即破坏状态 ds 定义的不确定性(β_{ds})，隧道响应和承载能力的不确定性(β_C)以及输入地震动不确定性(β_D)。参数 β_{ds} 和 β_C 分别取值为 0.4 和 0.3，与地震需求相关的最后一个不确定性来源 β_D，由根据输入不同地震波计算得到的破坏指标与拟合回归曲面偏差的标准偏差确定。

值得注意的是，在这里破坏指标和破坏状态的定义与 2.2.2 节一致，采取的破坏指标(DM)定义为隧道横截面真实弯矩(M)与其弯矩承载力(M_{Rd})之比，具体破坏状态划分见表 2.1。

3.5.2 地震动强度参数与结构地震需求参数关系研究

在地震脆弱性曲线分析中，单一地震动强度参数与地震需求之间的关系可假设用对数线性关系表示，与类似研究相似(何铭基，2013；Alembagheri，2018；Jafarian 和 Miraei，2019)，本研究也采用了对数线性关系来表达两个地震动强度参数与结构地震需求参数之间的关系，如式(3.20)所示：

$$\ln D = x + y\ln(IM_1) + z\ln(IM_2) \tag{3.20}$$

式中，x，y 和 z 为拟合参数。

由 3.2.2 节可知，地震动强度参数主要可以分为振幅型、频谱型、持时型和混合型四类。本书选取双强度指标原则有以下两点：①选取的两个地震动强度参数 IM_1 和 IM_2 最好是不同的类型；②选取的指标尽量为代表地震动强度参数的理想指标。基于上述标准及前文对地震动强度参数优选分析结果(如表 3.3、表 3.5 及表 3.7 所示)，针对不同埋深隧道，本书以表 3.9 所示双地震动强度参数为例展开了后续分析。

表 3.9 地震动强度参数选择

地震动强度	浅埋隧道	中埋隧道	深埋隧道
IM_1	*PGA*(振幅型)	*PGV*(振幅型)	*PGV*(振幅型)
IM_2	*ASI*(频谱型)	*ASI*(频谱型)	*VSI*(持时型)

以第 2 章的场地 D 的所有数值模拟计算结果为基础，通过各个计算工况地表加速度时程曲线获得其余地震强度参数值，根据表 3.9 所示的选取的两个地震动强度参数 IM_1 和 IM_2 与破坏指标进行回归拟合分析，获得相应的相关系数。其中，隧道破坏指标与地震动参数指标 DM -(IM_1，IM_2)回归分析分别如图 3.14、图 3.15 和图 3.16 所示，其中白点为各个破坏指标数据，网格面为回归曲面。浅埋、中埋及深埋隧道地震动强度参数与结构地震需求参数拟合公式见式(3.21)—式(3.23)：

$$\ln DM = 1.147 + 0.739\ln PGA + 0.126\ln ASI,\ \beta_{\text{tot}} = 0.532 \tag{3.21}$$

$$\ln DM = 0.620 + 0.603\ln PGV + 0.030\ln ASI,\ \beta_{\text{tot}} = 0.518 \tag{3.22}$$

$$\ln DM = 0.269 + 0.537\ln PGV + 0.026\ln VSI,\ \beta_{\text{tot}} = 0.591 \tag{3.23}$$

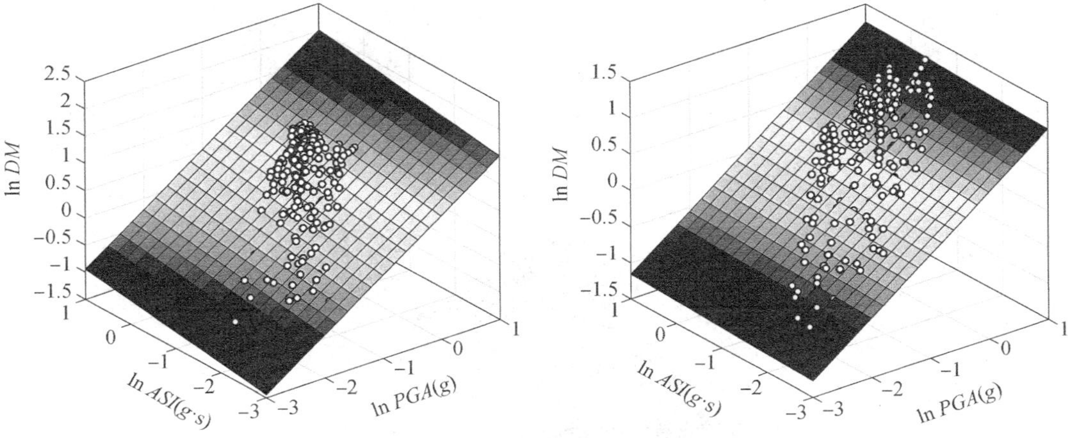

图 3.14　浅埋隧道破坏指标 DM-(PGA，ASI)回归分析

图 3.15　中埋隧道破坏指标 DM-(PGV，ASI)回归分析

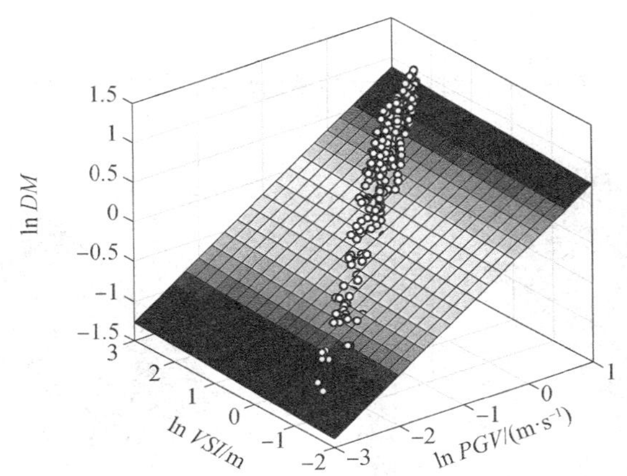

图 3.16　深埋隧道破坏指标 DM-(PGV，VSI)回归分析

3.5.3　地震脆弱曲面建立

在确定了地震动强度参数(IM_1 与 IM_2)与结构地震需求参数之间的关系后，将式(3.21)—式(3.23)分别代入式(3.19)中，计算出不同埋深隧道当两个地震动强度参数 IM_1 和 IM_2 分别取不同值时，结构地震需求参数超越某一结构破坏状态的概率。利用 Matlab 软件绘制出隧道不同破坏状态下的地震脆弱性曲面，如图 3.17—图 3.19 所示。

由图 3.17—图 3.19 可知，不同埋深隧道地震脆弱性曲面基本趋势具有相同点，由(PGA，ASI)等双强度指标构成的脆弱性曲面，结构超越不同损伤破坏状态的概率同时受到(PGA，ASI)等双强度指标的影响，一般而言，隧道结构超越各个破坏状态的概率随(PGA，ASI)等双强度指标的增大而增大。

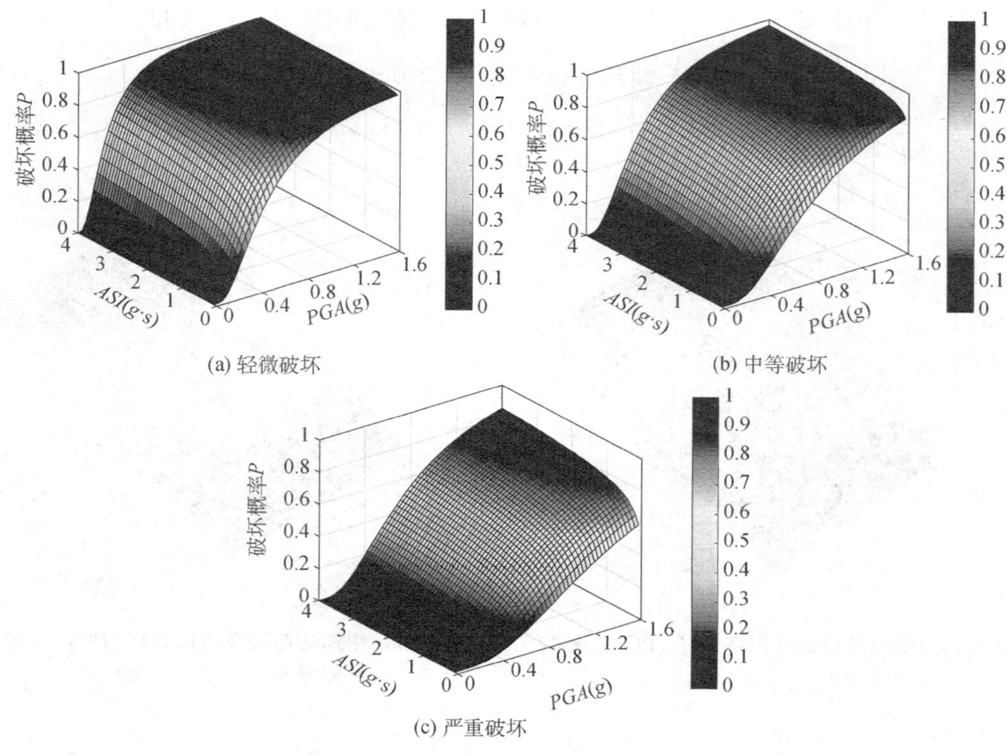

(a) 轻微破坏　(b) 中等破坏

(c) 严重破坏

图 3.17　浅埋隧道地震脆弱性曲面(*PGA*，*ASI*)

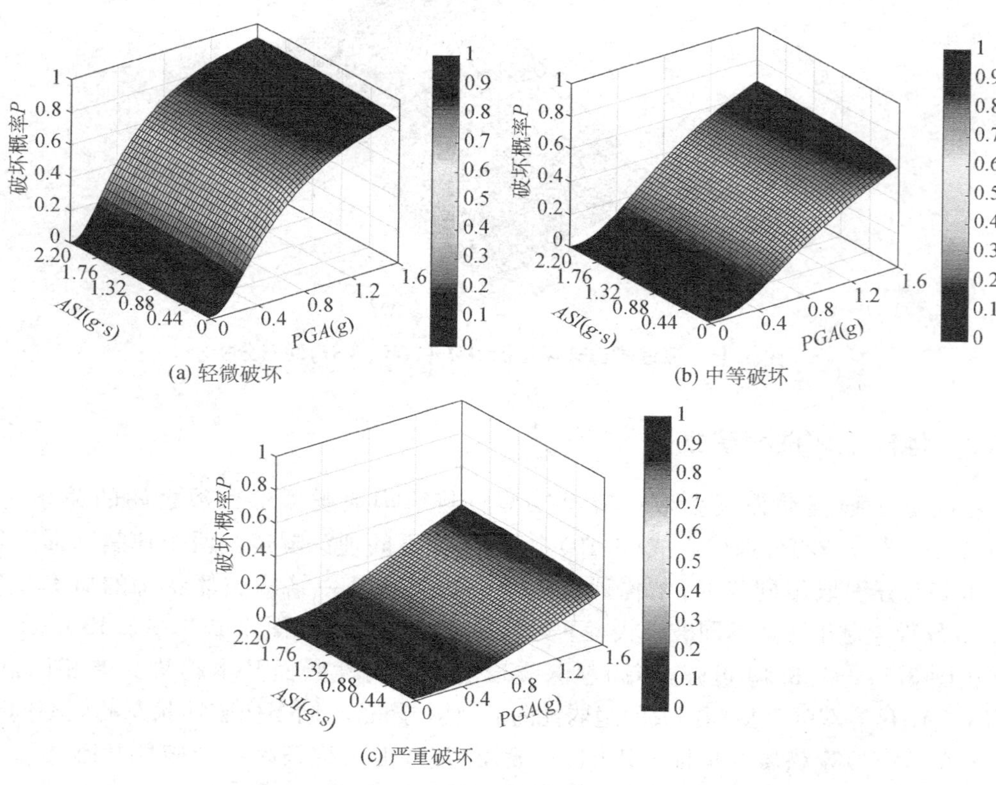

(a) 轻微破坏　(b) 中等破坏

(c) 严重破坏

图 3.18　中埋隧道地震脆弱性曲面(*PGV*，*ASI*)

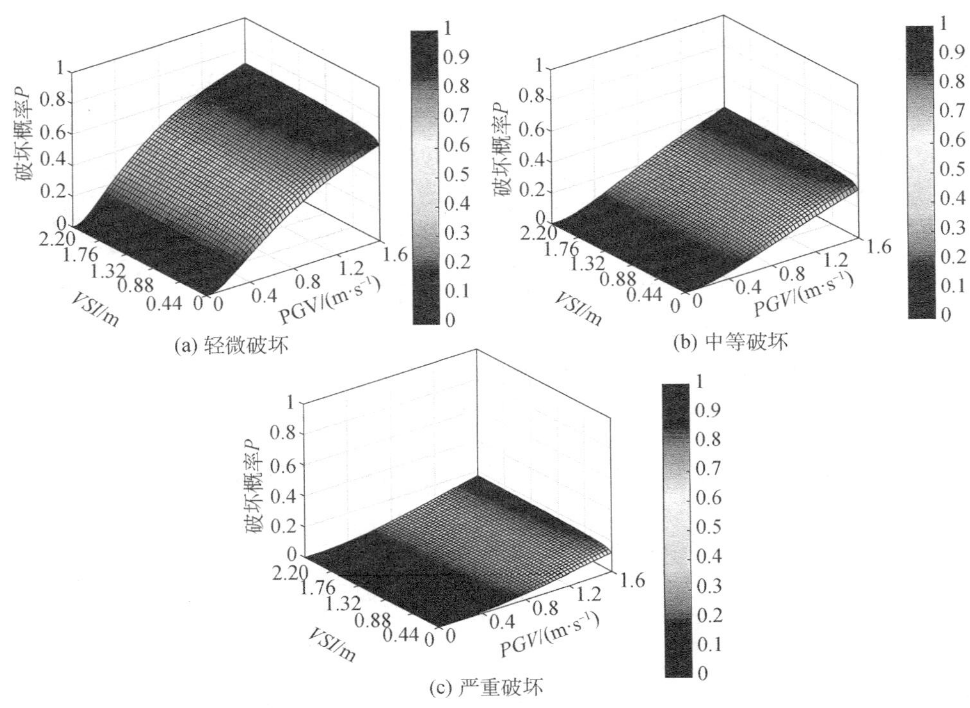

图 3.19　深埋隧道地震脆弱性曲面(*PGV*, *VSI*)

3.6　地震脆弱性曲面与脆弱性曲线对比

根据上文建立的隧道地震脆弱性曲面，展开与脆弱性曲线的对比，在下文的图表中，以“*FS* 曲线”表示在地震脆弱性曲面(fragility surface)上得到的曲线，以“*FC* 曲线”表示地震脆弱性曲线。

3.6.1　浅埋隧道分析结果对比

图 3.20 为浅埋隧道工况下以 *PGA* 为地震动强度指标的脆弱性曲线与以 *PGA* 和 *ASI* 为强度指标的脆弱性曲面的对比，其中较粗的实线代表脆弱性曲线 *FC*，其余实线是从脆弱性曲面上截取的当 *ASI* 分别等于 0.5，1.0，1.5，2.0*g*・s 时的 *FS* 曲线。由图 3.20 可知，各曲线之间存在一定的差异，当 *PGA* 取值相同时，破坏程度越严重，考虑不同 *ASI* 取值的 *FS* 曲线相差越大。总的来说，对于同一破坏状态，随着 *ASI* 的增大，破坏概率也增大。值得注意的是，对于中等破坏，*FC* 曲线基本与 *ASI*＝0.5*g*・s 的 *FS* 曲线相重合；而对于严重破坏，*FC* 曲线则与 *ASI*＝1.0*g*・s 的 *FS* 曲线较为接近。由上述分析可知，与考虑单一地震动强度参数 *PGA* 相比，同时考虑 *PGA* 和 *ASI* 的影响后，浅埋隧道超越不同破坏状态的概率均有较大的差异，尤其是严重破坏条件下，差异最为明显。因此，考虑到脆弱性曲面与脆弱性曲线二者的分析结果之间存在较大差异，在浅埋隧道地震脆弱性分析中，有必要同时考虑两种强度指标组合(如 *PGA* 和 *ASI*)对结构超越不同破坏状态概率的影响。

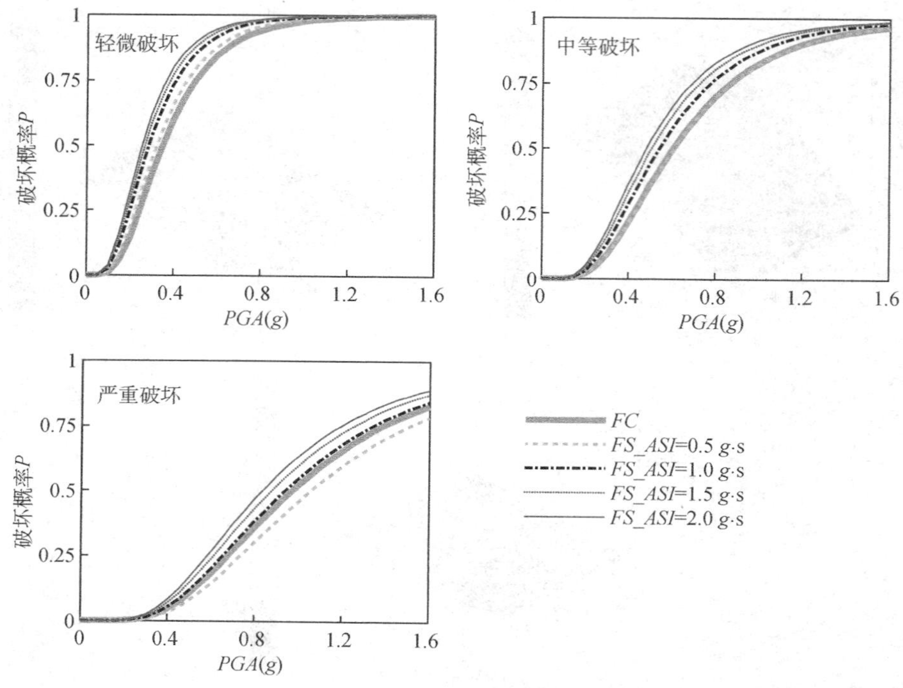

图 3.20　浅埋隧道脆弱性曲面与曲线对比

3.6.2　中埋隧道分析结果对比

图 3.21 为中埋隧道工况下以 *PGV* 为地震动强度指标的脆弱性曲线与以 *PGV* 和 *ASI*

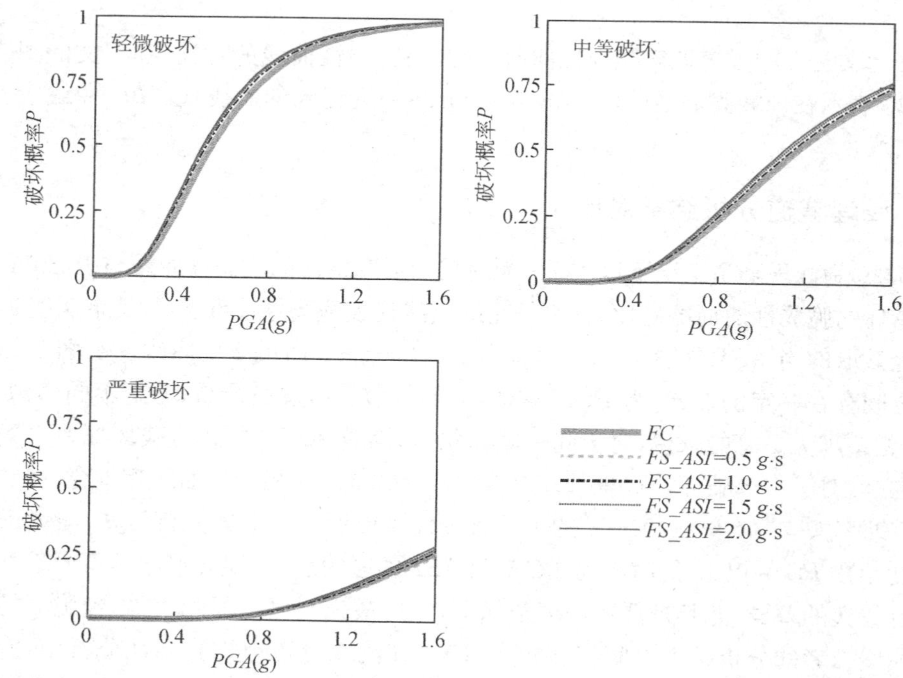

图 3.21　中埋隧道脆弱性曲面与曲线对比

为强度指标的脆弱性曲面的对比，其中灰色实线代表脆弱性曲线 FC，其余实线是从脆弱性曲面上截取的当 ASI 分别等于 0.5，1.0，1.5，2.0 $g \cdot s$ 时的 FS 曲线。由图 3.21 可知，各曲线之间存在一定的差异，且对于同一 PGV，破坏程度越小，考虑不同 ASI 取值的 FS 曲线相差越大。总的来说，对于同一破坏状态，随着 ASI 的增大，破坏概率增大；不考虑 ASI 取值的脆弱性曲线 FC 基本处于各 FC 曲线之间。由上述分析可知，与考虑单一地震动强度参数 PGV 相比，同时考虑 PGV 和 ASI 的影响后，中埋隧道超越不同破坏状态的概率均有一定的变化，尤其是轻微破坏条件下，差异最为明显。因此，考虑到脆弱性曲面与脆弱性曲线二者的分析结果之间存在一定差异，在中埋隧道地震脆弱性分析中，有必要同时考虑两种强度指标组合（如 PGV 和 ASI）对结构超越不同破坏状态概率的影响。

3.6.3　深埋隧道分析结果对比

图 3.22 为深埋隧道工况下以 PGV 为地震动强度指标的脆弱性曲线与以 PGV 和 VSI 为强度指标的脆弱性曲面的对比，其中较粗的实线代表脆弱性曲线 FC，其余实线是从脆弱性曲面上截取的当 VSI 分别等于 0.5，1.0，1.5，2.0 m 时的 FS 曲线。由图 3.22 可知，各曲线之间存在一定的差异。总的来说，对于同一破坏状态，随着 VSI 的增大，破坏概率也增大。值得注意的是，对于三种破坏程度，FC 曲线基本大于各 FS 曲线，为其上限值。由上述分析可知，与考虑单一地震动强度参数 PGV 相比，同时考虑 PGV 和 V_{rms} 的影响后，深埋隧道超越不同破坏状态的概率均有较大的变化。因此，考虑到脆弱性曲面与脆弱性曲线二者的分析结果之间存在较大差异，在深埋隧道地震脆弱性分析中，有必要同时考虑两种强度指标组合（如 PGV 和 V_{rms}）对隧道结构超越不同破坏状态概率的影响。

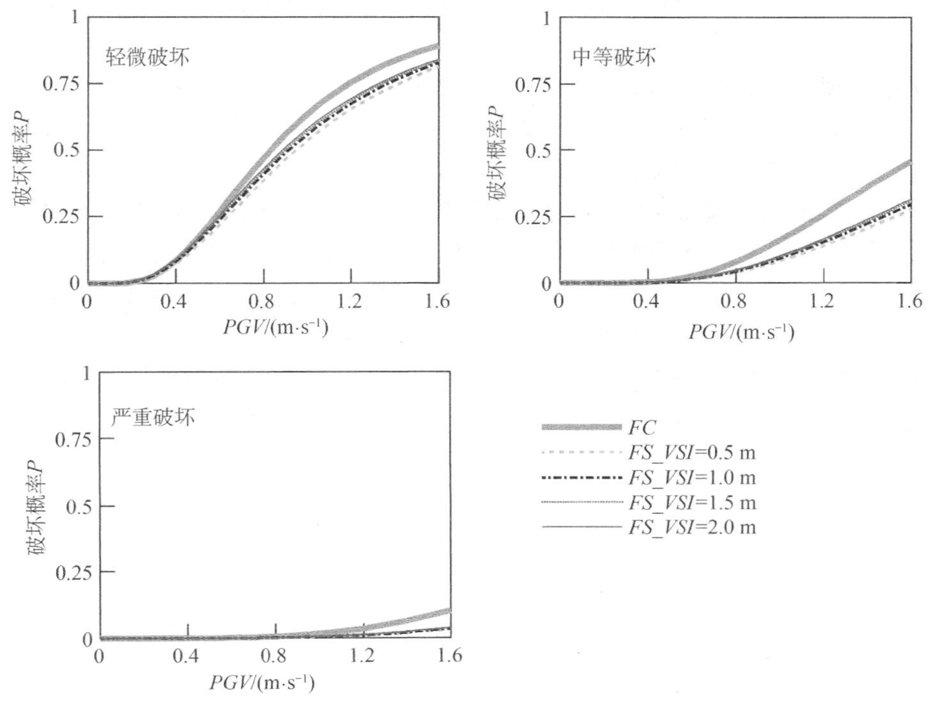

图 3.22　深埋隧道脆弱性曲面与曲线对比（*PGV*，*VSI*）

3.7 本章小结

本章针对地震脆弱性分析中的合理地震动强度参数选择及基于双地震动强度参数的脆弱性曲面展开了研究。选取了18个常见的地震动参数,对基于单指标的合理地震动参数进行优选分析,从相关性、有效性、实用性和效益性四个方面,综合优选出分别用于浅埋、中埋及深埋隧道地震脆弱性分析的地震动强度参数。基于获得的理想地震动强度指标,本书首次建立了针对基于双地震强度指标的隧道地震脆弱性曲面,该曲面能更合理地分析隧道结构地震脆弱性特点。本章的主要研究结论如下:

(1) 在基于大量非线性动力时程分析的结果上,对各个地震动强度参数与结构破坏指标参数进行对数线性回归分析,获得相应的回归统计参数。分别从相关性、有效性、实用性和效益性四个标准,分析适用于不同埋深隧道的脆弱性分析的地震动强度参数。结合分析结果与我国抗震规范中常用地震动强度参数,对于浅埋隧道工况,合理地震动强度指标可选为 *PGA*, *PGV*, *ASI*, *EDA*, *A*95;对于中埋隧道工况,合理地震动强度指标可选为 *PGV*, *VSI*, *HI*, V_{rms}, *PGA*;对于深埋隧道工况,合理地震动强度指标可选为 *PGV*, *VSI*, *HI*, V_{rms}, *PGA*。

(2) 基于选取的18个地震动强度参数展开分析,本书也揭示了对于不同埋深隧道地震脆弱性分析的不适宜地震动强度参数,其中,*FR1* 是浅埋隧道工况的最差地震动强度指标,其次是 D_{rms}, *SED* 及 *PGD*;*FR1* 及 *SED* 是中埋隧道工况的最差地震动强度指标,其次是 D_{rms}, *ASI* 及 I_a;*ASI* 是深埋隧道工况的最差地震动强度指标,其次是 *SED*, I_a, *FR1* 及 *A*95 和 D_{rms}。

(3) 基于地震动参数优选中两类不同的理想强度指标,本书分别以浅埋隧道的 *PGA* 和 *ASI*,中埋隧道的 *PGV* 和 *ASI*,深埋隧道的 *PGV* 和 *VSI* 构成的双强度指标为例,首次建立了基于双地震强度指标的隧道地震脆弱性曲面。

(4) 将获得的基于双强度指标的隧道地震脆弱性曲面与上文提出的基于单指标的脆弱性曲线进行了对比。研究结果表明,脆弱性曲线与更为合理的脆弱性曲面二者的分析结果之间存在明显差异,该差异表明了基于单一地震动强度指标的脆弱性曲线不能考虑其他地震强度指标对失效概率大小的影响。因此,对于不同埋深隧道工况,为了获得更好的地震风险分析结果,有必要同时考虑两种地震动强度指标组合对隧道结构地震脆弱性分析的影响。未来可在此方面展开更广泛的研究。

第4章　考虑氯离子侵蚀的软土隧道时变地震脆弱性及易损性分析

4.1　概述

软土盾构隧道埋置于水土气三相环境中，面临着极其复杂的内外环境，在长期服役过程中，往往会受周围环境介质的影响，导致材料和结构的性能不断退化，进而对隧道结构的安全产生影响。其中，氯离子侵蚀引起的钢筋锈蚀问题是隧道衬砌结构性能退化的关键因素。目前，国内外针对建筑结构及桥梁结构因钢筋锈蚀引起的抗震性能影响及地震脆弱性分析分别展开了大量研究（郑山锁等，2015；李立峰等，2016；李宏男等，2018；胡思聪等，2019），但针对隧道结构的研究较少。考虑到目前软土盾构隧道运营时间不断增长，且其对人们生活的重要性不断凸显，为了更合理地分析隧道在长期运营过程中的地震风险，有必要相应地展开隧道时变地震脆弱性及易损性分析。

本书针对软土地区浅埋、中埋及深埋圆形盾构隧道，基于 Argyroudis 等（2014，2017）建立的考虑氯离子侵蚀引起的性能退化的地震脆弱性分析方法，分析不同服役期隧道地震破坏指标演化规律，建立了不同服役期的隧道时变地震脆弱性曲线。并根据时变地震脆弱性函数的特点，提出了将离散脆弱性曲线扩展成时变脆弱性曲面的简易方法。最后，基于已获得的时变地震脆弱性曲线，建立了不同服役期隧道地震易损性曲线。建立的时变地震脆弱性曲线及易损性曲线可以用于不同埋深隧道的全寿命地震风险分析和损失估计，具有重要的理论和工程价值。

4.2　衬砌氯离子侵蚀模拟

大部分结构的强度会随运营时间增长而变化，结构性能退化有多种可能因素，如结构疲劳效应、钢筋侵蚀、混凝土碳化以及其他形式的化学退化。本书考虑了氯离子侵蚀对衬砌配筋的影响，是对钢筋混凝土结构影响最为严重和普遍的退化因素。相对于建筑工程和桥梁工程领域（赵珺，2015；胡思聪，2018），氯离子侵蚀对隧道衬砌性能影响的相关研究目前还较少，也不成熟，未来值得更深入的研究。本书参考氯离子侵蚀对其他结构影响的相关研究方法，对不同埋深的隧道展开了时变地震脆弱性分析，有助于对隧道展开全寿命风险分析。

4.2.1 氯离子侵蚀初始时间 T_0

侵蚀初始时间 T_0 的确定是一个重要影响因素，本书采用了 CEBFIB-Task Group 5.6 (2006)推荐的计算模型，即由氯离子侵蚀引起的侵蚀初始时间 T_0 计算如式(4.1)所示：

$$T_0 = \left\{ \frac{a^2}{4 \times k_e \times k_t \times D_{RCM,0} \times t_0^n} \times \left[erf^{-1}\left(1 - \frac{C_{crit}}{C_S}\right)\right]^{-2} \right\}^{\frac{1}{1-n}} \tag{4.1}$$

式中 T_0——侵蚀初始时间；

a——保护层厚度；

C_{crit}——钢筋锈蚀临近氯离子浓度；

C_S——保护层外表面氯离子浓度；

t_0——参考时间点，即龄期，一般取 28 d；

$D_{RCM,0}$——氯离子扩散系数；

k_e——环境条件影响系数；

k_t——转化常量；

erf——误差函数；

n——老化指数。

基于侵蚀初始时间 T_0，钢筋受氯离子侵蚀前后的配筋截面面积可以由式(4.2)进行估计(Ghosh 和 Padgett，2010；Argyroudis 等 2014，2017)：

$$A(t) = \begin{cases} k \times D_0^2 \times \dfrac{\pi}{4} & t < T_0 \\ k \times [D(t)]^2 \times \dfrac{\pi}{4} & T_0 \leqslant t \end{cases} \tag{4.2}$$

式中 t——隧道运营时间；

$A(t)$——时间 t 对应的配筋面积；

k——截面钢筋数量；

D_0——钢筋初始直径；

$D(t)$——时间 t 对应的钢筋直径，可以用式(4.3)估计：

$$D(t) = D_0 - i_{corr} \times \varphi \times (t - T_0) \tag{4.3}$$

式中 i_{corr}——侵蚀电流密度(mA/cm^2)；

φ——侵蚀渗透速率(μm/年)。

在本书中假设钢筋处于均匀锈蚀状态，侵蚀渗透速率 φ 为 11.6 μm/年(Stewart，2004)。

根据参考文献及 Argyroudis 等(2014，2017)建立的考虑氯离子侵蚀引起的性能退化的地震脆弱性分析方法，上述公式参数取值可参照表 4.1。

表 4.1　　氯离子侵蚀侵蚀模型参数

参数	取值	参考文献
衬砌保护层厚度 c/cm	5.0	—
环境条件影响系数 k_e	0.325	Choe 等(2008)
氯离子扩散系数 $D_{RCM,0}/(m^2 \cdot s^{-1})$	$8.9\times e^{-12}$	CEB-FIB Task Group 5.6(2006)
老化指数 n	0.3	CEB-FIB Task Group 5.6(2006)
钢筋锈蚀临近氯离子浓度 C_{crit}(与胶凝材料质量的比值)/%	0.6	CEB-FIB Task Group 5.6(2006)
保护层外表面氯离子浓度 C_S(与胶凝材料质量的比值)/%	4.5	Choe 等(2009)

其中,表 4.1 中环境条件影响系数 k_e取值对应于隧道混凝土埋置情况,混凝土水灰比取值为 0.5,上述参数的取值对于埋置于水土环境中的隧道而言是较为现实的(Argyroudis 等,2014, 2017)。根据上述公式及表 4.1,可以计算得到侵蚀初始时间 T_0,大小为 20.67 年,即开始建成后 20.67 年衬砌截面钢筋开始受侵蚀,结构性能退化开始。

4.2.2　氯离子侵蚀引起的配筋损失计算

根据上述公式,可以计算不同埋深隧道在侵蚀开始后的隧道截面配筋损失比,本书考虑了 $i_{corr}=7\ mA/cm^2$ 的强侵蚀速度(Stewart, 2004),浅埋、中埋及深埋隧道截面钢筋代表直径 D_0分别为 16 mm,20 mm 及 24 mm,根据式(4.1)—式(4.3)分别计算了运营 50 年、75 年及 100 年对应的配筋面积损失百分比,计算结果如表 4.2 所示。依据该表所示配筋损失可以获得不同年限隧道参与配筋量,继而可以用于计算相应年限对应的隧道结构地震破坏指标(DM),下文将具体展开介绍。

表 4.2　　氯离子侵蚀速率 $i_{corr}=7\ mA/cm^2$ 时衬砌配筋损失百分比

使用年限		50 年	75 年	100 年
衬砌配筋损失百分比/%	浅埋隧道	27.5	47.5	64.3
	中埋隧道	22.4	39.2	54.0
	深埋隧道	18.8	33.4	46.5

4.3　氯离子侵蚀条件下隧道地震概率需求模型参数

根据第 2 章数值计算结果,及上文所得的隧道随运营时间发展的配筋变化量,采用 FAGUS 软件(Cubus, 2002)重新对每个工况隧道衬砌进行截面承载力分析,从而获得不同使用年限及计算工况下的破坏指标具体值,本章以地震强度指标 PGA 和 PGV 为例,建立考虑氯离子侵蚀条件下隧道地震概率需求模型。由于篇幅有限,下文给出了侵蚀速率

$i_{corr}=7\ \mathrm{mA/cm^2}$时，三种埋深隧道随时间变化的地震概率需求模型。与前文一致，结构地震需求参数可由地震动强度参数的对数线性表达式来表示，这也与第 2 章中的拟合公式一致，表达式如式(4.4)所示：

$$\ln d = a + b \cdot \ln(IM) \tag{4.4}$$

式中 d——结构地震需求参数；

IM——地震动强度参数；

a，b——回归参数。

4.3.1 以 *PGA* 为地震动强度指标

图 4.1(a)，(b)，(c)分别为场地 D(包含前三种土体的所有计算数据)在 $t=50$ 年的浅埋、中埋及深埋隧道的地震强度 ln *PGA* 与破坏指标 ln *DM* 关系图。其中，实线为线性拟合曲线，空心圆点为计算数据点，据此得到各个破坏状态对应的地震参数 S_{mi} 以及各个土层对应输入地震动不确定性参数 β_D，从而计算得到易损性曲线总的对数标准差 β_{tot}，拟合结果如图 4.1 所示，从而得到隧道的概率地震需求模型如式(4.5)—式(4.7)所示。

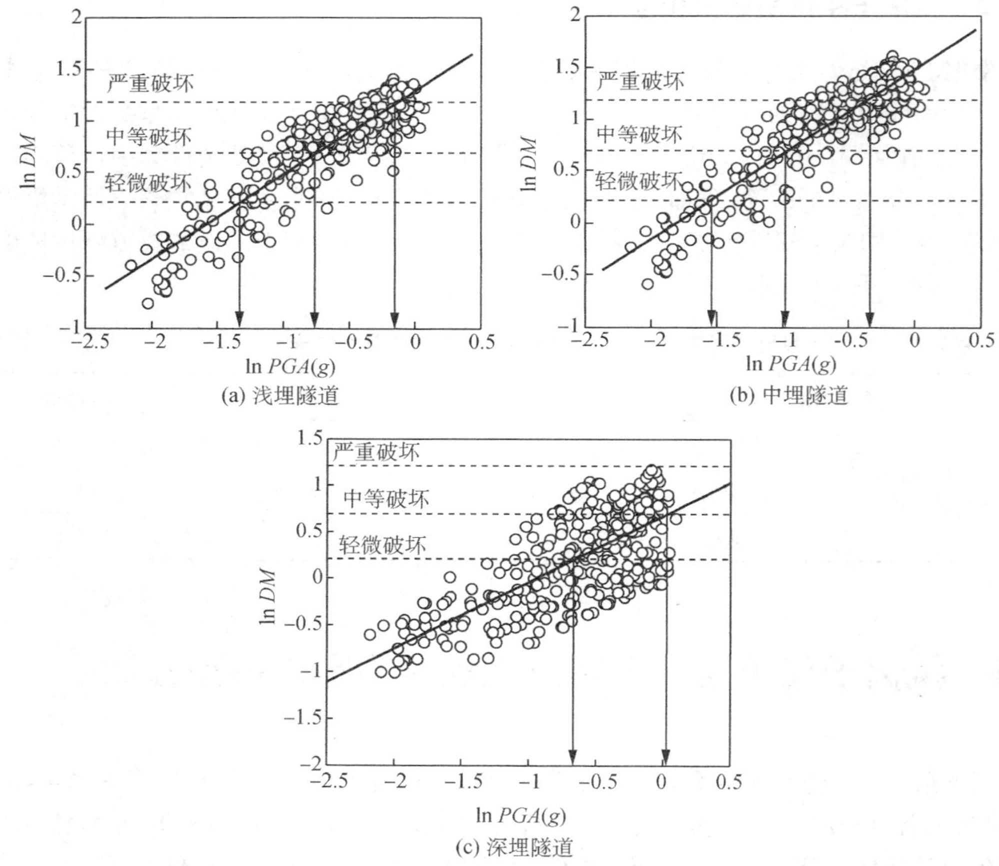

图 4.1 $t=50$ 年的隧道破坏指标 *DM*-*PGA* 回归分析($i_{corr}=7\ \mathrm{mA/cm^2}$)

浅埋隧道，$t=50$ 年：　$\ln DM = 0.818\ln PGA + 1.298$，$\beta_{\text{tot}} = 0.539$　(4.5)

中埋隧道，$t=50$ 年：　$\ln DM = 0.704\ln PGA + 0.979$，$\beta_{\text{tot}} = 0.579$　(4.6)

深埋隧道：$t=50$ 年：　$\ln DM = 0.712\ln PGA + 0.673$，$\beta_{\text{tot}} = 0.612$　(4.7)

同理，对场地 D 下不同使用年限浅埋、中埋及深埋隧道的地震强度 $\ln PGA$ 与破坏指标 $\ln DM$ 的关系进行拟合分析，也可以得到相应拟合公式及对应参数，表 4.3、表 4.4 及表 4.5 分别为浅埋、中埋及深埋隧道三种不同工况下，不同使用年限对应的拟合公式参数及地震脆弱性曲线参数。

表 4.3　浅埋隧道 *DM*-*PGA* 回归参数及地震脆弱性曲线参数

使用年限	a	b	轻微破坏中值	中等破坏中值	严重破坏中值	β_{tot}
$t=50$ 年	1.298	0.818	0.269g	0.477g	0.784g	0.539
$t=75$ 年	1.484	0.821	0.216g	0.383g	0.628g	0.540
$t=100$ 年	1.675	0.826	0.172g	0.304g	0.498g	0.542

表 4.4　中埋隧道 *DM*-*PGA* 回归参数及地震脆弱性曲线参数

使用年限	a	b	轻微破坏中值	中等破坏中值	严重破坏中值	β_{tot}
$t=50$ 年	0.979	0.704	0.341g	0.666g	1.185g	0.579
$t=75$ 年	1.123	0.707	0.280g	0.544g	0.966g	0.578
$t=100$ 年	1.267	0.711	0.230g	0.446g	0.789g	0.577

表 4.5　深埋隧道 *DM*-*PGA* 回归参数及地震脆弱性曲线参数

使用年限	a	b	轻微破坏中值	中等破坏中值	严重破坏中值	β_{tot}
$t=50$ 年	0.673	0.712	0.531g	1.028g	1.816g	0.612
$t=75$ 年	0.786	0.714	0.456g	0.878g	1.549g	0.613
$t=100$ 年	0.904	0.717	0.387g	0.745g	1.312g	0.614

4.3.2　以 *PGV* 为地震动强度指标

图 4.2(a)、图 4.2(b)及图 4.2(c)分别为场地 D(包含前三种土体的所有计算数据)在 $t=50$ 年的浅埋、中埋及深埋隧道的地震强度 $\ln PGV$ 与破坏指标 $\ln DM$ 关系图，其中实线为线性拟合曲线，空心圆点为计算数据点，据此得到各个破坏状态对应的地震参数 S_{mi} 以及各个土层对应输入地震动不确定性参数 β_{D}，从而计算得到易损性曲线总的对数标准差 β_{tot}，拟合结果如图 4.2 所示，从而得到隧道的概率地震需求模型如式(4.8)—式(4.10)所示。

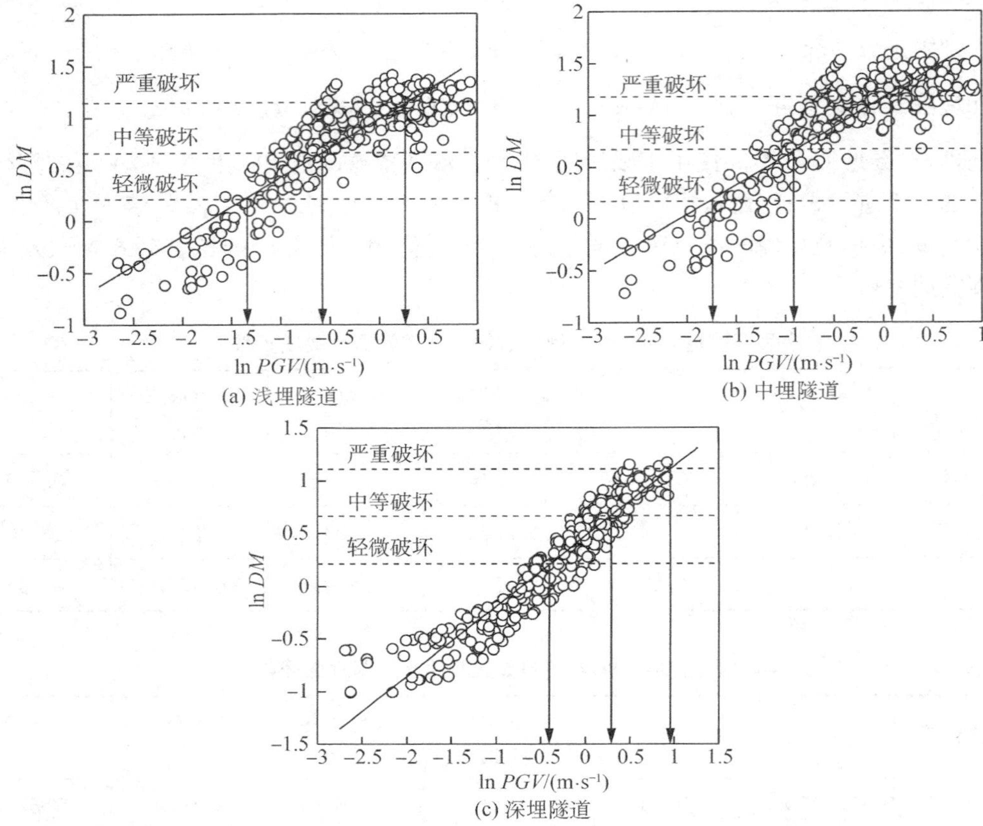

图 4.2　t=50 年的隧道破坏指标 DM-PGV 回归分析(i_{corr}=7 mA/cm²)

浅埋隧道，t=50 年：　$\ln DM = 0.567\ln PGV + 0.987,\ \beta_{tot} = 0.551$　(4.8)

中埋隧道，t=50 年：　$\ln DM = 0.620\ln PGV + 0.761,\ \beta_{tot} = 0.517$　(4.9)

深埋隧道，t=50 年：　$\ln DM = 0.664\ln PGV + 0.471,\ \beta_{tot} = 0.528$　(4.10)

同理，对场地 D 在不同使用年限下浅埋、中埋及深埋隧道的地震强度 $\ln PGV$ 与破坏指标 $\ln DM$ 关系进行拟合分析，也可以得到相应的拟合公式及对应参数，表 4.6、表 4.7 及表 4.8 分别为浅埋、中埋及深埋隧道三种不同工况下对应不同使用年限的拟合公式参数及地震脆弱性曲线参数。

表 4.6　浅埋隧道 DM-PGV 回归参数及地震脆弱性曲线参数

使用年限	a	b	轻微破坏中值/(m·s^{-1})	中等破坏中值/(m·s^{-1})	严重破坏中值/(m·s^{-1})	β_{tot}
t=50 年	0.987	0.567	0.260	0.596	1.218	0.551
t=75 年	1.169	0.565	0.187	0.431	0.883	0.555
t=100 年	1.357	0.563	0.133	0.308	0.632	0.560

表 4.7　　中埋隧道 *DM*-*PGV* 回归参数及地震脆弱性曲线参数

使用年限	a	b	轻微破坏中值/$(m \cdot s^{-1})$	中等破坏中值/$(m \cdot s^{-1})$	严重破坏中值/$(m \cdot s^{-1})$	β_{tot}
t=50 年	0.761	0.620	0.420	0.896	1.722	0.517
t=75 年	0.903	0.621	0.335	0.713	1.369	0.518
t=100 年	1.045	0.623	0.267	0.568	1.090	0.519

表 4.8　　深埋隧道 *DM*-*PGV* 回归参数及地震脆弱性曲线参数

使用年限	a	b	轻微破坏中值/$(m \cdot s^{-1})$	中等破坏中值/$(m \cdot s^{-1})$	严重破坏中值/$(m \cdot s^{-1})$	β_{tot}
t=50 年	0.471	0.664	0.688	1.397	2.574	0.528
t=75 年	0.583	0.665	0.582	1.180	2.170	0.530
t=100 年	0.700	0.667	0.489	0.989	1.817	0.529

4.4　时变地震脆弱性曲线

根据上述拟合公式及破坏指标定义可以获得不同使用年限下隧道地震脆弱性曲线的各个参数，从而可以得到相应的地震脆弱性曲线，下文分别介绍了以 *PGA* 和 *PGV* 为地震动强度指标的地震脆弱性曲线。

4.4.1　以 *PGA* 为地震动强度指标

对于隧道结构不同时间的地震需求进行统计分析，分别得到其对应的地震脆弱性曲线，其中时间 $t=0$ 年对应的是第 2 章获得的未考虑氯离子侵蚀工况下的地震脆弱性曲线。图 4.3、图 4.4 及图 4.5 分别为以自由场地表 *PGA* 为地震动强度指标的浅埋、中埋及深埋隧道地震脆弱性曲线，均包含了轻微破坏、中等破坏和严重破坏脆弱性曲线。由图 4.3—图 4.5 可知，总的来说，随着时间的增长，各个破坏状态下的隧道脆弱性增加，且相对来说浅埋隧道的脆弱性最高，中埋隧道其次，深埋隧道最为安全。另外，随着破坏程度的增加，脆弱性曲线的时间效应也越明显，即脆弱性水平随着服役时间延长增加明显，且相对来说，中埋隧道及深埋隧道的时间效应要强于浅埋隧道。

对于浅埋隧道，以 *PGA* 为 $0.5g$ 时为例，对于轻微破坏，服役时间为 50 年、75 年及 100 年时，脆弱性水平相较建成时(服役时间为 0 年)分别增长 9.1%，17.2%和 21.7%；对于中等破坏，脆弱性水平相较建成时分别增长 24.3%，60.2%和 90.7%；对于严重破坏，脆弱性水平相较建成时分别增长 39.9%，133.0%和 248.2%。

对于中埋隧道，以 *PGA* 为 $0.5g$ 时为例，对于轻微破坏，服役时间为 50 年、75 年及 100 年时，脆弱性水平相较建成时分别增长 11.5%，25.9%和 36.2%；而对于中等破坏，脆弱性水平相较建成时分别增长 31.9%，87.9%和 146.0%；对于严重破坏，脆弱性水平相较建成

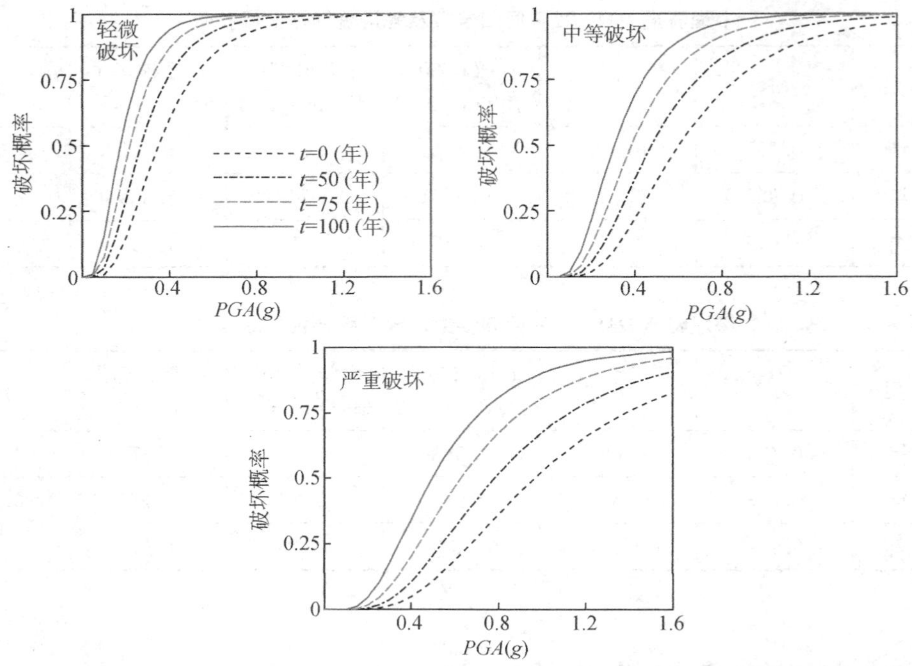

图 4.3　浅埋隧道时变地震脆弱性曲线(*PGA*)

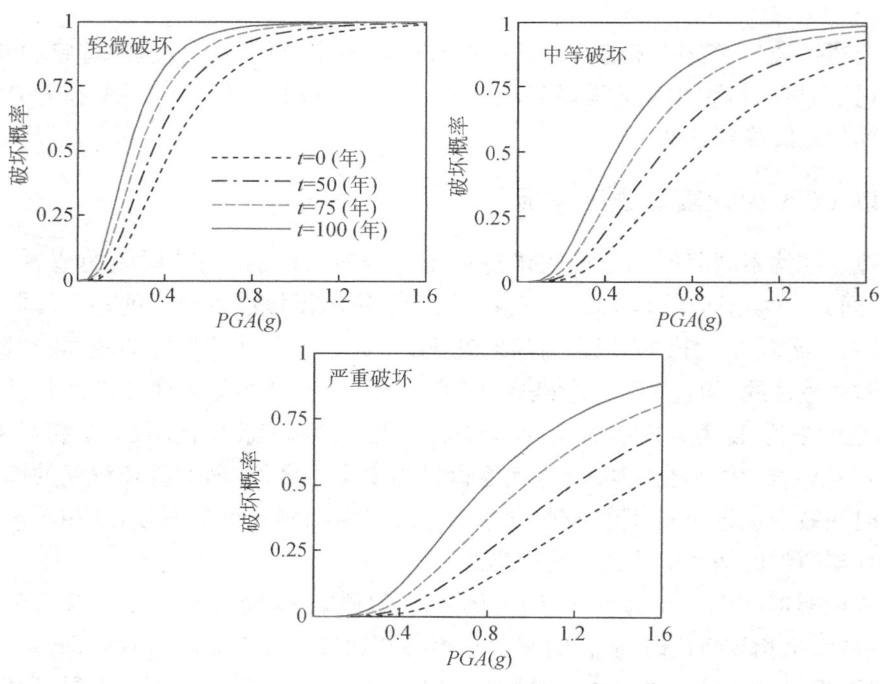

图 4.4　中埋隧道时变地震脆弱性曲线(*PGA*)

时分别增长 59.2%，197.6%和 401.8%。与浅埋隧道工况相比，对于轻微破坏、中等破坏及严重破坏三种情况，脆弱性曲线的时间效应更为明显，总体增加效应为浅埋隧道工况的 1.26～1.67 倍，其中轻微破坏的增加效应差异最为明显，严重破坏增加效应差异最小。

对于深埋隧道，以 *PGA* 为 0.5*g* 时为例，对于轻微破坏，服役时间为 50 年、75 年及 100 年时，脆弱性水平相较建成时分别增长 13.1%，37.4%和 62.5%；而对于中等破坏，脆弱性水平相较建成时分别增长 26.6%，89.9%和 173.4%；对于严重破坏，脆弱性水平相较建成时分别增长 41.4%，162.4%和 368.1%。与浅埋隧道工况相比，对于轻微破坏、中等破坏及严重破坏三种情况，脆弱性曲线的时间效应更为明显，总体增加效应为浅埋隧道工况的 1.03～2.88 倍，其中轻微破坏的增加效应差异最为明显，严重破坏增加效应差异最小。与中埋隧道工况相比，对于轻微破坏和中等破坏两种情况，脆弱性曲线的时间效应更为明显，总体增加效应为浅埋隧道工况的 1.02～1.72 倍；而对于严重破坏，则中埋隧道工况的时间效应相对来说更为明显。

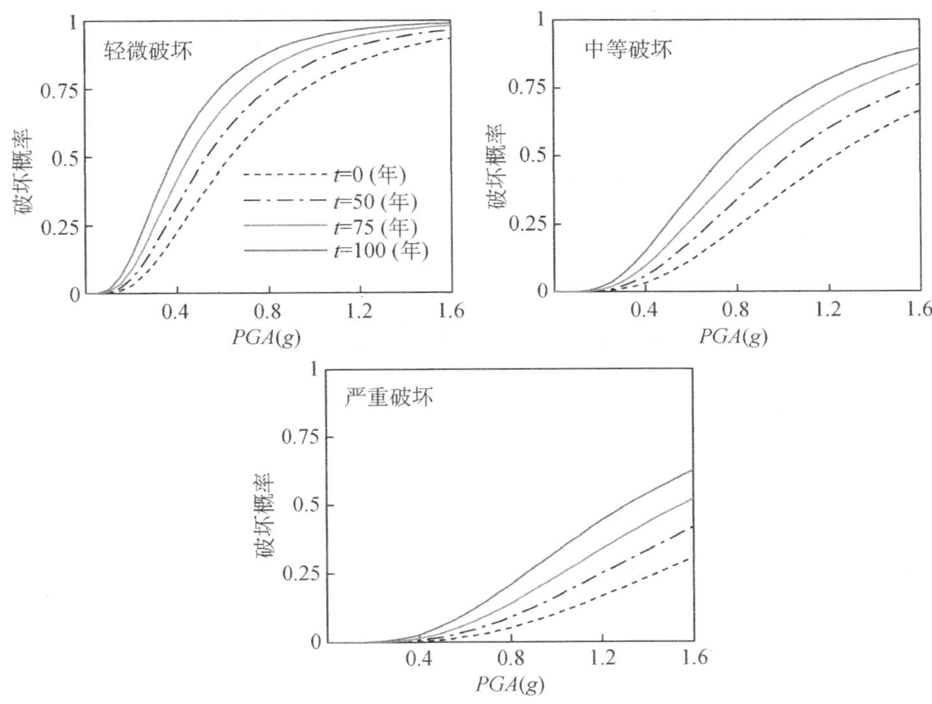

图 4.5　深埋隧道时变地震脆弱性曲线(*PGA*)

4.4.2　以 *PGV* 为地震动强度指标

对于隧道结构不同时间的地震需求进行统计，分别得到其对应的地震脆弱性曲线，其中时间 $t=0$ 年对应的是第 2 章获得的未考虑氯离子侵蚀工况下的地震脆弱性曲线。图 4.6、图 4.7 及图 4.8 分别为以自由场地表 *PGV* 为地震动强度指标的浅埋、中埋及深埋隧道地震脆弱性曲线，均包含轻微破坏、中等破坏和严重破坏脆弱性曲线。由图 4.6—图 4.8 可知，总的来说，随着时间的增长，各个破坏状态下的隧道脆弱性增加，且相对来说，浅埋隧道的脆弱性最高，中埋隧道其次，深埋隧道最为安全。另外，随着破坏程度的增加，脆弱性曲线的时间效应也越明显，即脆弱性水平随着服役时间的增加而升高，且相对来说，中埋隧道及深埋隧道的时间效应要强于浅埋隧道工况。

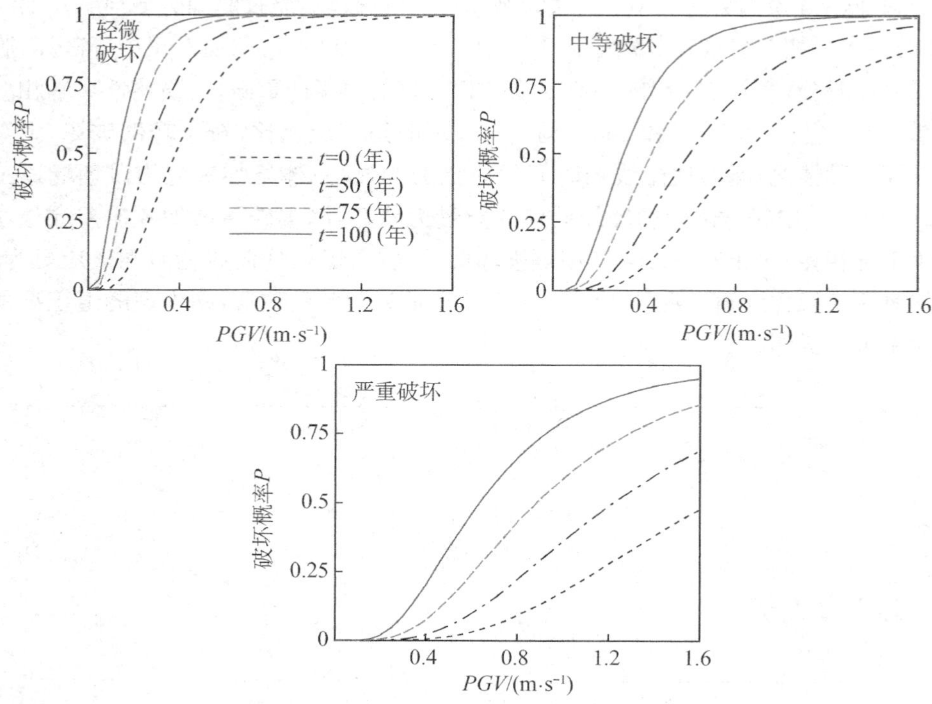

图 4.6　浅埋隧道时变地震脆弱性曲线(*PGV*)

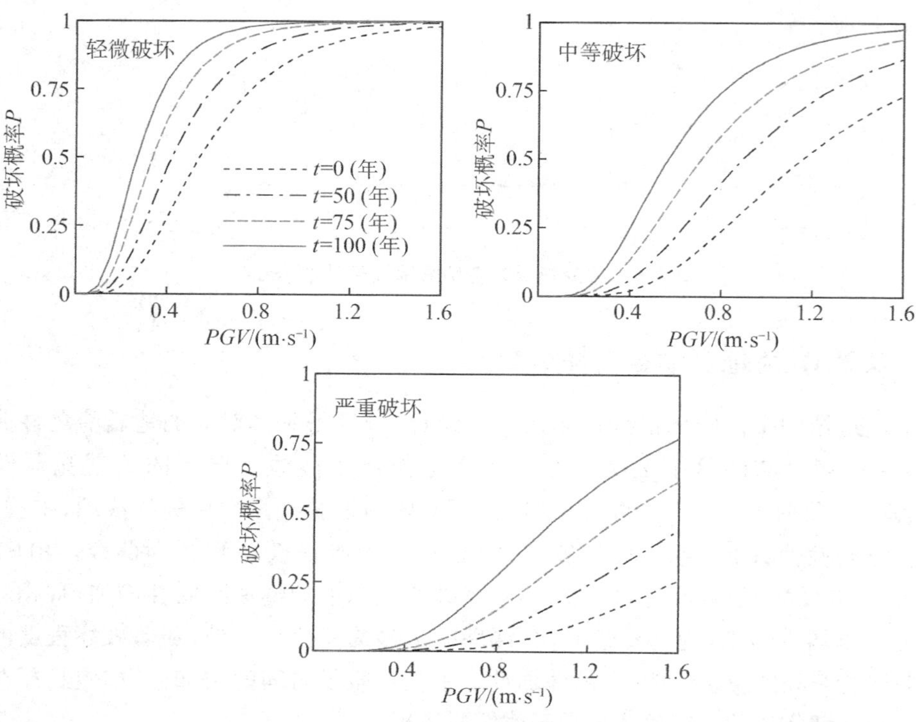

图 4.7　中埋隧道时变地震脆弱性曲线(*PGV*)

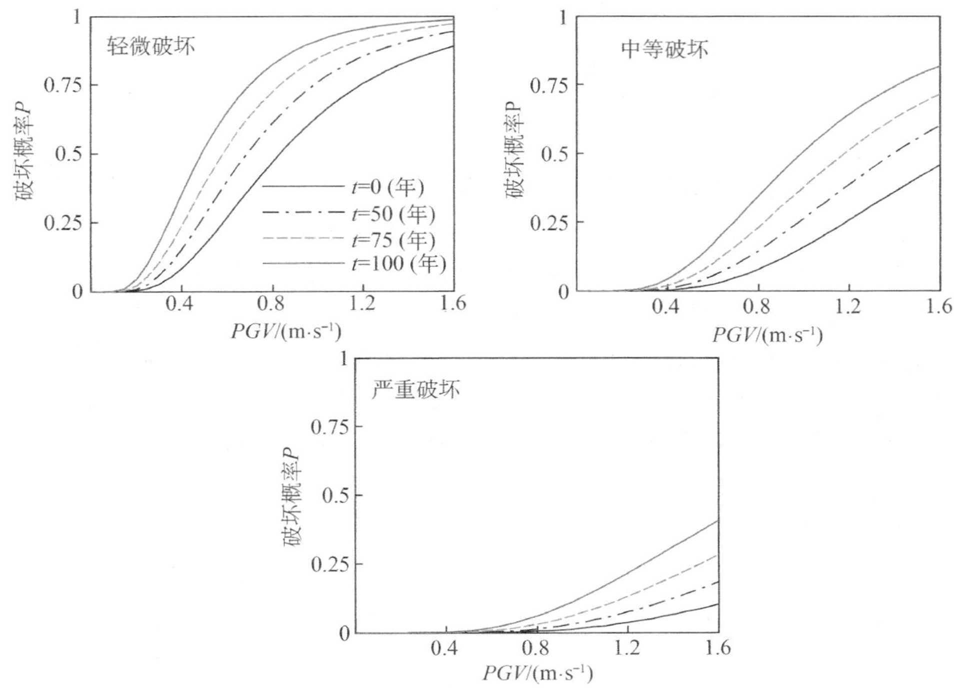

图 4.8　深埋隧道时变地震脆弱性曲线(*PGV*)

对于浅埋隧道,以 *PGV* 为 0.8 m/s 时为例,对于轻微破坏,服役时间为 50 年、75 年及 100 年时,脆弱性水平相较建成时分别增长 7.1%,9.2%和 9.3%;而对于中等破坏,脆弱性水平相较建成时分别增长 51.0%,86.2%和 105.1%;对于严重破坏,脆弱性水平相较建成时分别增长 145.1%,372.6%和 629.7%。

对于中埋隧道,以 *PGV* 为 0.8 m/s 时为例,对于轻微破坏,服役时间为 50 年、75 年及 100 年时,脆弱性水平相较建成时分别增长 15.5%,23.2%和 27.0%;而对于中等破坏,脆弱性水平相较建成时分别增长 73.2%,146.4%和 212.3%;对于严重破坏,脆弱性水平相较建成时分别增长 185.9%,520.5%和 1 041.1%。与浅埋隧道工况相比,对于轻微破坏、中等破坏及严重破坏三种情况,脆弱性曲线的时间效应更为明显,总体增加效应为浅埋隧道工况的 1.28～2.89 倍,其中轻微破坏的增加效应差异最为明显,严重破坏的增加效应差异最小。

对于深埋隧道,以 *PGV* 为 0.8 m/s 时为例,对于轻微破坏,服役时间为 50 年、75 年及 100 年时,脆弱性水平相较建成时分别增长 30.4%,54.6%和 75.5%;而对于中等破坏,脆弱性水平相较建成时分别增长 86.4%,196.8%和 341.0%;对于严重破坏,脆弱性水平相较建成时分别增长 168.3%,496.1%和 1107.3%。与浅埋隧道工况相比,对于轻微破坏、中等破坏及严重破坏三种情况,脆弱性曲线的时间效应更为明显,总体增加效应为浅埋隧道工况的 1.15～8.09 倍,其中轻微破坏的增加效应差异最为明显,严重破坏的增加效应差异最小。与中埋隧道工况相比,对于轻微破坏和中等破坏两种情况,脆弱性曲线的时间效应更为明显,总体增加效应为浅埋隧道工况的 1.18～2.79 倍;而对于严重破坏,深埋隧道与中埋隧道工况的时间效应较为接近。

4.5 时变地震脆弱性曲面

在展开隧道地震时变脆弱性分析中，为了增加分析效率，研究人员通常选取几个代表性时间进行，这样得到的时变脆弱性曲线是几个离散的代表性曲线。但是，有时候我们也需要获得整个服役时间内隧道的脆弱性情况，此时可以利用已经获得的代表性脆弱性曲线进行差值计算来获得任何时间点的地震破坏概率，即脆弱性情况，从而获得不同埋深隧道随时间及地震动强度参数变化的地震脆弱性曲面。另外，由于此种方法缺少简明的函数表达式，有时候计算效率较为低下。因此，本书采用双参数拟合方法，建立了时变地震脆弱性曲线模型，可以通过几个代表时间点的地震脆弱性曲线获得时变地震脆弱性曲面的解析函数。以第 2 章脆弱性模型即式(2.1)为基础，侵蚀后的($t \geqslant T_0 = 20.67$ 年)时变地震脆弱性曲线模型如式(4.11)所示：

$$P_{\mathrm{f}}(ds \geqslant ds_i \mid IM,\ t) = \Phi\left[\frac{1}{\beta_{\mathrm{tot}}(t)} \cdot \ln\left(\frac{IM}{IM_{mi}(t)}\right)\right] \tag{4.11}$$

式(4.11)的参数与公式(2.1)定义相同，t 为隧道服役时间，为了获得时变地震脆弱性曲线模型，即需获得参数 $IM_{mi}(t)$ 和 $\beta_{\mathrm{tot}}(t)$ 的解析表达式。本书按 Gosh and Padgett (2010)的研究建议，采用二次函数来获得参数 $IM_{mi}(t)$ 和 $\beta_{\mathrm{tot}}(t)$ 的解析表达式，则式(4.11)可以改写成式(4.12)的形式：

$$\begin{aligned} P_{\mathrm{f}}(IM,\ t) &= \Phi\left[\frac{1}{\beta_{\mathrm{tot}}(t)} \cdot \ln\left(\frac{IM}{IM_{mi}(t)}\right)\right] \\ &= \Phi\left[\frac{1}{a_1 t^2 + a_2 t + a_3} \cdot \ln\left(\frac{IM}{b_1 t^2 + b_2 t + b_3}\right)\right] \end{aligned} \tag{4.12}$$

式中 $a_1,\ a_2,\ a_3$——参数 $\beta_{\mathrm{tot}}(t)$ 的拟合参数；

$b_1,\ b_2,\ b_3$——参数 $IM_{mi}(t)$ 的拟合参数。

通过采用已知几个代表时间点地震脆弱性曲线对参数进行拟合估计。

4.5.1 以 *PGA* 为地震动强度指标

为了获得时变地震脆弱性曲面的拟合参数，本书将上述几个代表时间点的脆弱性曲线参数进行拟合分析，其中 $t = T_0 = 20.67$ 年的地震脆弱性曲线参数即为第 2 章中未考虑侵蚀情况所对应的参数。图 4.9 为浅埋隧道地震脆弱性曲面参数的拟合图像，其中数据点为各个时间点对应的参数，实线为拟合曲线。

同理，可以获得中埋及深埋隧道地震脆弱性曲线拟合参数，总体如表 4.9 所示。

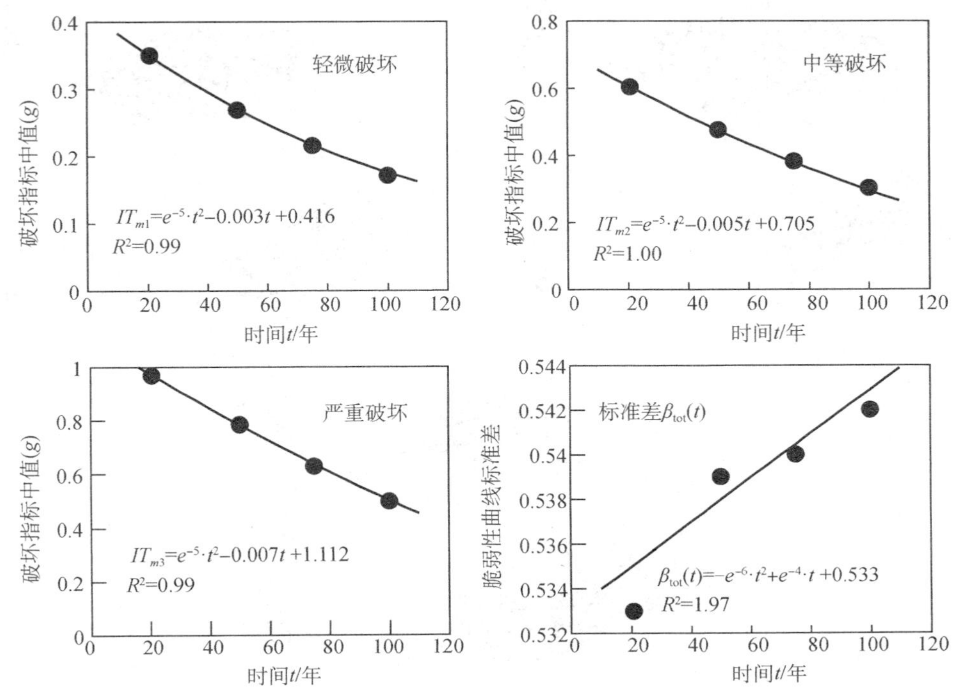

图 4.9　浅埋隧道地震脆弱性曲面参数拟合(*PGA*)

表 4.9　　时变地震脆弱性曲面拟合参数(*PGA*，$t\geqslant T_0=20.67$ 年)

分类		IM_{mi}/t			β_{tot}/t		
隧道类型	破坏状态	b_1	b_2	b_3	a_1	a_2	a_3
浅埋隧道	轻微破坏	$1e^{-5}$	−0.003	0.416	$-e^{-6}$	e^{-4}	0.533
	中等破坏	$1e^{-5}$	−0.005	0.705			
	严重破坏	$1e^{-5}$	−0.007	1.112			
中埋隧道	轻微破坏	$9e^{-6}$	−0.004	0.497	$-e^{-7}$	$-3e^{-5}$	0.581
	中等破坏	$2e^{-5}$	−0.007	0.975			
	严重破坏	$3e^{-5}$	−0.013	1.740			
深埋隧道	轻微破坏	$8e^{-6}$	−0.004	0.715	$7e^{-7}$	$-8e^{-5}$	0.614
	中等破坏	$2e^{-5}$	−0.008	1.389			
	严重破坏	$3e^{-5}$	−0.014	2.458			

通过上述拟合参数可以得到以 *PGA* 为地震强度指标的隧道地震脆弱性曲面解析函数关系式，利用 Matlab 可以获得相应的地震脆弱性曲线，图 4.10—图 4.12 分别为浅埋、中埋及深埋隧道三种工况下的地震脆弱性曲面，从图中可以看出隧道在整个服役期间的脆弱性变化，当侵蚀开始后，隧道脆弱性随时间逐渐增加，且相对来说，对于严重破坏，增加效应最为明显。

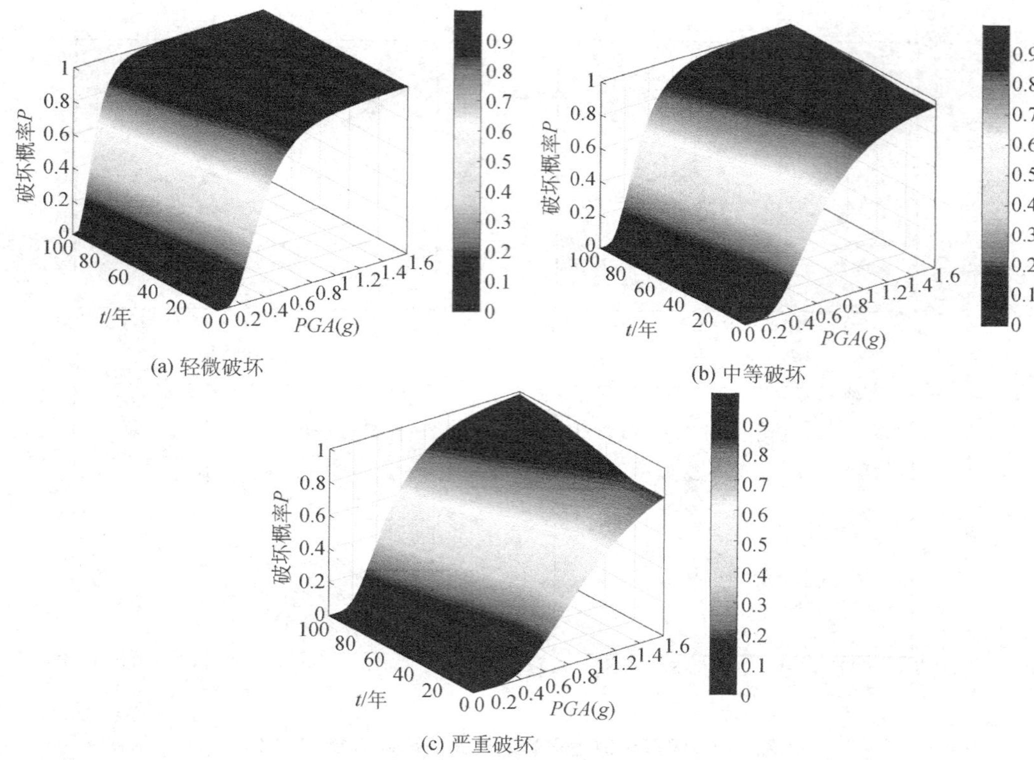

(a) 轻微破坏

(b) 中等破坏

(c) 严重破坏

图 4.10　浅埋隧道时变地震脆弱性曲面(*PGA*)

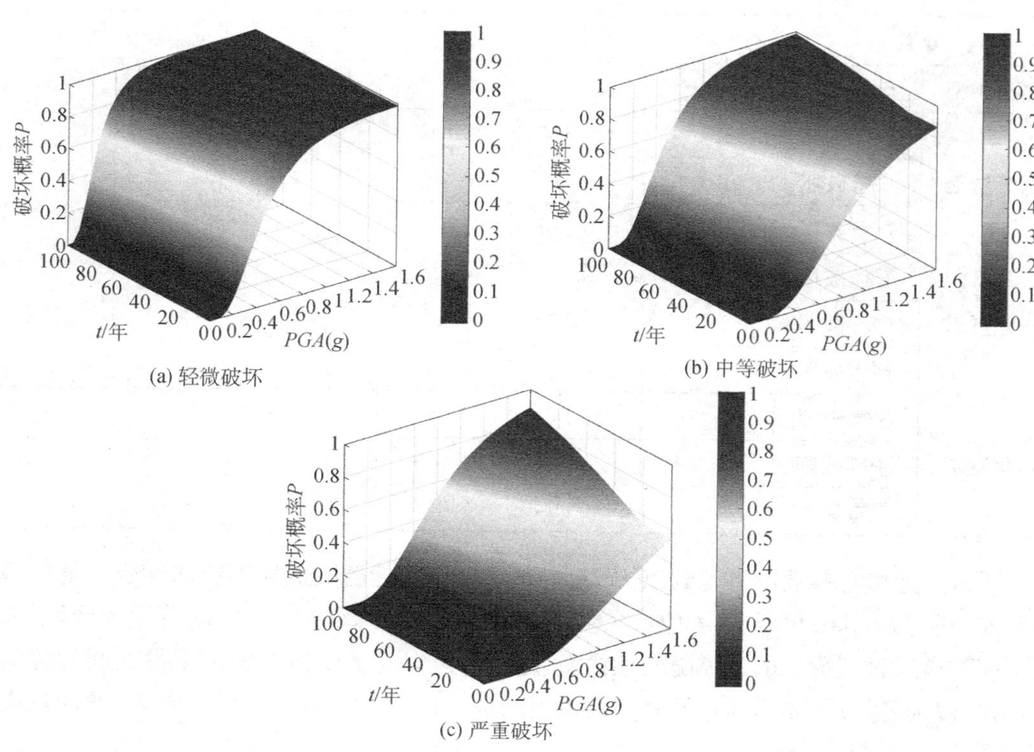

(a) 轻微破坏

(b) 中等破坏

(c) 严重破坏

图 4.11　中埋隧道时变地震脆弱性曲面(*PGA*)

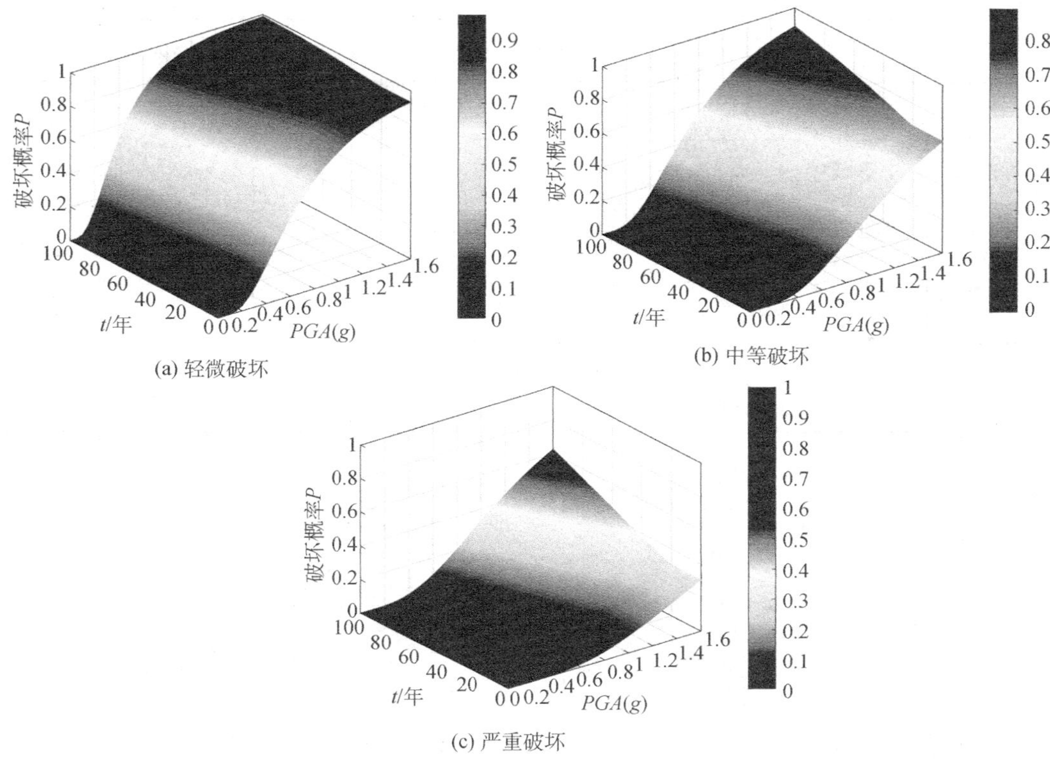

(a) 轻微破坏
(b) 中等破坏
(c) 严重破坏

图 4.12　深埋隧道时变地震脆弱性曲面(*PGA*)

4.5.2　以 *PGV* 为地震动强度指标

为了获得时变地震脆弱性曲面的拟合参数，本书将上述几个代表时间点的脆弱性曲线参数进行拟合分析，其中 $t=T_0=20.67$ 年的地震脆弱性曲线参数即为第 2 章中未考虑侵蚀情况所对应的参数。图 4.13 为浅埋隧道地震脆弱性曲面参数的拟合图像，其中数据点为各个时间点对应的参数，实线为拟合曲线。

同理，可以获得中埋及深埋隧道地震脆弱性曲线拟合参数，总体如表 4.10 所示。

表 4.10　时变地震脆弱性曲面拟合参数(*PGV*，$t \geqslant T_0=20.67$ 年)

分类		IM_{mi}/t			β_{tot}/t		
隧道类型	破坏状态	b_1	b_2	b_3	a_1	a_2	a_3
浅埋隧道	轻微破坏	$2e^{-5}$	−0.005	0.483	$-8e^{-7}$	$3e^{-4}$	0.537
	中等破坏	$3e^{-5}$	−0.010	1.042			
	严重破坏	$4e^{-5}$	−0.018	2.013			

（续表）

分类		IM_{mi}/t			β_{tot}/t		
中埋隧道	轻微破坏	$1e^{-5}$	-0.005	0.642	e^{-6}	$-e^{-4}$	0.520
	中等破坏	$3e^{-5}$	-0.011	1.370			
	严重破坏	$6e^{-5}$	-0.021	2.639			
深埋隧道	轻微破坏	$1e^{-5}$	-0.006	0.947	$6e^{-8}$	$-3e^{-8}$	0.529
	中等破坏	$2e^{-5}$	-0.012	1.927			
	严重破坏	$4e^{-5}$	-0.022	3.556			

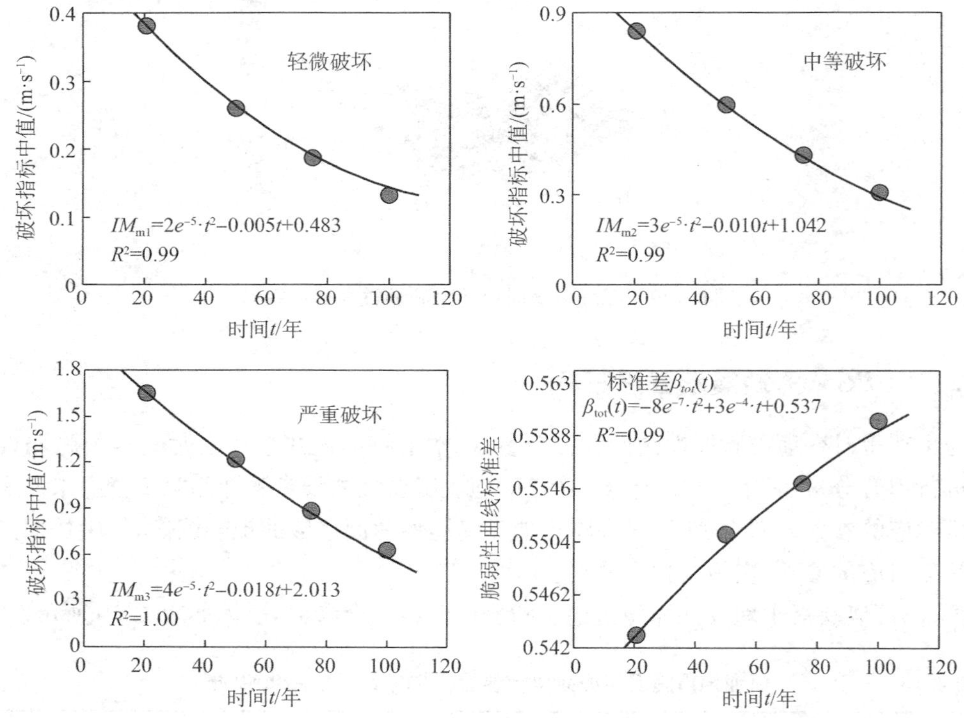

图 4.13　浅埋隧道地震脆弱性曲面参数拟合(*PGV*)

通过上述拟合参数可以得到以 *PGV* 为地震强度指标的隧道地震脆弱性曲面解析函数关系式，利用 Matlab 可以获得相应的地震脆弱性曲线，图 4.14—图 4.16 分别为浅埋、中埋及深埋隧道三种工况下的地震脆弱性曲面，从图中可以看出隧道在整个服役期间的脆弱性变化，当侵蚀开始后，隧道脆弱性随时间逐渐增加，且相对来说，严重破坏的增加效应最为明显。

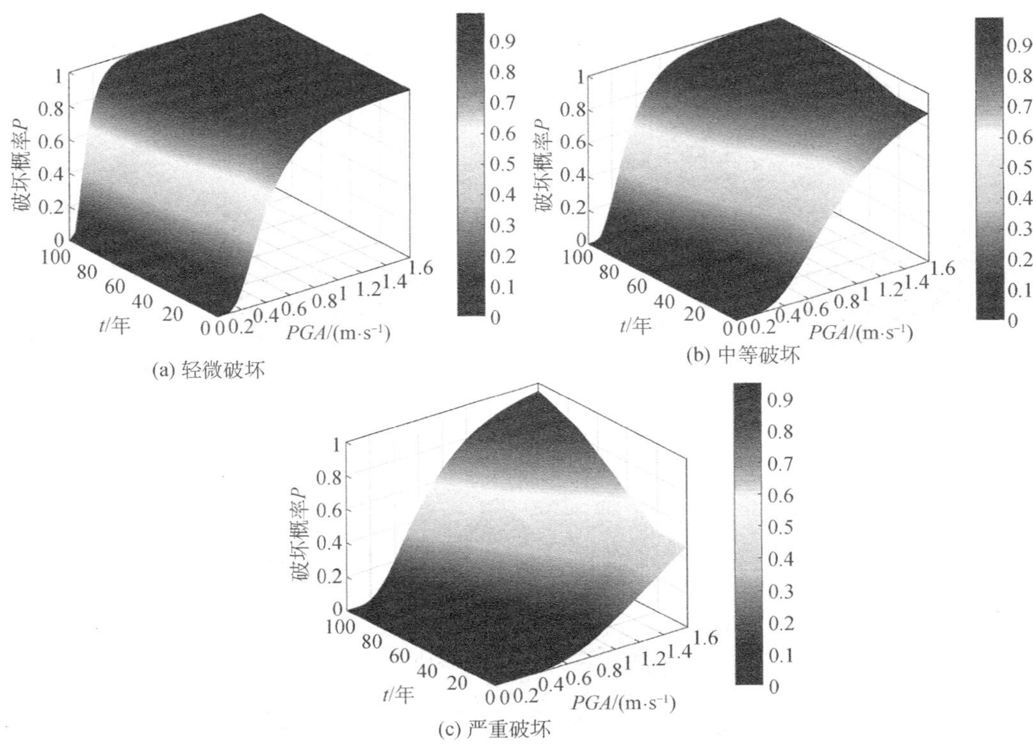

图 4.14　浅埋隧道时变地震脆弱性曲面(*PGV*)

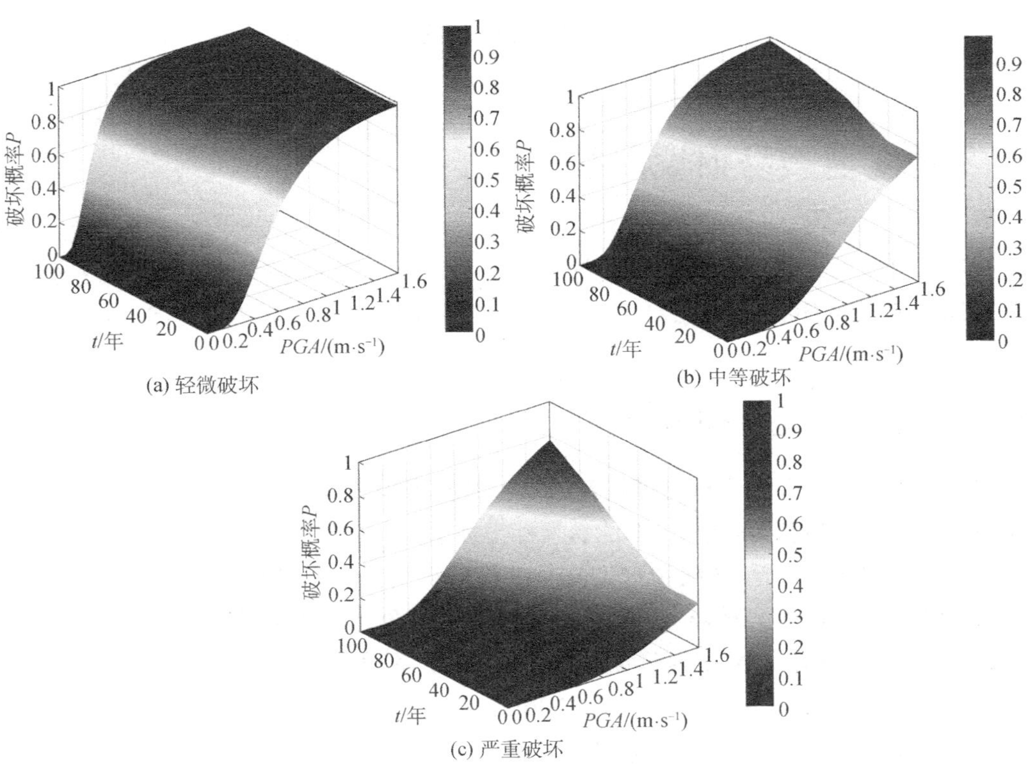

图 4.15　中埋隧道时变地震脆弱性曲面(*PGV*)

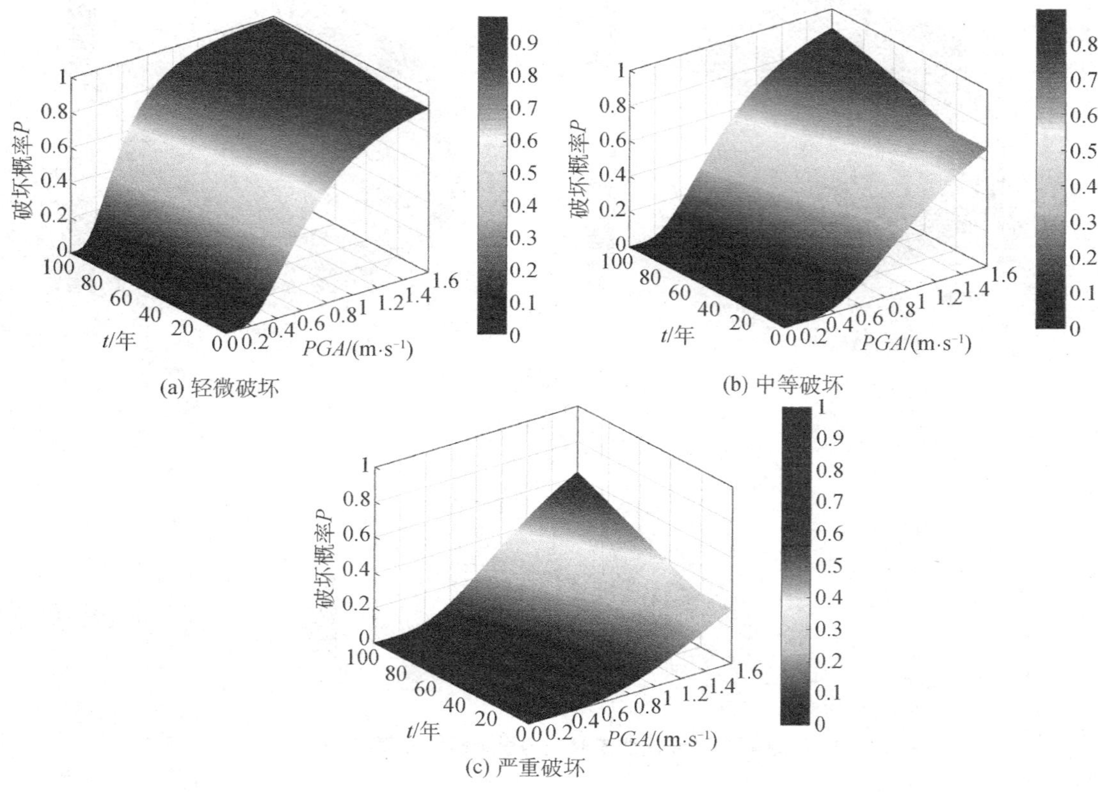

(a) 轻微破坏

(b) 中等破坏

(c) 严重破坏

图 4.16　深埋隧道时变地震脆弱性曲面(*PGV*)

4.6　时变地震易损性曲线

基于 2.2.2 节中定义的易损性指标中值及 2.2.4 节中易损性曲线的获取方法，可以获得不同时间点的不同地震强度（*PGA* 或 *PGV*）的隧道地震时变易损性曲线，如下文所述。

4.6.1　以 *PGA* 为地震动强度指标

图 4.17 为以 *PGA* 为地震强度指标的软土 D 类场地中浅埋、中埋及深埋隧道的地震时变易损性曲线图。和上文一致，本书的易损性指标也为衬砌修复花费与衬砌完全替换花费之比，因此通过获得易损性曲线和衬砌完全替换的花费，可以获得隧道衬砌在不同地震强度下的估计损失。总体上看，易损性曲线的趋势与脆弱性曲线一致，一方面，随着时间延长，隧道易损性逐渐增大，震后损失也越大；另一方面，随着 *PGA* 的增大，易损性也逐渐增大，且埋深越浅，隧道易损性越大，震后损失也越大。从易损性曲线的时间效应来看，以 *PGA* 为 0.5g 时为例，对于浅埋隧道，服役时间为 50 年、75 年及 100 年时，易损性水平相较建成时分别增长 47.04%，99.9%和 158.2%；对于中埋隧道，易损性水平相较建成时分别

增长 49.5%，106.3%和 174.8%；对于深埋隧道，易损性水平相较建成时分别增长 46.8%，100.0%和 170.2%。由以上对比可知，当以 *PGA* 为地震动强度指标时，中埋隧道的地震易损性曲线的时间效应最为明显，深埋隧道其次，浅埋隧道的地震易损性曲线的时间效应最小。

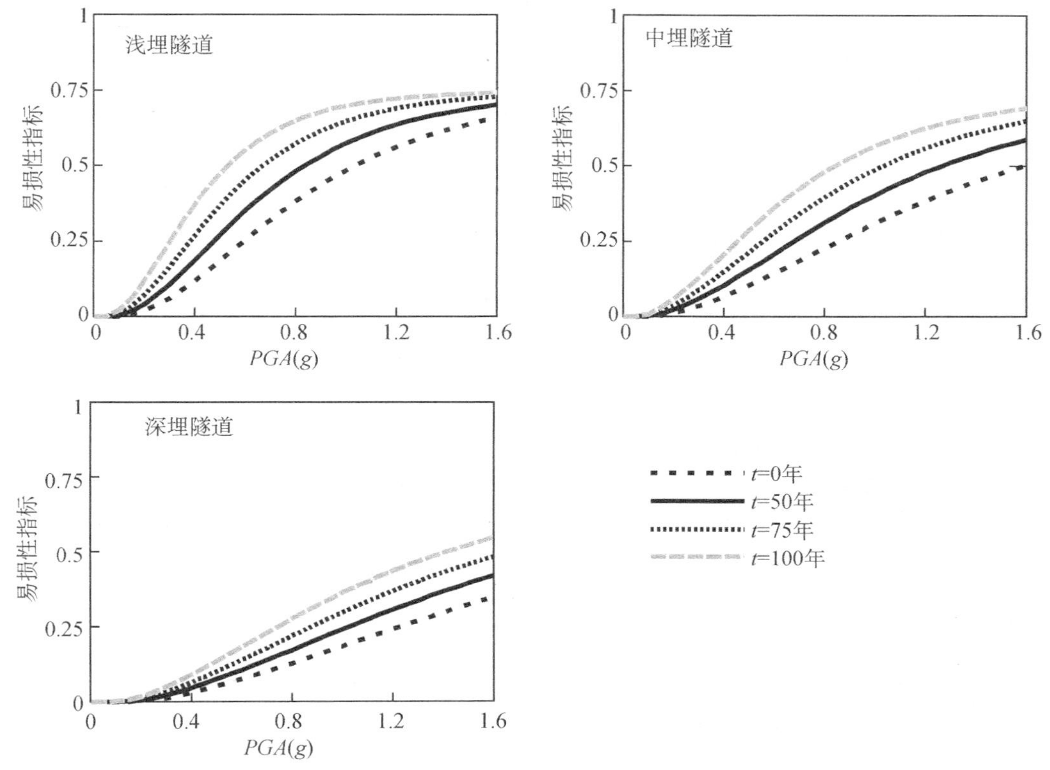

图 4.17　软土隧道时变地震易损性曲线(*PGA*)

4.6.2　以 *PGV* 为地震动强度指标

图 4.18 为以 *PGV* 为地震强度指标的软土 D 类场地中浅埋、中埋及深埋隧道的地震时变易损性曲线图。总体上看，易损性曲线的趋势与脆弱性曲线一致，一方面，随着时间的延长，隧道易损性逐渐增大，震后损失也越大；另一方面，随着 *PGV* 的增大，易损性也逐渐增大，且埋深越浅，隧道易损性越大，震后损失也越大。从易损性曲线的时间效应来看，以 *PGV* 为 0.5 m/s 时为例，对于浅埋隧道，服役时间为 50 年、75 年及 100 年时，易损性水平相较建成时分别增长 68.1%，158.9%和 282.4%；而对于中埋隧道，易损性水平相较建成时分别增长 64.7%，142.73%和 245.9%；对于深埋隧道，易损性水平相较建成时分别增长 71.5%，160.3%和 280.3%。由以上对比可知，当以 *PGV* 为地震动强度指标时，深埋隧道的地震易损性曲线的时间效应最为明显，浅埋隧道其次，深埋隧道的地震易损性曲线的时间效应最小。

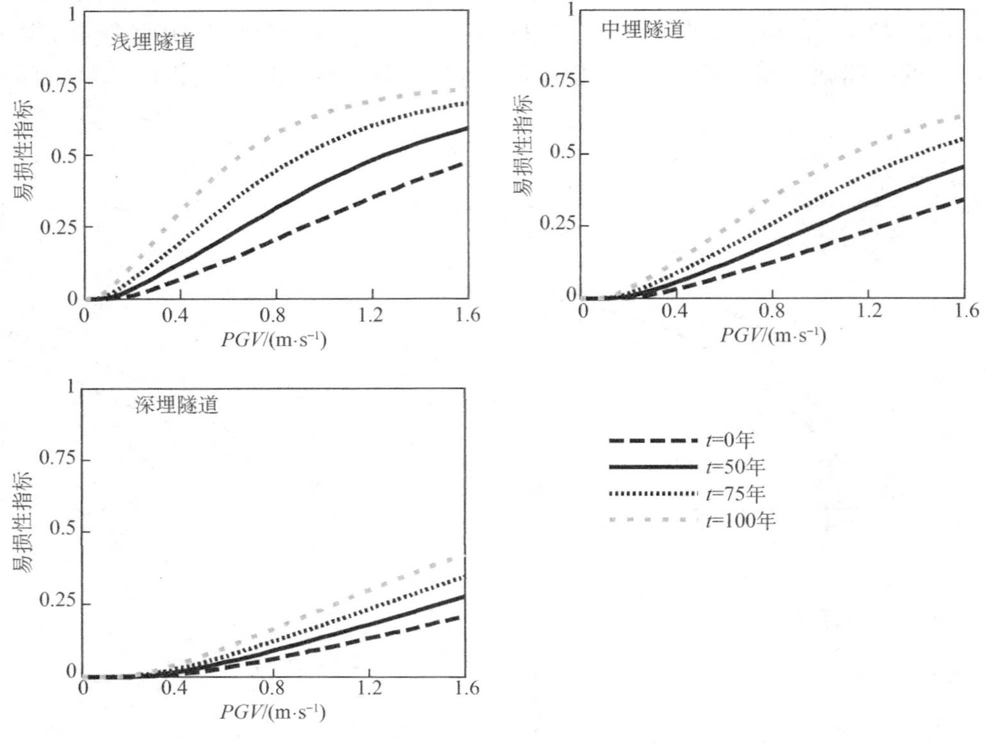

图 4.18　软土隧道时变地震易损性曲线(*PGV*)

4.7　本章小结

本章研究了氯离子侵蚀条件下性能退化隧道的抗震能力与地震需求的变化特点,基于地震脆弱性分析方法,分别使用 *PGA* 或 *PGV* 作为地震强度指标,建立了不同埋深隧道的时变地震脆弱性曲线,揭示了性能退化隧道地震破坏概率随时间的变化规律,并基于此提出了隧道时变地震脆弱性曲面解析函数,把离散的时变脆弱性曲线扩展成时变脆弱性曲面。最后,基于易损性分析方法,分别以 *PGA* 或 *PGV* 为地震强度指标,建立了不同埋深隧道的时变地震易损性曲线。本章主要研究结论如下。

(1) 在基于第 2 章大量非线性动力时程分析的结果上,通过考虑氯离子侵蚀影响及不同使用时间,分别对地震动强度参数(*PGA* 与 *PGV*)与结构破坏指标参数进行对数线性回归分析,获得相应的回归统计参数,建立了相应的时变地震脆弱性曲线。研究表明,随着时间的延长,各个破坏状态下的隧道脆弱性增加,且隧道埋深越浅,地震脆弱性越大。从脆弱性曲线的时间效应角度,随着破坏程度的增加,脆弱性曲线的时间效应也越明显,即脆弱性水平随着服役时间延长增加明显。且相对来说,中埋隧道及深埋隧道的时间效应要强于浅埋隧道工况。

(2) 本书建立了隧道地震时变脆弱性曲面解析函数公式,将离散的几个代表时间的时变脆弱性曲线扩展得到地震时变脆弱性曲面解析公式，根据时变脆弱性曲面可以得到不同时间的隧道在不同地震动强度大小下的破坏概率。

（3）基于地震易损性分析方法，揭示了不同埋深盾构隧道时变易损性发展规律。当以 PGA 为地震动强度指标时，中埋隧道的地震易损性曲线的时间效应最为明显，深埋隧道其次，浅埋隧道的地震易损性曲线的时间效应最小；当以 PGV 为地震动强度指标时，深埋隧道的地震易损性曲线的时间效应最为明显，浅埋隧道其次，深埋隧道的地震易损性曲线的时间效应最小。本章建立的时变易损性曲线可以快速地获得在不同服役时间，隧道在不同地震动强度下的地震损失。

第5章 软土盾构隧道地震风险概率分析

5.1 概述

强震引发的隧道震害往往会引起巨大的经济损失和人员伤亡(马玉宏和谢礼立，2000)，考虑到隧道及其网络系统在民众生活中的角色越来越重要，对其展开定量的地震损失分析和风险分析则极其重要(尹之潜等，1990)，具有重要的理论和工程实践意义。另外，地震脆弱性曲线在隧道地震损失分析及风险分析中扮演了重要角色，不同学者针对同类型隧道提出了不同的隧道地震脆弱性曲线模型，这些脆弱性曲线模型都有一定的合理性和代表性，采用单一的脆弱性曲线模型往往较为主观，可能高估或者低估最终的风险分析结果。因此，有必要综合考虑不同脆弱性曲线模型对最终风险分析的影响。

本章介绍了隧道结构地震损失分析方法及风险指标计算框架，基于第2章建立的不同埋深隧道的地震脆弱性曲线及易损性曲线，分别针对软土地区不同埋深隧道及某一区间隧道，揭示了其不同地震强度等级下的平均损失估计、地震损失概率曲线及地震风险指标的变化规律。通过进一步考虑脆弱性曲线模型的不确定性，提出了不同脆弱性曲线模型的权重系数分配方法，建立了基于脆弱性模型不确定性的隧道损失及风险分析框架，对不同埋深隧道及某一区间隧道展开了地震损失及风险分析，研究结果表明，本书建立的方法有助于更合理地分析不同埋深隧道的地震风险损失。

5.2 隧道地震损失及风险概率分析

5.2.1 地震风险概率分析方法简介

本书采用平均年度地震损失(average annualized earthquake losses)作为研究结构对象的地震风险分析指标 R(FEMA，2008；Firuzi，2019)，该指标表达了结构单元在特定地区发生破坏而产生的年度经济损失大小。平均年度地震损失指标体现了地震风险分析的两个关键组成部分，即给定研究区域发生地震动的概率以及地震动对结构物理破坏和经济损失的影响。该指标也能考虑地震风险分析的区域差异，比如，上海周边地震带的地震风险水平与北京周边地区的地震风险有着两方面明显的不同：①破坏性地震动的发生概率；②地震动导致的后果，这里的后果很大程度上由分析的结构类型、结构质量以及地震动引发的土层破坏等因素决定。地震灾害的程度及其影响也确实存在区域性差异，例如，上海地区的地震灾害比南昌地区的高，并且上海的一般建筑群更能抵抗地震的影响。目前，该指标已经运用于不同地区结构地震风险分析（FEMA，2008；Jaiswal 等，2015；Chen 等，2016；Peyghaleh 等，2018；Hancilar 等，2020），受到学者与工程界越来越多的关注。通过展开基于平均年度地震损失的地震风险概率分析，有助于进行不同地区的风险分析认识、决策制定以及防灾减灾，主要体现在以下四个方面：①能够更好地理解不同地区的地震风险大小；②提升对高风险结构单元的风险认识以及风险缓解能力；③推动结构抗震建筑规范条款的改进；④能够更好地制定灾后应急响应和恢复措施。

一般而言，平均年度地震损失 R 可以根据所有考虑的地震强度等级 s 及对应的平均期望损失 ls_{m} 计算得到，如式(5.1)所示：

$$R=\int_0^{\infty} ls_{\mathrm{m}} \nu(s)\mathrm{d}s \tag{5.1}$$

式中　s——地震强度等级；

$\nu(s)$——研究地区发生 s 地震强度等级的年超越概率，其他参数与上文定义相同。

地震强度等级 $IM=s$ 下的结构系统的平均期望损失 ls_{m}（average of expected losses）可由式(5.2)计算得到：

$$ls_{\mathrm{m}}=\sum_{n=1:i}(TC)_k(VI)_k=\sum_{n=1:i}(TC)_k d_k \cdot P_k \tag{5.2}$$

式中　n,i——结构单元数；

k——地震破坏等级序号；

$(TC)_k$——地震发生后，完全替换受损结构单元的总体花费；

$(VI)_k$——地震发生后的易损性指标；

P_k——对应式(2.4)—式(2.7)中不同破坏状态 k 的离散概率；

d_k——破坏状态 k 下的易损性指标中值。

隧道结构单元或系统在不同地震强度等级 $IM=s$ 下的地震损失概率曲线 lc（loss exceedance curve）也是地震风险分析的重要组成成分，一般可以用式(5.3)计算得到：

$$lc(s, P)=p(\geqslant ls \mid s, P) \tag{5.3}$$

式中　P——对应式(2.4)—式(2.7)的脆弱性模型；

ls——给定地震强度等级 $IM=s$ 下总体损失 ls，可以由式(5.4)计算得到：

$$ls=\sum_{n=1:i} TC_k d_k \tag{5.4}$$

式中　n,i——结构单元数；

k——地震破坏等级序号；

d_k——破坏状态 k 下的易损性指标中值；

$(TC)_k$——地震发生后，完全替换受损结构单元的总体花费。

对于给定地震强度等级 $IM=s$，通过蒙特卡罗抽样法（在 0～1 之间抽样）与脆弱性曲线模型可以确定相应的破坏等级，从而可以获得 n 个结构单元的一组破坏状态的抽样样本，根据式(5.4)则可以得到一组总体损失的样本。

综合以上内容,本书隧道地震风险分析的基本流程如图 5.1 所示。

图 5.1　隧道地震概率风险分析分析流程

值得注意的是,本章研究仅限于基于年度平均损失概念的隧道地震风险指标分析。由于风险程度的定义、风险等级的划分以及对应的风险控制措施往往需要经验判断和确定,包含一定的不确定性和主观性,本研究没有涉及,未来值得展开进一步研究。

5.2.2　地震风险概率分析应用

以某软土地区为例,该地区属于地震频发区,并建有不同埋深的大量盾构隧道,该地区地震灾害曲线(seismic hazard curve)如图 5.2 所示(Pitilakis 等,2007)。

本书第 2 章针对软土浅埋、中埋及深埋隧道分别提出了相应的地震脆弱性曲线和易损性曲线,具体如图 2.22 和图 2.26 所示,脆弱性曲线模型参数如表 2.6 所示。基于 5.2.1 节介绍的风险分析方法,下文分别对浅埋、中埋及深埋隧道(每延米)展开地震风险分析。对于地震发生后,将完全替换受损隧道衬砌(每延米)的花费正则化为 1,正则化损失取值范围为 0～1,代表无修复到完全替换的花费,实际花费可通过该系数与某年完全替换每延米隧道花费之积计算得到。

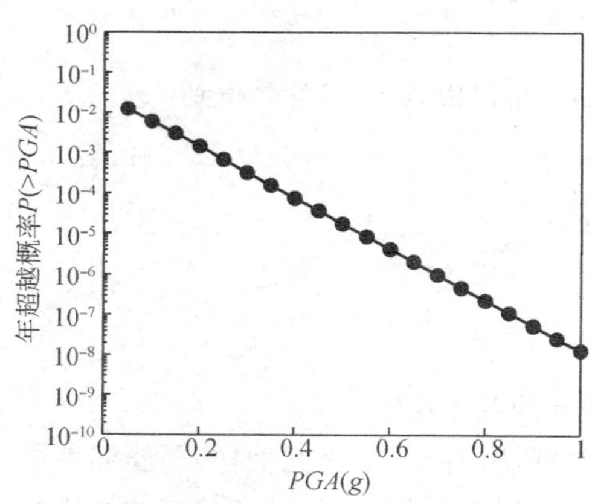

图 5.2　地震灾害(年超越概率)曲线(Pitilakis 等,2007)

图 5.3(a)为 PGA 为 0.6g,0.7g 及 0.8g 时的软土浅埋隧道地震损失超越概率曲线 lc,由图可以看出,随着 PGA 的增加,相同损失花费的

年超越概率越大。从图 5.3(b)可以看出隧道平均期望损失也随着 *PGA* 的增大而增大，当 *PGA* 从 0.6*g* 增大到 0.8*g* 时，平均期望损失 ls_m从 0.25 增大到 0.38，增大了约 52%。

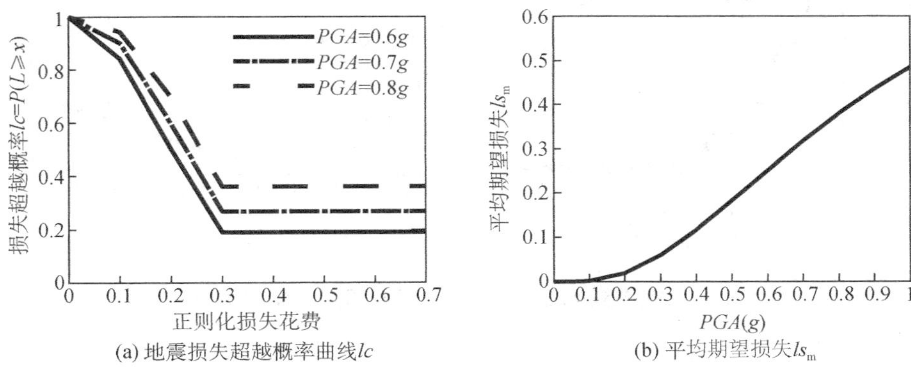

(a) 地震损失超越概率曲线lc　　(b) 平均期望损失ls_m

图 5.3　浅埋隧道地震损失概率曲线 *lc* 及平均期望损失 ls_m

图 5.4(a)为 *PGA* 为 0.6*g*，0.7*g* 及 0.8*g* 时的软土中埋隧道地震损失超越概率曲线 *lc*，由图可以看出，随着 *PGA* 的增加，相同损失花费的年超越概率越大，且相对浅埋隧道，相同损失花费的年超越概率较小。从图 5.4(b)可以看出隧道平均期望损失也随着 *PGA* 的增大而增大，当 *PGA* 从 0.6*g* 增大到 0.8*g* 时，平均期望损失 ls_m从 0.14 增大到 0.23，增大了约 64%。

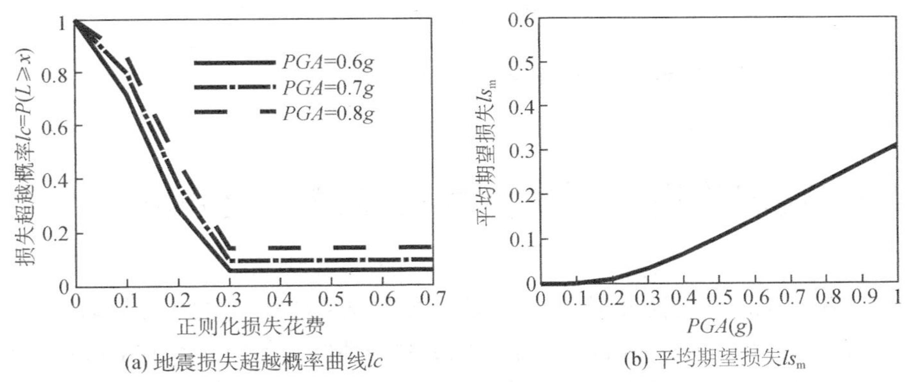

(a) 地震损失超越概率曲线lc　　(b) 平均期望损失ls_m

图 5.4　中埋隧道地震损失概率曲线 *lc* 及平均期望损失 ls_m

图 5.5(a)为 *PGA* 为 0.6*g*，0.7*g* 及 0.8*g* 时的软土深埋隧道地震损失超越概率曲线 *lc*，由图可以看出，随着 *PGA* 的增加，相同损失花费的年超越概率越大，且相对浅埋隧道和中埋隧道，相同损失花费的年超越概率较小，其中，浅埋隧道的年超越概率最大。从图 5.5(b)可以看出隧道平均期望损失也随着 *PGA* 的增大而增大，当 *PGA* 从 0.6*g* 增大到 0.8*g* 时，平均期望损失 ls_m从 0.07 增大到 0.13，增大了约 86%。

由式(5.1)可以得到各个隧道工况的地震风险指标，图 5.6 为相应的地震风险指标 *R*(即平均年度损失)的对比。由图 5.6 可知，在同种情况下，浅埋隧道的地震风险最高，中埋隧道其次，深埋隧道最安全，浅埋隧道的地震风险指标 *R* 为 0.16×10^{-3}，约为中埋隧道的 1.73 倍和深埋隧道的 4.82 倍。

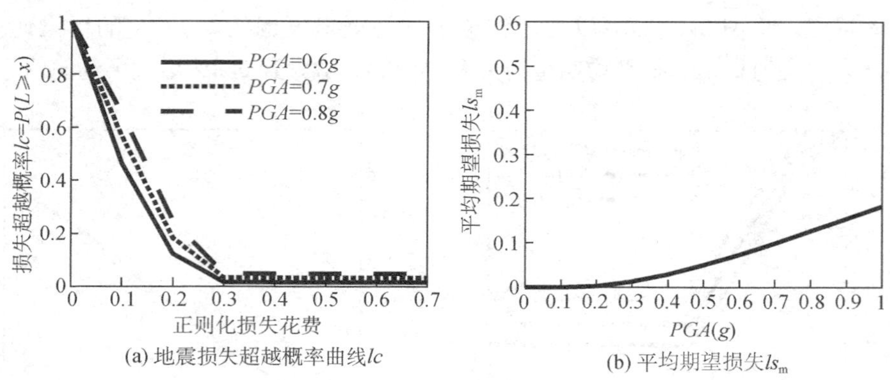

(a) 地震损失超越概率曲线lc　　(b) 平均期望损失ls_m

图 5.5　深埋隧道地震损失概率曲线 lc 及平均期望损失 ls_m

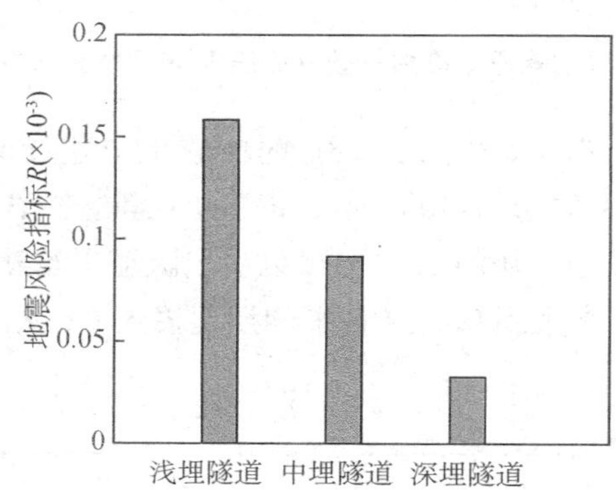

图 5.6　浅埋、中埋及深埋隧道地震风险指标 R

5.3　基于脆弱性模型不确定性的隧道风险分析

针对软土隧道地震脆弱性分析，不同学者根据其研究对象，考虑土-结构接触及当地特定场地特性，或基于不同分析方法，提出了不同的脆弱性曲线模型。本书在 2.5.3 节对不同脆弱性曲线模型进行了对比分析，表明了研究区域场地特性对隧道地震脆弱性的重要影响。因此，当对某特定地区隧道展开地震风险分析时，最好的方法是考虑本地区场地特性及隧道结构特性进行重新建模分析，提出本地区的隧道脆弱性模型用于后续分析。但很多时候，考虑到各种因素，我们需要根据已有脆弱性模型对研究地区的隧道地震风险分析进行初步判断，那么如何选择合适的脆弱性曲线模型便成了关键因素。本书建立了考虑不同脆弱性模型的隧道风险分析方法，并通过案例分析验证了其相较于考虑单一脆弱性模型的优越性，有助于更合理地分析隧道地震风险，具有重要的理论和工程意义。

5.3.1　考虑脆弱性模型不确定性的隧道风险分析方法

由 5.2.1 节可知，隧道无破坏、轻微破坏、中等破坏及严重破坏的离散概率 P_0，P_1，P_2 及 P_3 计算公式分别如式(2.4)—式(2.7)所示，且 P_0，P_1，P_2 及 P_3 之和为 1。对于不同的脆弱性模型，不同地震强度指标（PGA）下的 P_0，P_1，P_2 及 P_3 取值不同。如针对软土浅埋隧道，在 PGA 为 0.5g 下，根据本书 2.5.2.1 节提出浅埋隧道地震脆弱曲线模型（记为 FC_1），隧道无破坏、轻微破坏、中等破坏及严重破坏的离散概率 P_0，P_1，P_2 及 P_3 分别为 0.251，0.387，0.254 及 0.108；而根据本书 2.5.3.1 节介绍的 Argyroudis 等（2017）提出的脆弱性曲线模型（记为 FC_2），隧道无破坏、轻微破坏、中等破坏及严重破坏的离散概率 P_0，P_1，P_2 及 P_3 分别为 0.513，0.315，0.100 及 0.072。可见不同的脆弱性模型中，P_0，P_1，P_2 及 P_3 取值有所不同。从概率的角度，假设针对软土 D 类场地浅埋隧道存在唯一的脆弱性曲线模型，而本书提出的模型 FC_1 及 Argyroudis 等（2017）提出的脆弱性曲线模型 FC_2 则为该真实模型的样本，那么针对不同的地震强度等级，本书将脆弱性模型的 P_0，P_1，P_2 及 P_3 考虑为随机变量，其分别存在一定的概率密度函数，且满足 P_0，P_1，P_2 及 P_3 之和为 1。根据 Selva J（2013）的建议，P_0，P_1，P_2 及 P_3 的联合概率密度函数可假设为狄利克雷分布 $f(P, a)$，如式（5.5）所示：

$$f(P_0, P_1, P_2, P_3; a_0, a_1, a_2, a_3) = \frac{1}{B(a)} \prod_{i=0}^{3} P_i^{a_i - 1} \tag{5.5}$$

式中，随机变量 $P = (P_0, P_1, P_2, P_3)$，狄利克雷分布超参数为 $a = (a_0, a_1, a_2, a_3)$；上述参数满足 $P_i > 0$ 且 P_i 之和为 1，$B(a)$ 为多元贝塔函数，可以用以下伽马函数来表示：

$$B(a) = \frac{\prod_{i=0}^{3} \Gamma(a_i)}{\Gamma\left(\sum_{i=0}^{3} a_i\right)} \tag{5.6}$$

式中，$\Gamma(a_i)$ 为伽马函数，表达式如式（5.7）所示：

$$\Gamma(a) = \int_0^{+\infty} t^{a-1} \mathrm{e}^{-t} \mathrm{d}t \, (a > 0) \tag{5.7}$$

上述狄利克雷分布均值 E 和方差 Var 分别如式（5.8）所示：

$$b = \sum_{i=0}^{3} a_i, \; E(P_i) = \frac{a_i}{b}, \; Var(P_i) = \frac{a_i (b - a_i)}{b^2 (b + 1)} \tag{5.8}$$

为了确定 P_0，P_1，P_2 及 P_3 的联合概率密度函数 f，即需确定对应的超参数 a_0，a_1，a_2，a_3，基于贝叶斯概率理论方法，本书将 FC_1 及 FC_2 看作概率密度函数的两个样本，采用最大似然法估计超参数 a_0，a_1，a_2，a_3，如式（5.9）所示：

$$L(a^*) = \mathrm{Max}\left\{ \prod_{i=1}^{k} f[P(FC_i), a]^{m_i} \right\} \tag{5.9}$$

式中　a^*——超参数 a 的一组最大似然估计，基本思路是寻找一组超参数 a_0，a_1，a_2，a_3 使得函数 $L(a^*)$ 取得最大值，即使得两个脆弱性模型样本的影响最大；

FC_i——考虑的各个脆弱性曲线模型；

m_i——各个脆弱性曲线模型的置信权重，且其和为 1。

通过上述方法确定超参数 a_0，a_1，a_2，a_3后，即可获得基于狄利克雷分布的新脆弱性曲线模型 FC_0，然后可根据所获得进行地震概率损失估计及风险分析，同时可以获得这些估计的不同置信区间(5%及 95%分位数)对应数值，也反映了整个损失及风险指标估计计算中不确定性的传递。其中，不同 *PGA* 大小下的地震损失概率曲线 lc 计算流程如下：

(1) 选择地震强度指标 *PGA* 大小；

(2) 设置抽样次数 N(足够大)；

(3) 对对应 *PGA* 大小的狄利克雷分布即式(5.5)进行抽样，获得 N 组离散概率 P_0，P_1，P_2及 P_3；

(4) 对每组离散概率 P_0，P_1，P_2及 P_3，在[0, 1]之间抽样 M 次(足够大)，获得不同损失样本，再根据式(5.3)获得对应各个损伤大小的超越概率样本；

(5) 重复步骤(4)，获得 N 组对应各个损伤大小的超越概率样本；

(6) 对 N 组数据进行分析，分别得到 5%及 95%分位数损失概率曲线及平均损失超越概率曲线；

(7) 重复步骤(1)～(6)，可以得到不同 *PGA* 下的地震损失超越概率曲线。

基于狄利克雷分布的平均期望损失 ls_m及地震风险分析指标 R(平均年度地震损失)计算流程如下：

(1) 选择地震强度指标 *PGA* 大小；

(2) 设置抽样次数 N(足够大)；

(3) 对对应 *PGA* 大小的狄利克雷分布进行抽样，获得 N 组离散概率 P_0，P_1，P_2及 P_3；

(4) 对每组离散概率 P_0，P_1，P_2及 P_3按式(5.2)进行计算，获得 N 组对应平均期望损失样本；

(5) 对 N 组数据进行分析，分别得到各个分位数的平均期望损失值；

(6) 重复步骤(1)～(5)，可以得到不同 *PGA* 下的平均期望损失值；

(7) 通过步骤(6)得到的不同分位数的平均期望损失值及式(5.1)，可以获得对应不同分位数的风险指标 R 值。

5.3.2 案例分析

通过上述方法，可以通过综合考虑不同隧道地震脆弱性曲线模型的影响，基于狄利克雷分布函数获得更合理的地震风险分析结果，下文将针对每延米隧道(含浅埋隧道、中埋隧道及深埋隧道)及某一区间隧道分别展开分析。

5.3.2.1 每延米隧道

1. 浅埋隧道

针对软土场地浅埋隧道，本书考虑了三种不同的脆弱性曲线模型，分别是本书 2.5.3.1 节提出的浅埋隧道地震脆弱曲线模型(记为 FC_1)，Argyroudis 等(2017)提出的脆弱性曲线模型(记为 FC_2)，基于狄利克雷分布的脆弱性曲线模型(记为 FC_0)。在下文中，本书考虑了两种脆弱性曲线模型的不确定性，其置信权重 m_i 可以用下面方法确定。由于场地 30 m 平均剪切波速 $V_{s,30}$是表达场地特性的重要指标，设研究地区场地 30 m 平均剪切波速为 V_0，考虑的不同脆弱性模型 FC_i 对应场地 30 m 平均剪切波速分别为 V_i，则可以通过比较 V_0 与 V_i 接近程度来确定 m_i 的大小，如式(5.10)所示：

$$m_1=\frac{|V_2-V_0|}{|V_1-V_0|+|V_2-V_0|},m_2=\frac{|V_1-V_0|}{|V_1-V_0|+|V_2-V_0|} \tag{5.10}$$

在这里考虑的两种脆弱性模型中，V_1 为 160 m/s(本书选取三个土体断面的平均)，V_2 为 149 m/s，根据研究场地 V_0 的不同，可以得到不同的权重系数，如若 V_0 为 155 m/s，则 m_1 为 0.45，m_2 为 0.55。下文将对 m_1 和 m_2 分别取不同值展开参数分析。

图 5.7 为 *PGA* 分别为 0.6*g* 和 0.8*g* 时的考虑脆弱性模型不确定性的浅埋隧道地震损失概率曲线 *lc* 对比图，此时 m_1 为 0.5，m_2 为 0.5。图中灰色区域为考虑脆弱性模型不确定性时的 5%和 95%分位数损失概率曲线包含的区域。由图 5.7 对比可知，几种结果存在一定的差异性，总体上来说，同等损失条件下，FC_1 模型的超越概率明显大于 FC_2 模型，主要原因是 FC_1 模型的地震脆弱性要高于 FC_2 模型，而 FC_0 模型结果则处于 FC_1 模型和 FC_2 模型之间，主要原因是 FC_0 模型考虑了 FC_1 模型和 FC_2 模型的综合影响。由此可见，相对于 FC_0 模型，在实际地震风险分析中，采用单一的地震脆弱性模型往往会低估或高估隧道结构的地震损失和风险大小。

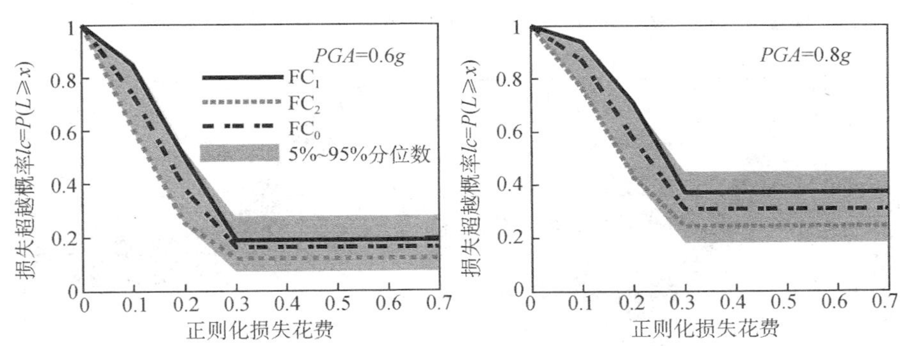

图 5.7　浅埋隧道地震损失概率曲线 *lc*(m_1=0.5, m_2=0.5)

图 5.8 为浅埋隧道地震平均期望损失 ls_m 及地震风险指标 *R* 的对比图，此时 m_1 为 0.5，m_2 为 0.5，其中图例意义与图 5.7 相同。三种模型的平均期望损失 ls_m 都随 *PGA* 的增大而增大，其中 FC_1 模型最大，FC_2 模型最小，FC_0 概率模型结果位于二者之间，且 FC_1 模型和 FC_2 模型结果非常接近于 FC_0 概率模型估计的 95%和 5%分位数曲线。如当 *PGA* 为 0.6*g* 时，FC_1 模型对应的平均期望损失 ls_m 为 0.25，FC_2 模型对应的为 0.16，而 FC_0 概率模型对应的结果为 0.21。可见相对于综合考虑了两种脆弱性模型影响的 FC_0 概率模型，FC_1 模型结果相对高估了 19%，而 FC_2 模型结果相对低估了 25%。同理，对于地震风险指标 *R*，从图 5.8 中可以直接发现较小分位数(<0.08)对应的 FC_0 概率模型下地震风险指标 *R* 均小于 FC_1 模型和 FC_2 模型结果，而较大分位数(>0.8)对应的地震风险指标 *R* 均大于 FC_1 模型和 FC_2 模型结果。另外，三种模型预测结果与上文一致，FC_1 模型地震风险指标 *R* 最大，为 0.16×10^{-3}，FC_2 模型地震风险指标 *R* 最小，为 0.08×10^{-3}，而 FC_0 概率模型地震风险指标 *R* 居中，为 0.12×10^{-3}，相对于 FC_0 概率模型，FC_1 模型地震风险指标 *R* 高估了 33%，而

FC_2模型地震风险指标 R 低估了约 33%。

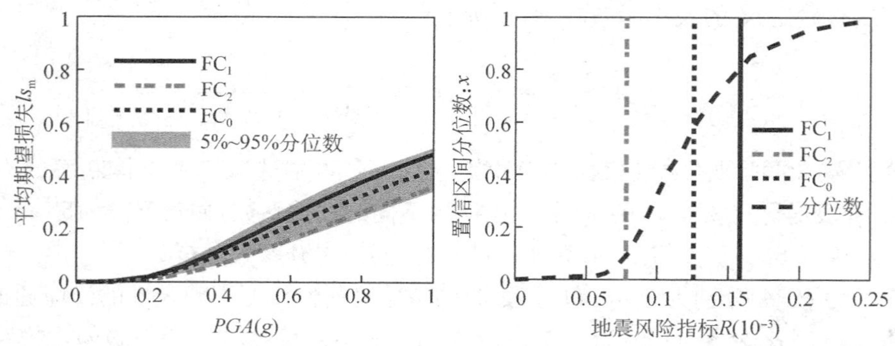

图 5.8 浅埋隧道地震平均期望损失 ls_m及地震风险指标 R($m_1=0.5$, $m_2=0.5$)

图 5.9 为 PGA 分别为 $0.6g$ 和 $0.8g$ 时考虑脆弱性模型不确定性的浅埋隧道地震损失概率曲线 lc 对比图，此时 m_1为 0.7，m_2为 0.3。由图 5.9 对比可知，几种结果存在一定的差异性，总体上来说，同等损失条件下，FC_1模型的超越概率明显大于 FC_2模型，而 FC_0概率模型的超越概率则处于 FC_1模型和 FC_2模型之间。且相对于 m_1为 0.5，m_2为 0.5 的情况，FC_0概率模型结果更接近于 FC_1模型，主要原因是 FC_0模型综合考虑了 FC_1模型和 FC_2模型的影响，但 FC_1模型的影响权重更大，因此结果更接近于 FC_1模型。

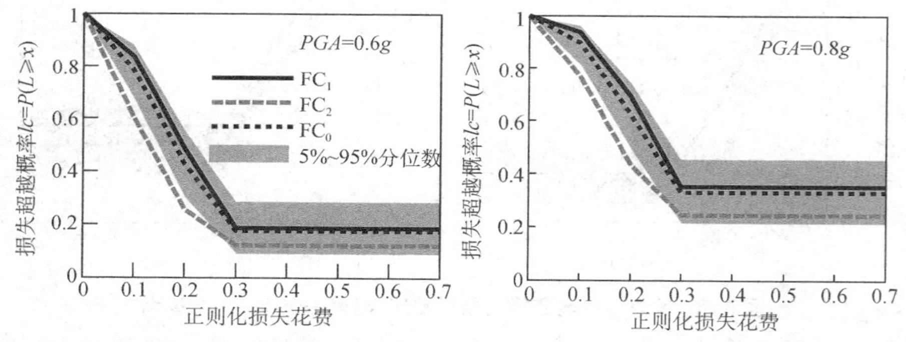

图 5.9 浅埋隧道地震损失概率曲线 lc($m_1=0.7$, $m_2=0.3$)

图 5.10 为浅埋隧道地震平均期望损失 ls_m及地震风险指标 R 的对比图，此时 m_1为 0.7，m_2为 0.3。基本结论与上文一致，三种模型的平均期望损失 ls_m都随 PGA 的增大而增大，其中 FC_1模型最大，FC_2模型最小，FC_0概率模型结果位于二者之间。如当 PGA 为 $0.6g$ 时，FC_1模型对应的平均期望损失 ls_m为 0.25，FC_2模型对应的为 0.16，而 FC_0概率模型对应的结果为 0.23，可见相对于综合考虑两种脆弱性模型影响的 FC_0概率模型，FC_1模型结果高估了 9%，而 FC_2模型结果低估了 27%，因此对于 m_1为 0.7、m_2为 0.3 的情况，FC_0概率模型对应的结果更接近于 FC_1模型结果。同理，对于地震风险指标 R，从图 5.10 中可以直接发现较小分位数(<0.04)对应的地震风险指标 R 均小于 FC_1模型和 FC_2模型结果，而较大分位数(>0.7)对应的地震风险指标 R 均大于 FC_1模型和 FC_2模型结果。另外，三种模型预测结果与上文一致，FC_1模型地震风险指标 R 最大，为 0.16×10^{-3}，FC_2模型地震风险指标 R 最小，为 0.08×10^{-3}，而 FC_0概率模型地震风险指标 R 居中，为 0.14×

10^{-3}，相对于 FC_0 概率模型，FC_1 模型地震风险指标 R 高估了 28%，而 FC_2 模型地震风险指标 R 低估了约 43%。可知，对于地震风险指标 R，FC_0 概率模型对应的结果也更接近于 FC_1 模型结果。

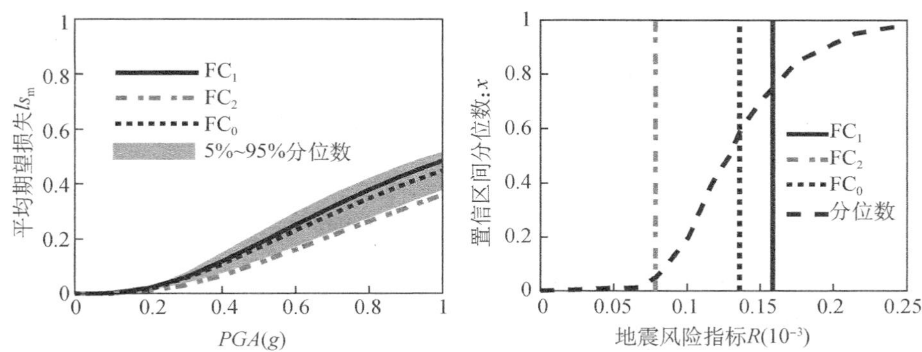

图 5.10　浅埋隧道地震平均期望损失 ls_m 及地震风险指标 R($m_1=0.7$, $m_2=0.3$)

同理，下文给出了当两种地震脆弱性曲线模型权重系数分别为 $m_1=0.3$, $m_2=0.7$, $m_1=0.1$, $m_2=0.9$ 及 $m_1=0.1$, $m_2=0.9$ 三种情况下浅埋隧道地震损失概率曲线 lc、平均期望损失 ls_m 及地震风险指标 R 对比图，如图 5.11—图 5.16 所示。总的来说，结论与前文 $m_1=0.5$, $m_2=0.5$ 及 $m_1=0.7$, $m_2=0.3$ 两种情况基本相同，FC_0 概率模型计算结果位于 FC_1 模型和 FC_2 模型结果之间，且更接近于权重系数较大的地震脆弱性曲线模型。另外，FC_0 概率模型计算结果也反映了权重系数较小的地震脆弱性曲线模型的影响。可见，考虑多种脆弱性曲线模型的综合影响在地震风险分析中很重要。

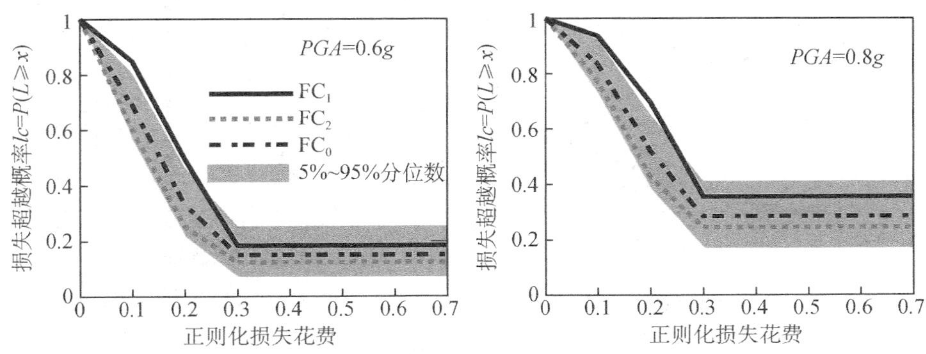

图 5.11　浅埋隧道地震损失概率曲线 lc($m_1=0.3$, $m_2=0.7$)

2. 中埋隧道

对于中埋隧道，本书考虑了三种地震脆弱性曲线模型，分别为 2.5.3.1 节提出的中埋隧道地震脆弱曲线模型(记为 FC_3)，ALA(2001)提出的经验性脆弱性曲线模型(记为 FC_4)，基于狄利克雷分布的脆弱性曲线模型记为 FC_0。由于经验性地震脆弱性曲线考虑了多种场地性质及不同隧道埋深影响，相对来说置信度较低，因此本研究以 m_3 为 0.95，m_4 为 0.05 为例，探讨了考虑这两种地震脆弱性模型不确定性对中埋隧道地震风险分析的影响。

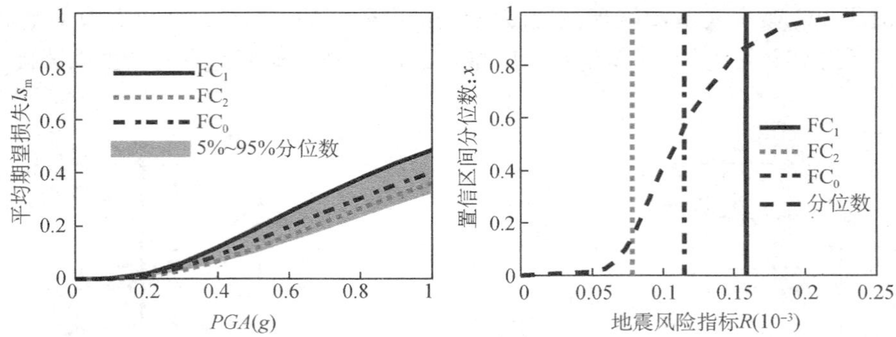

图 5.12　浅埋隧道地震平均期望损失 ls_m及地震风险指标 R(m_1=0.3，m_2=0.7)

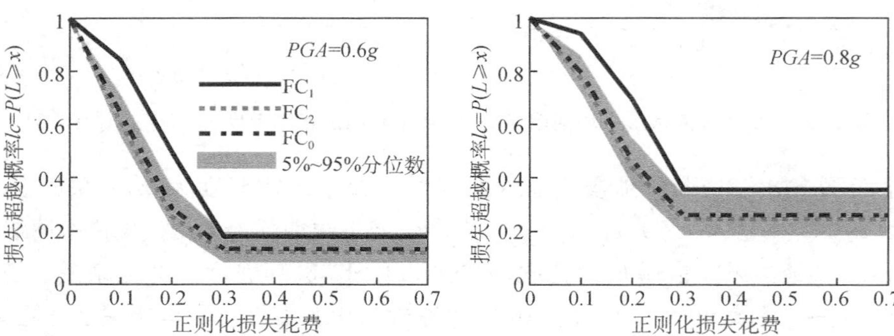

图 5.13　浅埋隧道地震损失概率曲线 lc(m_1=0.1，m_2=0.9)

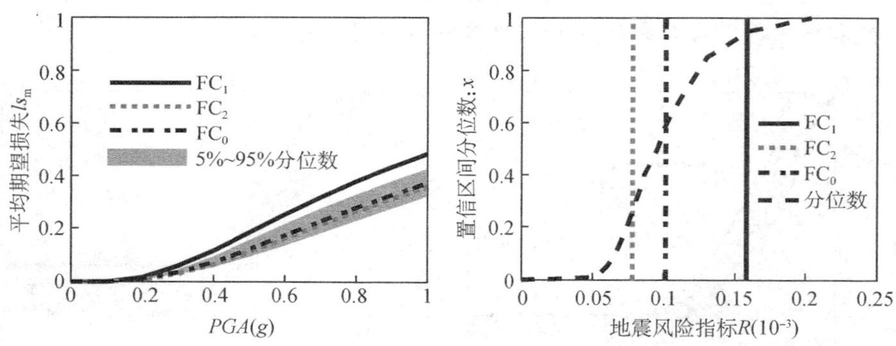

图 5.14　浅埋隧道地震平均期望损失 ls_m及地震风险指标 R(m_1=0.1，m_2=0.9)

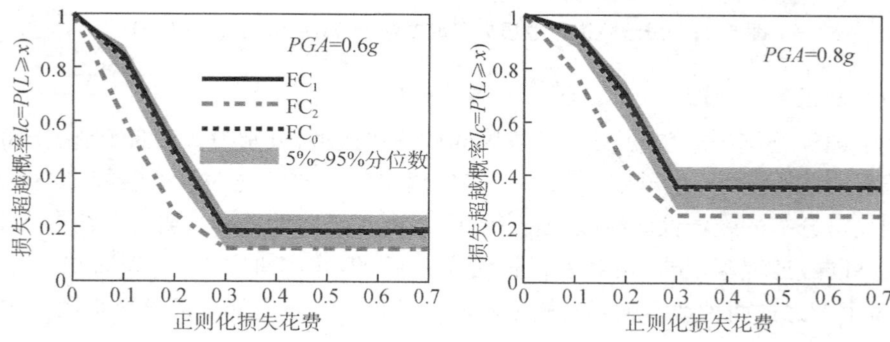

图 5.15　浅埋隧道地震损失概率曲线 lc(m_1=0.9，m_2=0.1)

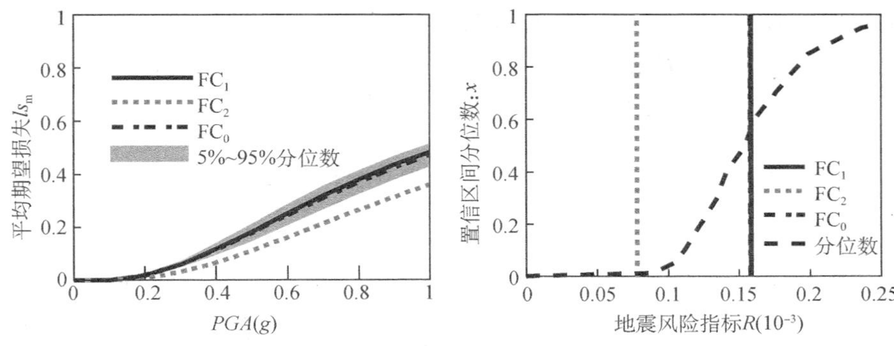

图 5.16　浅埋隧道地震平均期望损失 ls_m 及地震风险指标 $R(m_1=0.9, m_2=0.1)$

图 5.17 为 PGA 分别为 0.6g 和 0.8g 时的考虑脆弱性模型不确定性的中埋隧道地震损失概率曲线 lc 对比图。图中灰色区域为考虑脆弱性模型不确定性时的 5%和 95%分位数损失概率曲线包含的区域。由图 5.17 对比可知，几种结果存在一定的差异性，在较小正则化损失花费（<0.25）条件下，FC_4 模型的损失超越概率要大于 FC_3 模型及 FC_0 模型，即采用 FC_4 模型估计较小地震损失的概率更大；在较大正则化损失花费（>0.3）下，FC_4 模型对应的损失超越概率为 0，即不可能产生较大损失，而 FC_0 模型结果则处于 FC_3 模型和 FC_4 模型之间，主要原因是 FC_0 模型考虑了 FC_3 模型和 FC_4 模型的综合影响。由此可见，相对于 FC_0 模型，在实际地震风险分析中，采用单一的地震脆弱性模型往往会低估或高估隧道结构的地震风险。采用经验性曲线模型得到的较小损失的超越概率过大，而较大损失的超越概率则较小。

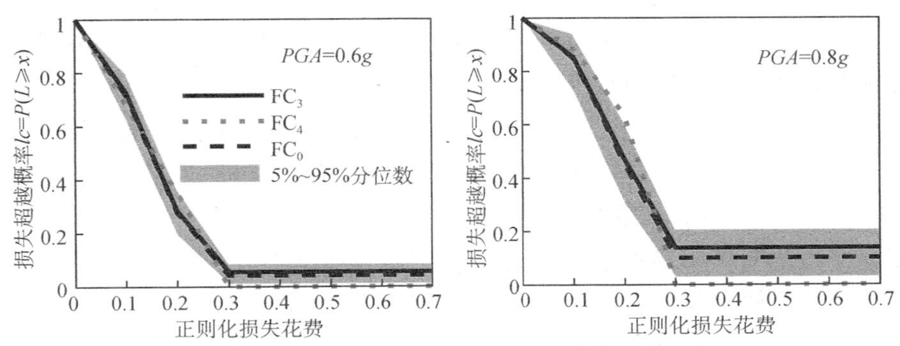

图 5.17　中埋隧道地震损失概率曲线 $lc(m_1=0.9, m_2=0.05)$

图 5.18 为中埋隧道地震平均期望损失 ls_m 及地震风险指标 R 的对比图。基本结论与上文一致，三种模型的平均期望损失 ls_m 都随 PGA 的增大而增大，其中 FC_3 模型最大，FC_4 模型最小，FC_0 概率模型结果位于二者之间。如当 PGA 为 0.6g 时，FC_3 模型对应的平均期望损失 ls_m 为 0.14，FC_4 模型对应的为 0.12，而 FC_0 概率模型对应的结果为 0.135，可见相对于综合考虑了两种脆弱性模型影响的 FC_0 概率模型，FC_3 模型结果高估了 3.7%，而 FC_4 模型结果低估了 11.1%，FC_0 概率模型对应的结果更接近于 FC_3 模型结果。同理，对于地震风险指标 R，从图 5.18 中可以直接发现较大分位数（>0.35）对应的地震风险指标 R 均大于 FC_3 模型和 FC_4 模型结果，且 FC_0 概率模型对应的地震风险指标 R 非常接近于 FC_4 模型结果，FC_3 模型地震风险指标 R 最大，为 0.091×10^{-3}，FC_4 模型地震风险指标 R 最小，

为 0.030×10^{-3}，而 FC_0 概率模型地震风险指标 R 居中，为 0.090×10^{-3}，相对于 FC_0 概率模型，FC_3 模型地震风险指标 R 基本一致，而 FC_4 模型地震风险指标 R 低估了约 67%。因此，对于地震风险指标 R，FC_0 概率模型对应的结果也更接近于 FC_3 模型结果。

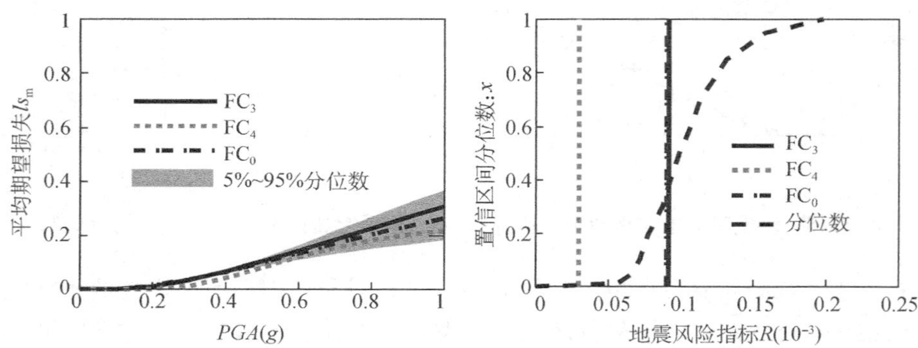

图 5.18 中埋隧道地震平均期望损失 ls_m 及地震风险指标 R(m_3=0.95，m_4=0.05)

3. 深埋隧道

对于深埋隧道，本书考虑了三种地震脆弱性曲线模型，分别为 2.5.3.1 节提出的深埋隧道地震脆弱曲线模型(记为 FC_5)，ALA(2001)提出的经验性脆弱性曲线模型(记为 FC_4)，基于狄利克雷分布的脆弱性曲线模型记为 FC_0。由于经验性地震脆弱性曲线考虑了多种场地性质及不同隧道埋深影响，相对来说置信度较低，因此本研究以 m_5 为 0.95、m_4 为 0.05 为例，探讨了考虑这三种地震脆弱性模型不确定性对深埋隧道地震风险分析的影响。

图 5.19 为 PGA 分别为 0.6g 和 0.8g 时的考虑脆弱性模型不确定性的中埋隧道地震损失概率曲线 lc 对比图。图中灰色区域为考虑脆弱性模型不确定性时的 5%和 95%分位数损失概率曲线包含的区域。由图 5.19 对比可知，几种结果存在一定的差异性，在较小正则化损失花费(<0.3)条件下，FC_4 模型的损失超越概率要大于 FC_5 模型及 FC_0 模型，即采用 FC_4 模型估计较小地震损失的概率更大；在较大正则化损失花费(>0.3)下，FC_4 模型对应的损失超越概率为 0，即不可能产生较大损失，而 FC_0 模型结果则处于 FC_5 模型和 FC_4 模型之间，主要原因是 FC_0 模型考虑了 FC_5 模型和 FC_4 模型的综合影响。由此可见，相对于 FC_0 模型，在实际地震风险分析中，采用单一的地震脆弱性模型往往会低估或高估隧道结构的地震风险，采用经验性曲线模型得到的较小损失的超越概率过大，而较大损失的超越概率则较小。

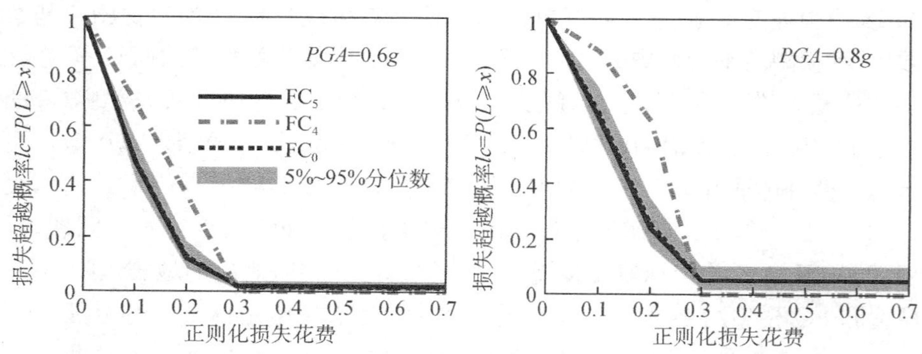

图 5.19 深埋隧道地震损失概率曲线 lc(m_5=0.95，m_4=0.05)

图 5.20 为深埋隧道地震平均期望损失 ls_m 及地震风险指标 R 的对比图。基本结论与上文一致，三种模型的平均期望损失 ls_m 都随 PGA 的增大而增大，其中 FC_4 模型最大，FC_5 模型最小，FC_0 概率模型结果位于二者之间。如当 PGA 为 0.6g 时，FC_5 模型对应的平均期望损失 ls_m 为 0.073，FC_4 模型对应的为 0.12，而 FC_0 概率模型对应的结果为 0.079，可见相对于综合考虑了两种脆弱性模型影响的 FC_0 概率模型，FC_5 模型结果低估了 0.7%，而 FC_4 模型结果高估了 51.8%，可见 FC_0 概率模型对应的结果更接近于 FC_5 模型结果。同理，对于地震风险指标 R，从图中可以直接发现较大分位数（>0.57）对应的地震风险指标 R 均大于 FC_5 模型和 FC_4 模型结果，且 FC_0 概率模型对应的地震风险指标 R 非常接近于 FC_5 模型结果，FC_5 模型地震风险指标 R 最大，为 0.033×10^{-3}，FC_4 模型地震风险指标 R 最小，为 0.030×10^{-3}，而 FC_0 概率模型地震风险指标 R 居中，为 0.032×10^{-3}，相对于 FC_0 概率模型，FC_5 模型地震风险指标 R 基本一致，而 FC_4 模型地震风险指标 R 相对较小。可知，对于地震风险指标 R，FC_0 概率模型对应的结果也更接近于 FC_5 模型结果，但总体来说，三种模型的结果均较为接近。

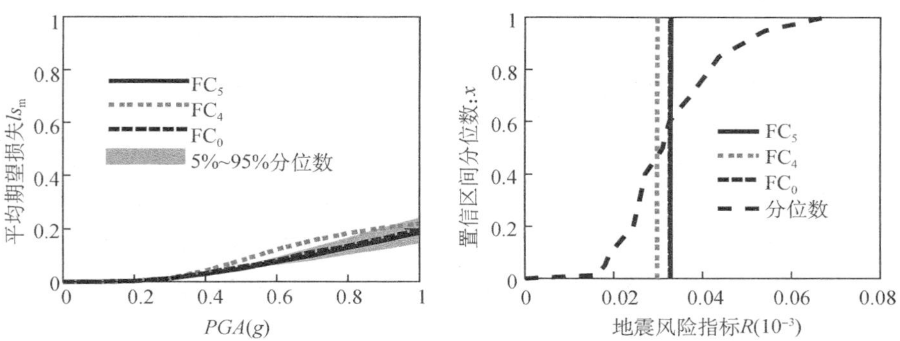

图 5.20　深埋隧道地震平均期望损失 ls_m 及地震风险指标 R（$m_5=0.95$，$m_4=0.05$）

5.3.2.2　某区间隧道

某地区区间隧道由 600 m 长的浅埋隧道、500 m 长的中埋隧道及 400 m 长的深埋隧道组成，都埋置于软土地层中，下文将采用上述方法对该区间隧道展开地震风险分析。其中，对浅埋隧道地震脆弱性曲线模型，采用上文所述的 FC_1 及 FC_2 模型，权重系数分别为 $m_1=0.5$，$m_2=0.5$；对中埋隧道地震脆弱性曲线模型，采用上文所述的 FC_3 及 FC_4 模型，权重系数分别为 $m_3=0.95$，$m_4=0.05$；对深埋隧道地震脆弱性曲线模型，采用上文所述的 FC_4 及 FC_5 模型，权重系数分别为 $m_5=0.95$，$m_4=0.05$。若分别采用单一模型对区间展开地震风险分析，设浅埋隧道、中埋隧道及深埋隧道采用的脆弱性曲线模型分别为 FC_i，FC_j 及 FC_k，标注为 $FC_{i,j,k}$，而采用考虑不同脆弱性模型影响的计算结果用 $FC_{0,0,0}$ 来表示，在本文中浅埋、中埋及深埋隧道分别考虑了两种地震脆弱性模型。

图 5.21 为 PGA 为 0.6g 时的考虑脆弱性模型不确定性的区间隧道地震损失概率曲线 lc 对比图，其中采用单一模型的组合有三组。图中灰色区域为考虑脆弱性模型不确定性时的 5% 和 95% 分位数损失概率曲线包含的区域。由图 5.21 对比可知，几种结果存在一定的差异性，总体上来说，当正则化损失花费小于 600 时，同等损失条件下，$FC_{1,3,4}$ 的超越概率

明显大于其他模型，$FC_{2,3,5}$的超越概率最小，而$FC_{0,0,0}$概率模型结果则处于8种不同组合$FC_{i,j,k}$之间。

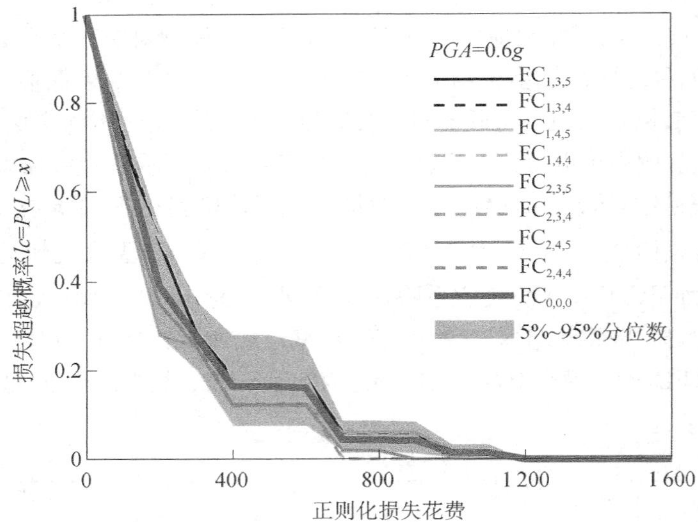

图 5.21　区间隧道地震损失概率曲线 lc（$m_1=m_2=0.5$；$m_3=0.95$，$m_4=0.05$；$m_5=0.95$，$m_4=0.05$）

图5.22为该区间隧道地震平均期望损失ls_m的对比图。基本结论与上文一致，所有模型组合的平均期望损失ls_m都随PGA的增大而增大，其中$FC_{1,3,4}$模型最大，$FC_{2,4,5}$模型最小，而$FC_{0,0,0}$概率模型结果位于8个组合$FC_{i,j,k}$之间，由图5.22可知与$FC_{2,3,4}$模型较为接近，该8个组合$FC_{i,j,k}$的计算结果也大多位于$FC_{0,0,0}$概率模型结果的5%～95%分位数区间内。如当PGA为$0.6g$时，$FC_{1,3,4}$模型对应的平均期望损失ls_m为270.7，$FC_{2,4,5}$模型对应的结果为185.8，$FC_{0,0,0}$概率模型对应的结果为227.3，而$FC_{2,3,4}$模型对应的结果为216.4，可见相对于综合考虑了脆弱性模型影响的$FC_{0,0,0}$概率模型，$FC_{1,3,4}$模型结果高

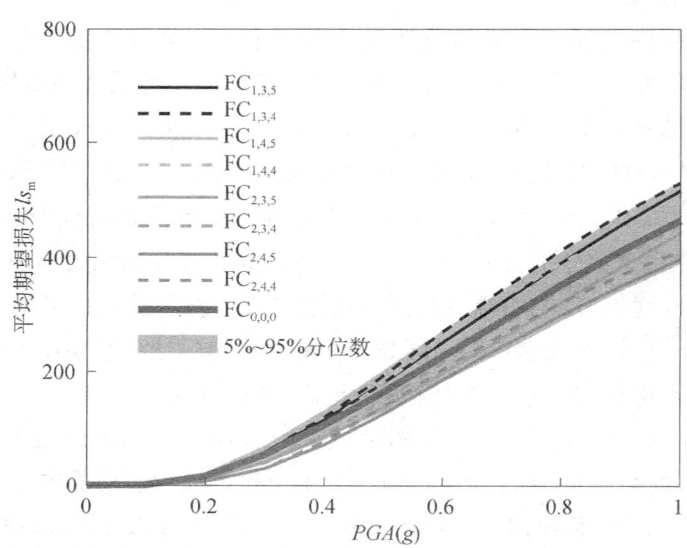

图 5.22　区间隧道平均期望损失 ls_m（$m_1=m_2=0.5$；$m_3=0.95$，$m_4=0.05$；$m_5=0.95$，$m_4=0.05$）

估了 19.1%，$FC_{2,4,5}$模型结果低估了 18.3%，而 $FC_{1,3,4}$模型结果与其较为接近，仅相差 4.8%。因此，考虑多组模型不确定性的地震风险分析是极其重要的，可以得到更为合理的分析结果。

图 5.23 为该区间隧道地震风险指标 R 的对比图。不同的模型组合对于地震风险指标 R，从图 5.23 中可以直接发现较大分位数（>0.7）对应的地震风险指标 R 均大于 8 个组合 $FC_{i,j,k}$结果，且 $FC_{0,0,0}$概率模型对应的地震风险指标 R 位于所有结果之间。$FC_{1,3,5}$模型地震风险指标 R 最大，为 0.154；$FC_{2,4,5}$模型地震风险指标 R 最小，为 0.105；而 $FC_{0,0,0}$概率模型地震风险指标 R 居中，为 0.142。可见相对于综合考虑了脆弱性模型影响的 $FC_{0,0,0}$概率模型，$FC_{1,3,5}$模型结果高估了 8.4%，而 $FC_{2,4,5}$模型结果低估了 26.1%。因此，考虑多组模型不确定性的地震风险分析是极其重要的，可以得到更为合理的分析结果。

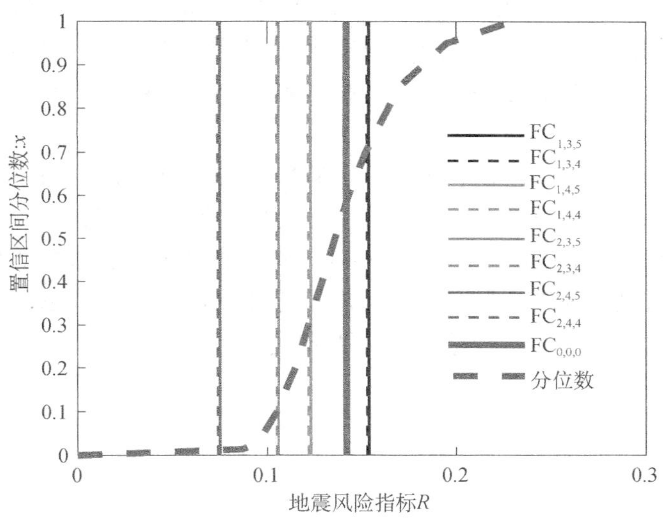

图 5.23　区间隧道风险指标 R（$m_1=m_2=0.5$；$m_3=0.95$，$m_4=0.05$；$m_5=0.95$，$m_4=0.05$）

5.4　本章小结

如何定量分析地震发生后不同埋深隧道发生地震损失及风险大小具有重要的理论和工程实践意义。在地震风险分析中脆弱性曲线模型具有重要的角色，选择单一的脆弱性曲线往往会低估或高估分析结果，如何选择合适的脆弱性曲线模型用于实际分析极其关键。针对这些问题，本书建立了考虑多种脆弱性曲线模型不确定性的隧道地震损失与风险分析方法，并分别对软土地区浅埋隧道、中埋隧道、深埋隧道及某一区间隧道进行了地震损失分析及风险分析。

(1) 建立了隧道结构地震损失及风险概率分析方法，以第 2 章获得的不同埋深隧道的地震脆弱性及易损性曲线（以 PGA 为地震动强度指标）为基础，揭示了不同埋深隧道在不同地震强度等级下的平均损失、地震损失概率及地震风险指标发展规律。

(2) 通过考虑地震脆弱性曲线及易损性曲线的不确定性，提出了不同模型的权重系数分配方法，建立了基于地震脆弱性曲线不确定性的隧道损失分析方法，对不同埋深隧道及某一区间隧道展开了地震损失及风险分析，研究结果表明本书方法有助于更合理地分析不同埋深隧道的地震风险大小。

（3）从上述分析可以得知，隧道地震损失分析及风险分析结果与隧道埋深及脆弱性曲线模型密切相关。当选用不同的两种脆弱性曲线模型时，隧道结构的地震损失概率曲线 lc、地震平均期望损失 ls_{m} 及地震风险指标 R 结果具有明显差异。如对于浅埋隧道情况，选用 FC_1 模型的平均期望损失明显大于 FC_2 模型计算结果。且相对来说，埋深越深的隧道，不同 PGA 下的平均期望损失越小，代表隧道结构越安全。当考虑了不同脆弱性曲线模型影响时，最终计算结果会偏向权重较大的脆弱性曲线模型，但其不同分位数对应的计算结果又覆盖了不同脆弱性曲线模型的计算结果，体现了不同模型的变异性。因此，在隧道结构地震损失分析与风险分析中有必要综合考虑不同脆弱性曲线模型的影响。

（4）通过考虑脆弱性曲线模型的不确定性展开地震损失及风险分析，通过计算结果的置信区间大小及最终平均风险指标发展，反映了基于概率的风险分析中的不确定性考虑的重要性。

（5）通过建立基于场地 30 m 平均剪切波速大小的脆弱性曲线权重模型，能够考虑一定的不确定性，未来可在不同脆弱性模型的权重分配展开进一步研究。

值得注意的是，本书研究仅限于基于年度平均损失概念的隧道地震风险指标分析，由于风险程度的定义、风险等级的划分以及对应措施往往需要经验判断，包含一定的不确定性和主观性，本研究没有涉及，未来值得进一步研究。

第 6 章　软土盾构隧道地震可恢复性分析

6.1　概述

近年来，随着国家经济的蓬勃发展和可持续发展的迫切需求，我国地震工程界正面临新的研究挑战，即在强震发生后，如何在保证民众生命安全的大前提下，同时实现工程结构、城市组织，甚至整个社会体系的震后可恢复性(resilience)。因此，工程结构抗震性能及地震可恢复性研究对于防灾减灾具有重要意义，是未来国内地震工程研究和实践领域的热点问题。目前，国内工程结构地震可恢复性研究相对处于初级阶段，理论框架和技术手段尚未成熟。为了科学地揭示软土盾构隧道的抗震能力及震后恢复能力，有必要针对软土隧道建立相应的地震可恢复性的分析框架和方法，为今后相关隧道结构地震可恢复性分析提供理论参考。

基于此，本章提出了隧道地震可恢复性分析方法及流程，分别对浅埋隧道、中埋隧道及深埋隧道在正常服役期和性能退化两种工况下展开地震可恢复性分析，得到了不同地震强度(*PGA* 或 *PGV*)下的可恢复性指标变化规律。最后，建立了考虑多种脆弱性曲线模型不确定性的隧道地震可恢复性分析方法，并分别对正常服役期的浅埋隧道、中埋隧道及深埋隧道展开了考虑不确定性的地震可恢复性分析。

6.2　隧道地震可恢复性分析方法

6.2.1　隧道地震可恢复性基本概念

参考已有结构地震可恢复性的相关定义，本书中隧道结构地震可恢复性 Re 的定义是："隧道结构在遭受地震荷载时抵抗和迅速恢复原有性能的能力。"一般而言，在结构或其系统地震可恢复性分析中都体现以下四个主要特性(Bruneau 等，2003)，或称"4R"特性，即鲁棒性(robustness)、冗余度(redudancy)、灵活应变能力(resourcefulness)以及快速性(rapidity)。其中，鲁棒性表征为隧道结构遭受某一强度地震荷载后，该结构的功能性能依然保持在较高水准，在经历一定程度的结构功能损失后，残余的结构性能越高意味着结构的鲁棒性越高。灵活应变能力要求隧道管理者能够迅速鉴别主要问题、拟定优先任务、合理调用物资并动员社会人力资源展开震后修复。冗余度体现为隧道结构在遭受地震引发的破坏性事件后能够满足功能使用的程度。在冗余系统中，当某一构件发生故障，其他构件仍能承担发生故障构件的功能。快速性要求隧道结构可以及时迅速地恢复部分功能或在较短时间内恢复全部功能,避免造成进一步的间接损失。在地震可恢复性分析中,可以通过提高冗余度和灵活应变能力来增强结构的鲁棒性和快速性。

鲁棒性、冗余度、灵活应变能力、快速性四个特性与技术、组织、社会及经济四个层面的关系如图 6.1 所示。较高的鲁棒性和快速性是最终目标,并可以通过合适的措施来提高可恢复性,也是与决策者和利益相关者沟通的主要结果。另外,冗余度和灵活应变能力是被视为提高可恢复性的手段。冗余度体现了多样性和自主性,而提高效率性、适应性和合作性有助于提高灵活应变能力。冗余度和鲁棒性属于技术层次概念,同时,鲁棒性还与社会和经济方面有关,因为它涉及破坏性事件的最终影响。灵活应变能力和快速性属于组织层面。快速性代表结构或系统灾后恢复速度,因此也属于社会层面。灾害发生后,技术层面因素最终会影响社会和经济的损失大小。社会层面也受到组织层面因素影响,因为后者反映了组织团体快速决策和管理关键设施的能力。而经济层面因素与灾害直接和间接损失相关,如果在结构建成时投入大量资金来提高可恢复性,也会影响到其他几个层面。可恢复性抗震理念不仅通过技术层次(technical)的结构体系提高可恢复功能能力,而且还注重组织(organization)、社会(social)和经济(economic)三个层次的可恢复性能力的提升。

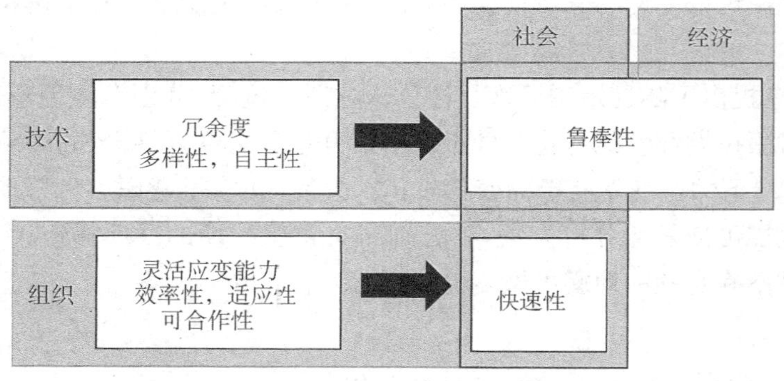

图 6.1　可恢复性概念特性关系

综上,分析和增强隧道结构的地震可恢复性可使得工程师或隧道风险管理者能更好地制定震后隧道结构修复及维护策略,保障其正常运转。

6.2.2　隧道地震可恢复性计算流程

由第 2 章可知,隧道结构地震脆弱性曲线表达了结构在给定地震动强度 IM 下超过某破坏状态 ds_i 即轻微破坏 ds_1、中等破坏 ds_2 及严重破坏 ds_3 的概率,一般可以由式(6.1)表示:

$$P_{\mathrm{f}}(ds \geqslant ds_i \mid IM) = \Phi\left[\frac{1}{\beta_{\mathrm{tot}}} \cdot \ln\left(\frac{IM}{IM_{mi}}\right)\right] \tag{6.1}$$

不同地震强度下的隧道地震性能可恢复性曲线 $Q(t)$ 可以通过不同破坏状态下的超越概率(脆弱性曲线)及隧道性能恢复曲线(restoration functions)获得,而性能恢复曲线则表达了不同破坏状态下隧道性能恢复的快速性 R_a（rapidity），参照其他相关研究（Liu 等，2016；Argyroudis 等，2019），隧道性能可恢复性曲线 $Q(t)$ 可由式（6.2）计算：

$$Q(t)=\sum_{i=1}^{3}Q_{\mathrm{d}}(ds_i \mid t)P_{\mathrm{f}}(ds \geqslant ds_i \mid IM) \tag{6.2}$$

式中，$Q_{\mathrm{d}}(ds_i \mid t)$ 为在地震后修复工作开始的时间点 t 时隧道在破坏状态 ds_i 下的性能百分比，该值由对应的隧道性能修复曲线获得，在本书的分析中，隧道性能恢复曲线根据参考文献（FEMA H.，2003）中提供选取，如图 6.2 所示。

值得一提的是，随着时代社会经济、技术及人员配置的不同，相同破坏状态下，隧道的恢复时间、速度都有可能不同，即图 6.2 所示的性能恢复曲线也应有所不同，因此，若针对特定地区隧道展开精确地震可恢复性分析，建议提出适合本地区经济技术水平的结构性能恢复曲线，而本书则采用图 6.2 所示的性能恢复曲线对某地区隧道可恢复性展开初步分析。

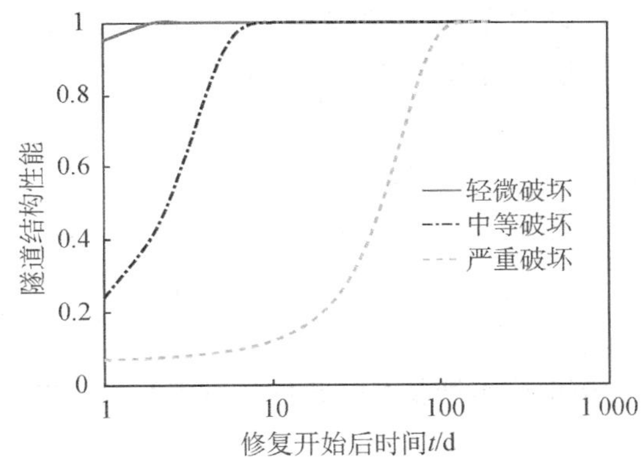

图 6.2　隧道结构修复后性能恢复曲线（FEMA H，2003）

隧道结构的地震可恢复性指标 Re 可以从不同破坏状态对应的隧道地震性能可恢复性曲线 $Q(t)$ 计算得到，通常可以用式（6.3）来计算可恢复性指标 Re（Ayyub，2014；Molina 等，2015）：

$$Re=\frac{\int_{t_0}^{t_0+t_h}Q(t)\mathrm{d}t}{t_{\mathrm{h}}-t_0} \tag{6.3}$$

式中　t_0——地震发生时间，在本书分析中，参考初始取值为 0；

t_{h}——隧道结构性能完全恢复时间；

t——时间变量；

$Q(t)$——隧道在时间点 t 的性能；

Re——可恢复性指标，基本定义一般可由图（6.3）表示。

由图 6.3 可知，若地震发生前（$t<t_0$），某结构初始性能为 100%，地震发生后（$t=t_0$）结构相应地损失某部分使用性能，而剩余性能 Q_a 则体现了结构的鲁棒性（robustness），经

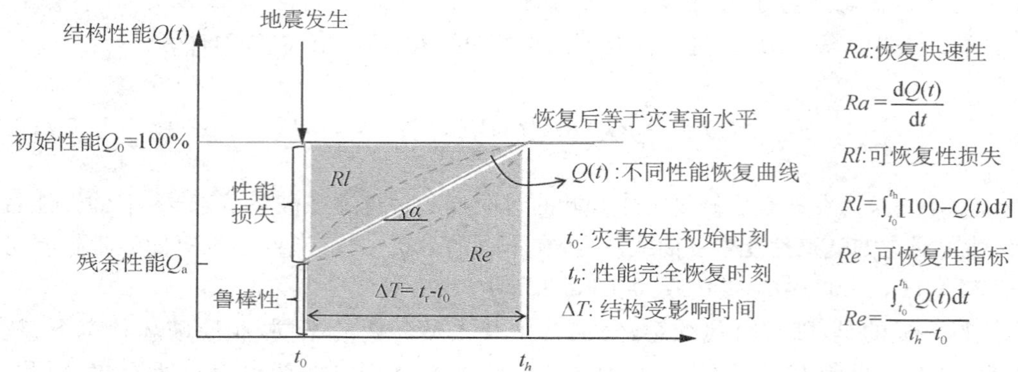

图 6.3　可恢复性指标 *Re* 定义

过一段时间(ΔT)震后修复,结构性能逐渐恢复($t=t_h$),图中虚线和实线为不同的性能恢复曲线 $Q(t)$,从上至下分别对应恢复手段丰富、恢复手段一般以及恢复手段较少三种情况,体现震后隧道结构性能恢复的灵活应变能力(resourcefulness)。其中,恢复快速性 Ra 以及灰色区域代表的可恢复性损失 Rl 可以分别由式(6.4)和式(6.5)计算得到:

$$Ra=\frac{dQ(t)}{dt} \tag{6.4}$$

$$Rl=\int_{t_0}^{t_h}[100-Q(t)]dt \tag{6.5}$$

综合以上内容,本书隧道地震可恢复性分析的基本流程可由图 6.4 表示。

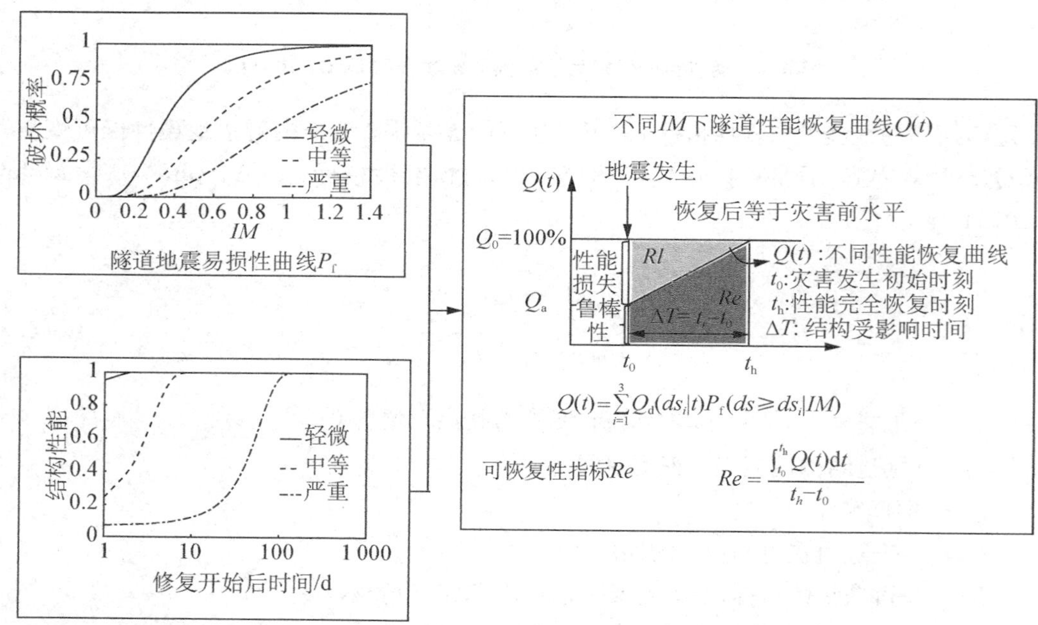

图 6.4　隧道地震可恢复性分析基本流程

6.2.3　隧道地震可恢复性性能等级评定

目前，隧道地震可恢复性分析的研究较少，关于可恢复性性能等级划分的相关研究尚属空白，本书通过借鉴其他领域的相关研究（陈月，2018；武芳文等，2018），并考虑隧道结构的重要性大小，根据地震可恢复性指标 Re 的大小，初步定性地将隧道可恢复性性能等级划分成四类，分别是Ⅰ～Ⅳ个等级，如表 6.1 所示。其中，可恢复性等级为Ⅰ级代表隧道结构可恢复性能良好，可恢复性等级为Ⅳ级代表隧道结构可恢复性能一般。

表 6.1　　隧道地震可恢复性性能等级

可恢复性等级划分	可恢复性指标 Re 范围
Ⅰ级	$0.875 < Re \leqslant 1.00$
Ⅱ级	$0.585 < Re \leqslant 0.875$
Ⅲ级	$0.500 < Re \leqslant 0.585$
Ⅳ级	$Re \leqslant 0.500$

通过上述可恢复性方法的介绍与讨论，结合第 2 章获得的不同埋深隧道对应的地震脆弱性曲线，针对软土浅埋隧道、中埋隧道及深埋隧道分别展开了地震可恢复性分析。

6.3　正常服役期内隧道地震可恢复性分析

针对正常服役期内软土地区不同埋深隧道展开地震可恢复性分析，根据第 2 章获得的正常服役时间对应的隧道地震脆弱性曲线，以及 6.2 节介绍的可恢复性分析方法，分别得到了不同地震强度（*PGA* 或 *PGV*）时考虑不同破坏等级下的隧道性能恢复曲线，最终揭示了不同埋深下隧道地震可恢复性指标随地震动强度（*PGA* 或 *PGV*）的变化规律。

6.3.1　以 *PGA* 为地震动强度指标

根据式(6.2)、式(6.3)和图 6.2 对应的不同破坏状态下隧道修复后性能恢复曲线，以及第 2 章获得的不同埋深隧道对应的以 *PGA* 为强度指标的地震脆弱性曲线，得到了不同 *PGA* 下综合考虑不同破坏状态影响下的隧道性能恢复变化规律，如图 6.5 所示。由图 6.5 可知，对于同一埋深隧道，*PGA* 越大，性能恢复曲线围成面积越小，代表隧道可恢复性指标越小；对于不同埋深隧道，相同 *PGA*，隧道埋深越深，对应的隧道性能恢复曲线围成面积越大，即代表隧道可恢复性指标越大。*PGA* 越小，隧道埋深越深，对应的隧道鲁棒性越强，如对于浅埋隧道，当发生地震时（$t=0$ d），*PGA* 为 0.6，0.8 及 1.0g 对应的隧道鲁棒性分别是 0.577，0.396 及 0.276；在隧道结构性能完全恢复前，相同时刻内 *PGA* 越大，隧道对应的性能越小，如对于浅埋隧道，当 $t=30$ d 时，$PGA=0.6g$ 时性能为 0.872，$PGA=0.8g$ 时性能为 0.751，而 $PGA=1.0g$ 时性能为 0.637。

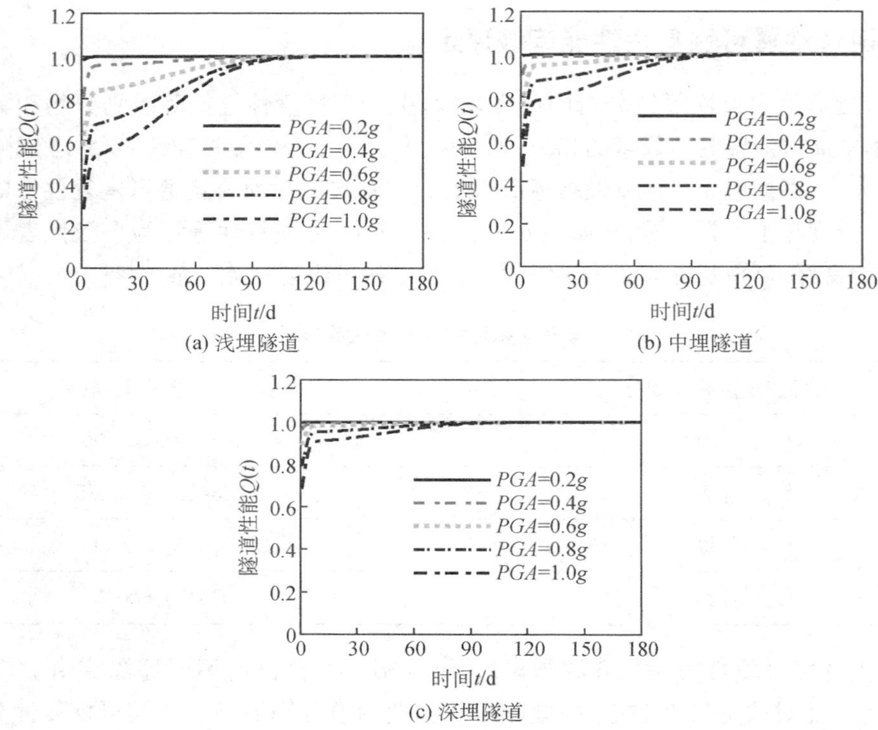

图 6.5 不同 *PGA* 下隧道性能恢复曲线

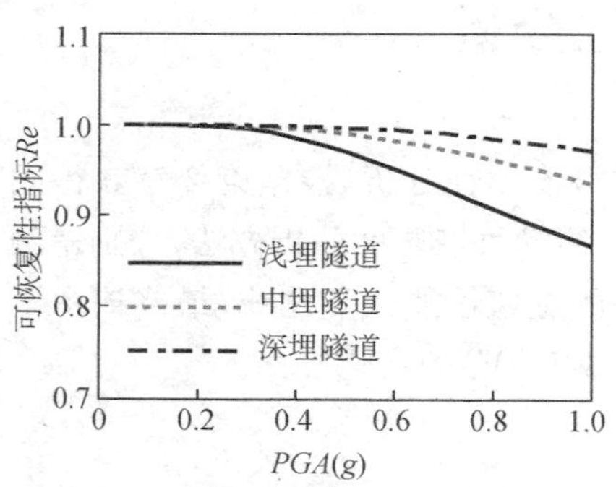

图 6.6 不同 *PGA* 下隧道地震可恢复性指标 *Re*

根据式(6.2)、式(6.3)及图 6.5 所示的不同 *PGA* 下隧道性能恢复曲线，可以计算获得不同埋深隧道在不同 *PGA* 下的地震可恢复性指标 *Re*，如图 6.6 所示。由图 6.6 可以看出，随着 *PGA* 的增大，隧道地震可恢复性指标逐渐较小，且相对隧道埋深越浅，隧道可恢复性指标越小。如当 *PGA* 为 0.8*g* 时，深埋隧道的可恢复性指标大小为 0.985，中埋隧道的可恢复性指标为 0.962，而浅埋隧道的可恢复性指标为 0.907，比深埋隧道及中埋隧道分别小 8.5% 和 6.1%。

6.3.2 以 *PGV* 为地震动强度指标

与上文以 *PGA* 为地震动强度指标方法一致，根据式(6.2)、式(6.3)、图 6.2 对应的不同破坏状态下隧道修复后性能恢复曲线及第 2 章获得的不同埋深隧道对应的以 *PGV* 为强度指标的地震脆弱性曲线，建立了不同 *PGV* 下综合考虑不同破坏状态影响下的隧道性能恢复曲线，如图 6.7 所示。由图 6.7 可知，对于同一埋深隧道，*PGV* 越大，性能恢复曲线围成面积越小，代表隧道可恢复性指标越小；对于不同埋深隧道，相同 *PGV* 下，隧道埋深越深，对应的隧道性能恢复曲线围成面积越大，即代表隧道可恢复性指标越大。*PGV* 越小，隧道埋深越深，对应的隧道鲁棒性越强，如对于浅埋隧道，当发生地震时($t=0$ d)，*PGV* 为 0.6，0.8 及 1.0 m/s 对应的隧道鲁棒性分别是 0.765，0.610 及 0.478；在隧道结构性能完全恢复前，相同时刻内 PGV 越大，隧道对应的性能越小，如对于浅埋隧道，当 $t=30$ d 时，$PGV=0.6$ m/s 时性能为 0.979，$PGV=0.8$ m/s 时性能为 0.937，而 $PGV=1.0$ m/s 时性能为 0.877。

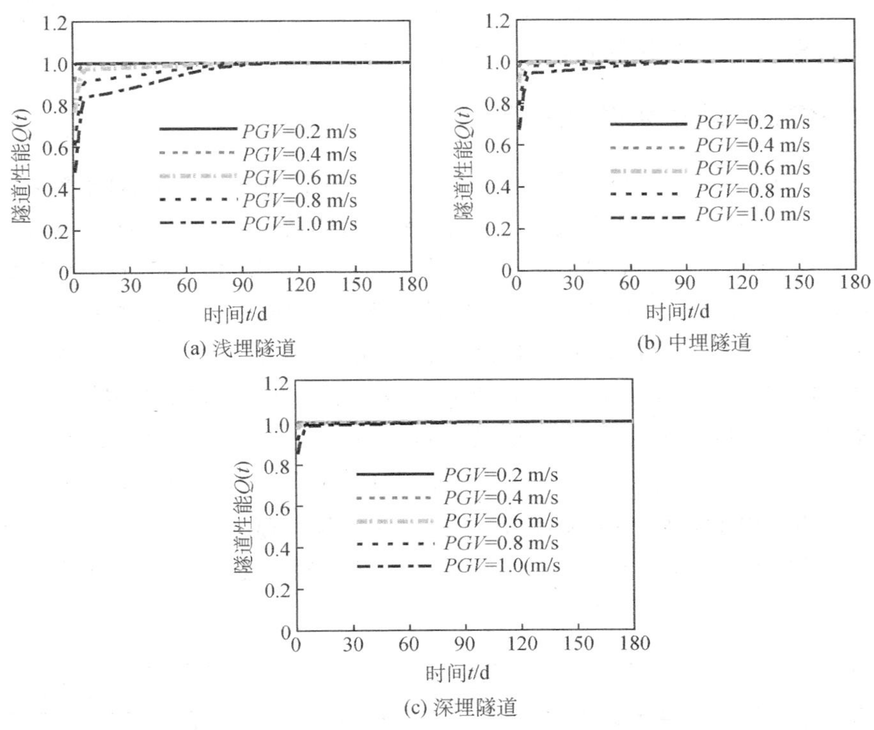

(a) 浅埋隧道

(b) 中埋隧道

(c) 深埋隧道

图 6.7　不同 *PGV* 下隧道性能恢复曲线

根据式(6.2)、式(6.3)及图 6.7 所示的不同 PGV 下隧道性能恢复曲线，可以计算获得不同埋深隧道在不同 PGV 下的地震可恢复性指标 Re，如图 6.8 所示。由图 6.8 可以看出，随着 PGV 的增大，隧道地震可恢复性指标逐渐较小，且相对隧道埋深越浅，隧道可恢复性指标越小。如当 PGV 为 0.8 m/s 时，深埋隧道的可恢复性指标大小为 0.998，中埋隧道的可恢复性指标为 0.992，而浅埋隧道的可恢复性指标为 0.974，比深埋隧道及中埋隧道分别小 2.5% 和 1.8%。

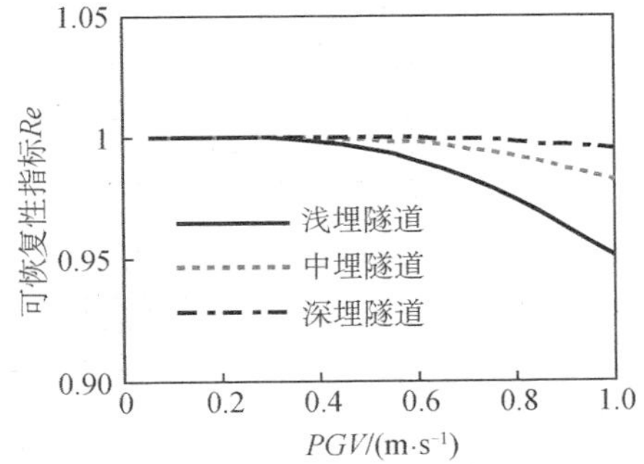

图 6.8　不同 *PGV* 下隧道地震可恢复性指标 *Re*

6.4　考虑性能退化的隧道地震可恢复性分析

下文针对软土地区考虑性能退化的不同埋深隧道展开了地震可恢复性分析，根据第 4 章获得的不同服役时间对应的隧道地震脆弱性曲线，以及 6.2 节介绍的可恢复性分析方法，分别得到了不同地震强度(*PGA* 或 *PGV*)时考虑不同破坏等级下的隧道性能恢复曲线,最终揭示了不同埋深下隧道地震可恢复性指标随地震动强度(*PGA* 或 *PGV*)及服役时间的变化规律。值得注意的是,由式(6.3)可知,该公式考虑了隧道结构在氯离子侵蚀后的性能退化影响,但是由于缺乏相关研究,对于性能退化后的隧道结构震后性能恢复曲线,本书采用了与正常服役期恢复性能相同的曲线,作为初步研究分析。

6.4.1 以 *PGA* 为地震动强度指标

根据式(6.2)、式(6.3)和图 6.2 对应的不同破坏状态下隧道修复后性能恢复曲线,以及第 4 章获得的浅埋隧道对应的以 *PGA* 为强度指标的地震时变脆弱性曲线,得到了服役时间分别为 50 年、75 年及 100 年内不同 *PGA* 时综合考虑不同破坏状态影响下的浅埋隧道性能恢复曲线,如图 6.9 所示。由图 6.9 可知,对于相同服役时间内,随着 *PGA* 的增大,隧道的鲁棒性降低,如当服役时间为 50 年时,$PGA=0.6g$ 时鲁棒性为 0.430, $PGA=0.8g$ 时鲁棒性为 0.275,而 $PGA=1.0g$ 时鲁棒性为 0.187;对于相同 *PGA*,隧道的鲁棒性随服役时间延长而降低,如当 *PGA* 为 $0.6g$ 时,服役时间为 50 年、75 年及 100 年时对应的浅埋隧道鲁棒性分别为 0.430, 0.308 及 0.209。对于三种不同服役时间的浅埋隧道,在隧道结构性能完全恢复前,相同时刻内 *PGA* 越大,隧道对应的性能越小,如在服役时间为75 年,当 $t=30$ d 时,$PGA=0.6g$ 时性能为 0.678, $PGA=0.8g$ 时性能为 0.535,而 $PGA=1.0g$ 时性能为 0.443。

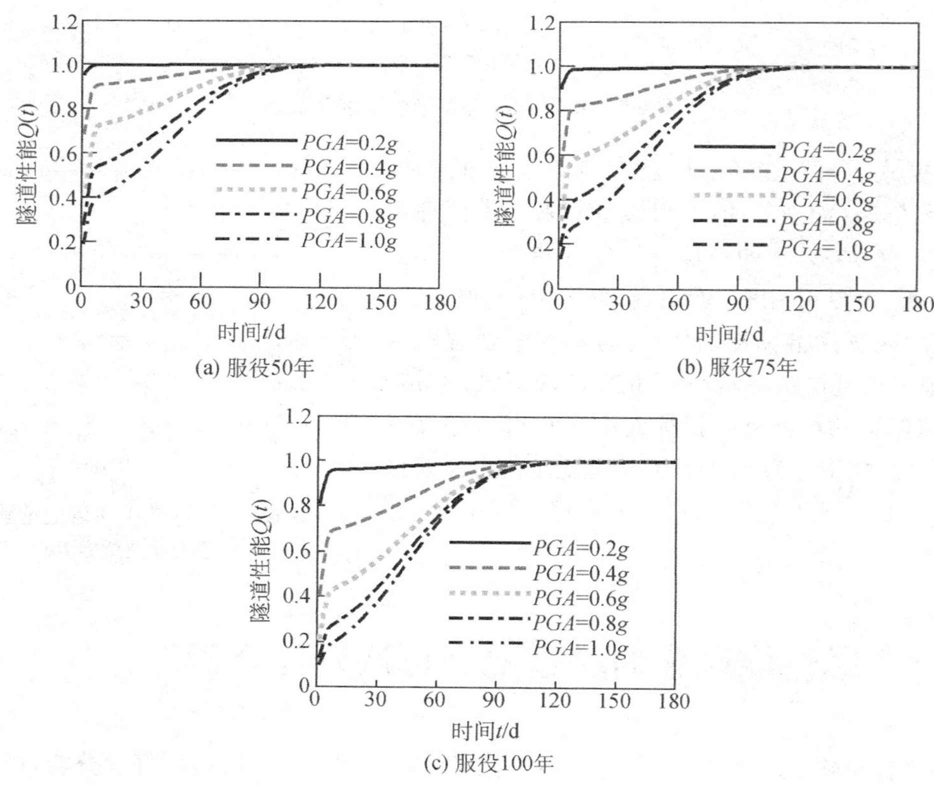

(a) 服役50年

(b) 服役75年

(c) 服役100年

图 6.9 不同 *PGA* 下浅埋隧道时变性能恢复曲线

根据式(6.2)、式(6.3)及图 6.9 所示的不同 *PGA* 下浅埋隧道时变性能恢复曲线，可以计算获得在不同 *PGA* 时浅埋隧道地震时变可恢复性指标 *Re*，如图 6.10 所示，其中服役时间为 0 年对应的可恢复性曲线即为正常服役状态时的对应曲线。由图 6.10 可以看出，对于不同服役时间，随着 *PGA* 的增大，隧道地震可恢复性指标逐渐较小，且在相同 *PGA* 条件下，服役时间越长，隧道可恢复性指标越小，如当 *PGA* 为 0.6*g* 时，服役时间为 0 年、50 年、75 年及 100 年对应的可恢复性指标分别为 0.951，0.919，0.880 及 0.839，由计算可知，相对于隧道建成时(服役时间为 0 年)，服役时间为 50 年、75 年及 100 年时对应的可恢复性指标分别减少 3.4%，7.5%及 11.8%。

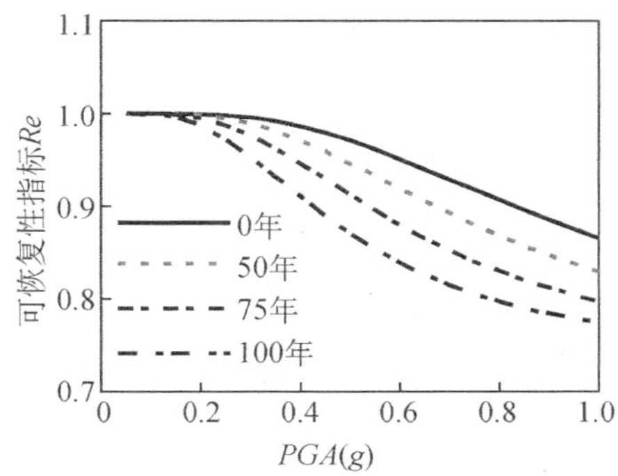

图 6.10　不同 *PGA* 下浅埋隧道地震时变可恢复性指标 *Re*

根据式(6.2)、式(6.3)和图 6.2 对应的不同破坏状态下隧道修复后性能恢复曲线，以及第 4 章获得的中埋隧道对应的以 *PGA* 为强度指标的地震时变脆弱性曲线，得到了服役时间分别为 50 年、75 年及 100 年内不同 *PGA* 时综合考虑不同破坏状态影响下的中埋隧道性能恢复曲线，如图 6.11 所示。由图 6.11 可知，对于相同服役时间内，随着 *PGA* 的增大，隧道的鲁棒性降低，如当服役时间为 50 年时，*PGA*＝0.6*g* 时鲁棒性为 0.635，*PGA*＝0.8*g* 时鲁棒性为 0.470，而 *PGA*＝1.0*g* 时鲁棒性为 0.349；对于相同 *PGA* 下，隧道的鲁棒性随服役时间延长而降低，如当 *PGA* 为 0.6*g* 时，服役时间为 50 年、75 年及 100 年时对应的中埋隧道鲁棒性分别为 0.635，0.519 及 0.406。对于三种不同服役时间的中埋隧道，在隧道

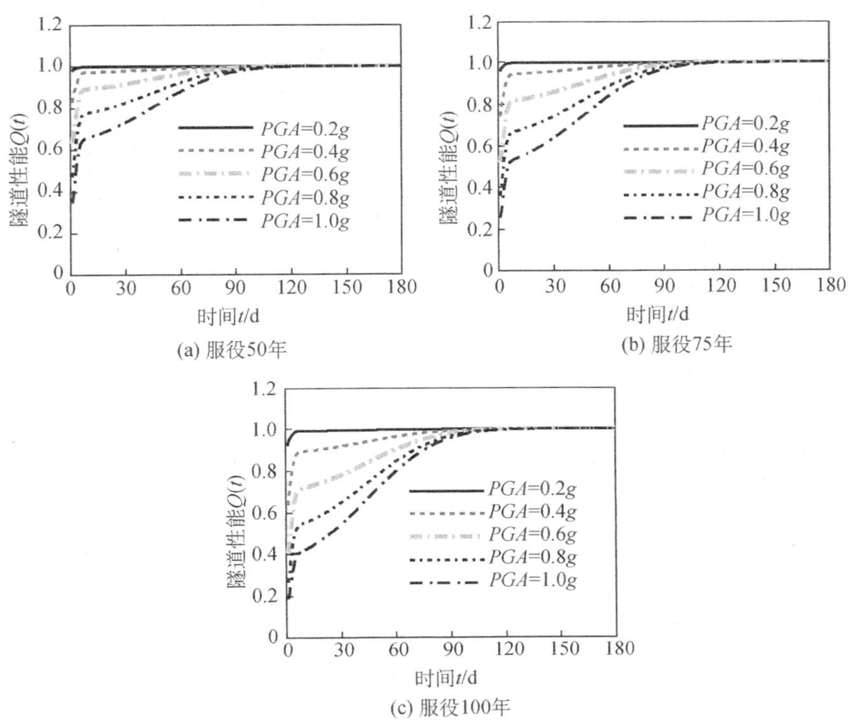

图 6.11　不同 *PGA* 下中埋隧道时变性能恢复曲线

结构性能完全恢复前，相同时刻内 PGA 越大，隧道对应的性能越小，如在服役时间为 75 年，当 $t=30$ d 时，$PGA=0.6g$ 时性能为 0.858，$PGA=0.8g$ 时性能为 0.743，而 $PGA=1.0g$ 时性能为 0.638。

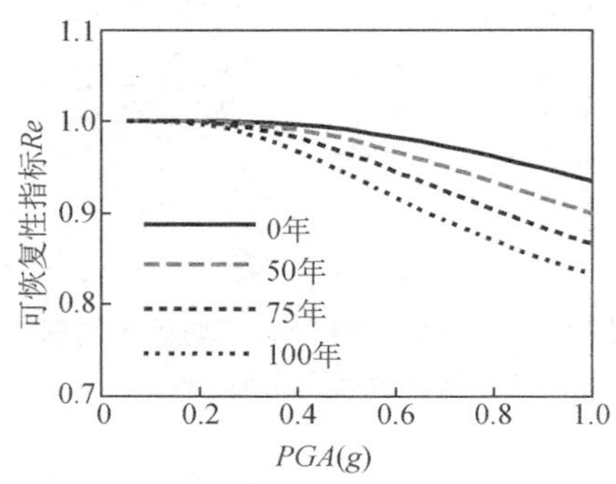

图 6.12　不同 *PGA* 下中埋隧道地震时变可恢复性指标 *Re*

根据式(6.2)、式(6.3)及图 6.11 所示的不同 PGA 下中埋隧道时变性能恢复曲线，可以计算获得在不同 PGA 时中埋隧道地震时变可恢复性指标 Re，如图 6.12 所示，其中服役时间为 0 年对应的可恢复性曲线即为正常服役状态时的对应曲线。由图 6.12 可以看出，对于不同服役时间，随着 PGA 的增大，隧道地震可恢复性指标逐渐较小，且在相同 PGA 条件下，服役时间越长，隧道可恢复性指标越小，如当 PGA 为 $0.6g$ 时，服役时间为 0 年、50 年、75 年及 100 年时对应的可恢复性指标分别为 0.983，0.967，0.945 及 0.917，由计算可知，相对于隧道建成时(服役时间为 0 年)，服役时间为 50 年、75 年及 100 年时对应的可恢复性指标分别减少 1.6%，3.9% 及 6.7%。

根据式(6.2)、式(6.3)和图 6.2 对应的不同破坏状态下隧道修复后性能恢复曲线，以及第 4 章获得的深埋隧道对应的以 PGA 为强度指标的地震时变脆弱性曲线，得到了服役时间分别为 50 年、75 年及 100 年内不同 PGA 时综合考虑不同破坏状态影响下的深埋隧道性能恢复曲线，如图 6.13 所示。由图 6.13 可知，在相同服役时间内，随着 PGA 的增大，隧道

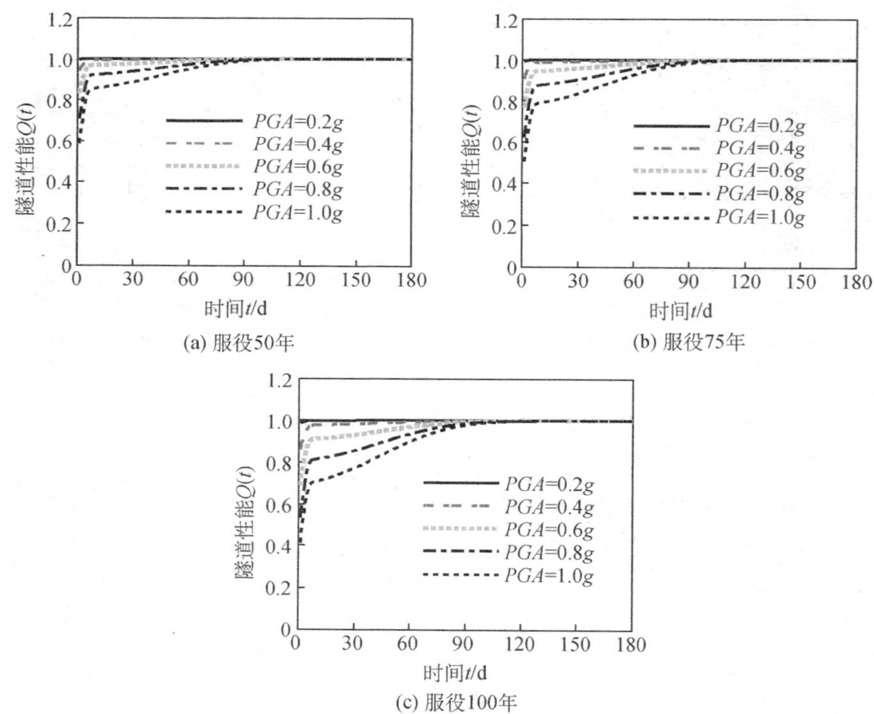

图 6.13　不同 *PGA* 下深埋隧道时变性能恢复曲线

的鲁棒性降低，如当服役时间为 50 年时，$PGA=0.6g$ 时鲁棒性为 0.832，$PGA=0.8g$ 时鲁棒性为 0.707，而 $PGA=1.0g$ 时鲁棒性为 0.589；在相同 PGA 下，隧道的鲁棒性随服役时间延长而降低，如当 PGA 为 $0.6g$ 时，服役时间为 50 年、75 年及 100 年时对应的浅埋隧道鲁棒性分别为 0.832，0.768 及 0.689。对于三种不同服役时间的深埋隧道，在隧道结构性能完全恢复前，相同时刻内 PGA 越大，隧道对应的性能越小，如在服役时间为 75 年，当 $t=30$ d 时，$PGA=0.6g$ 时性能为 0.958，$PGA=0.8g$ 时性能为 0.903，而 $PGA=1.0g$ 时性能为 0.836。

根据式(6.2)、式(6.3)及图 6.13 所示的不同 PGA 时深埋隧道时变性能恢复曲线，可以计算获得在不同 PGA 下的深埋隧道地震时变可恢复性指标 Re，如图 6.14 所示，其中服役时间为 0 年对应的可恢复性曲线即为正常服役状态时的对应曲线。由图 6.14 可以看出，对于不同服役时间，随着 PGA 的增大，隧道地震可恢复性指标逐渐较小，且在相同 PGA 条件下，服役时间越长，隧道可恢复性指标越小，如当 PGA 为 $0.8g$ 时，服役时间为 0 年、50 年、75 年及 100 年时对应的可恢复性指标分别为 0.985，0.975，0.962 及 0.944，由计算可知，相对于隧道建成时(服役时间为 0 年)，服役时间为 50 年、75 年及 100 年时对应的可恢复性指标分别减少 1.0%，2.3% 及 4.2%。

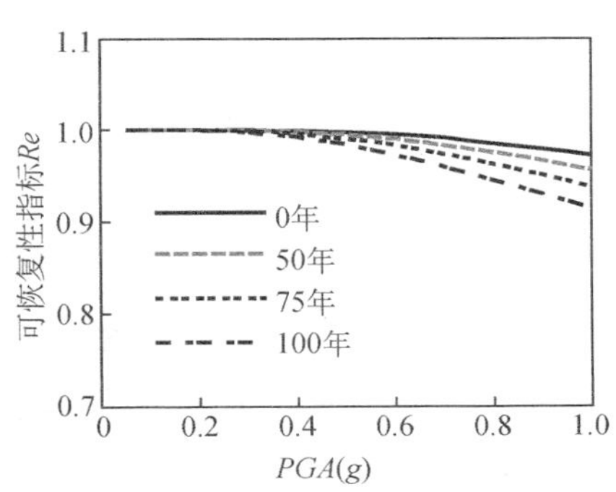

图 6.14　不同 PGA 下深埋隧道地震时变可恢复性指标 Re

6.4.2　以 PGV 为地震动强度指标

根据式(6.2)、式(6.3)和图 6.2 对应的不同破坏状态下隧道修复后性能恢复曲线，以及第 4 章获得的浅埋隧道对应的以 PGV 为强度指标的地震时变脆弱性曲线，得到了服役时间分别为 50 年、75 年及 100 年内不同 PGV 时综合考虑不同破坏状态影响下的浅埋隧道性能恢复曲线，如图 6.15 所示。由图 6.15 可知，在相同服役时间内，随着 PGV 的增大，隧道的鲁棒性降低如当服役时间为 50 年，$PGV=0.6$ m/s 时鲁棒性为 0.580，$PGV=0.8$ m/s 时鲁棒性为 0.416，而 $PGV=1.0$ m/s 时鲁棒性为 0.304；在相同 PGV 下，隧道的鲁棒性随服役时间延长而降低，如当 PGV 为 0.6 m/s 时，服役时间为 50 年、75 年及 100 年时对应的浅埋隧道鲁棒性分别为 0.580，0.397 及 0.246。对于三种不同服役时间的浅埋隧道，在隧道结构性能完全恢复前，相同时刻内 PGV 越大，隧道对应的性能越小，如在服役时间为 75 年，当 $t=30$ d 时，$PGV=0.6$ m/s 时性能为 0.832，$PGV=0.8$ m/s 时性能为 0.703，而 $PGV=1.0$ m/s 时性能为 0.443。

根据式(6.2)、式(6.3)及图 6.15 所示的不同 PGV 时浅埋隧道时变性能恢复曲线，可以计算获得不同 PGV 时浅埋隧道地震时变可恢复性指标 Re，如图 6.16 所示，其中服役时间为 0 年对应的可恢复性曲线即为正常服役状态时的对应曲线。由图 6.16 可以看出，对于不同服役时间，随着 PGV 的增大，隧道地震可恢复性指标逐渐较小，且在相同 PGV 条件下，服役时间越长，隧道可恢复性指标越小，如当 PGV 为 0.8 m/s 时，服役时间为 0 年、50

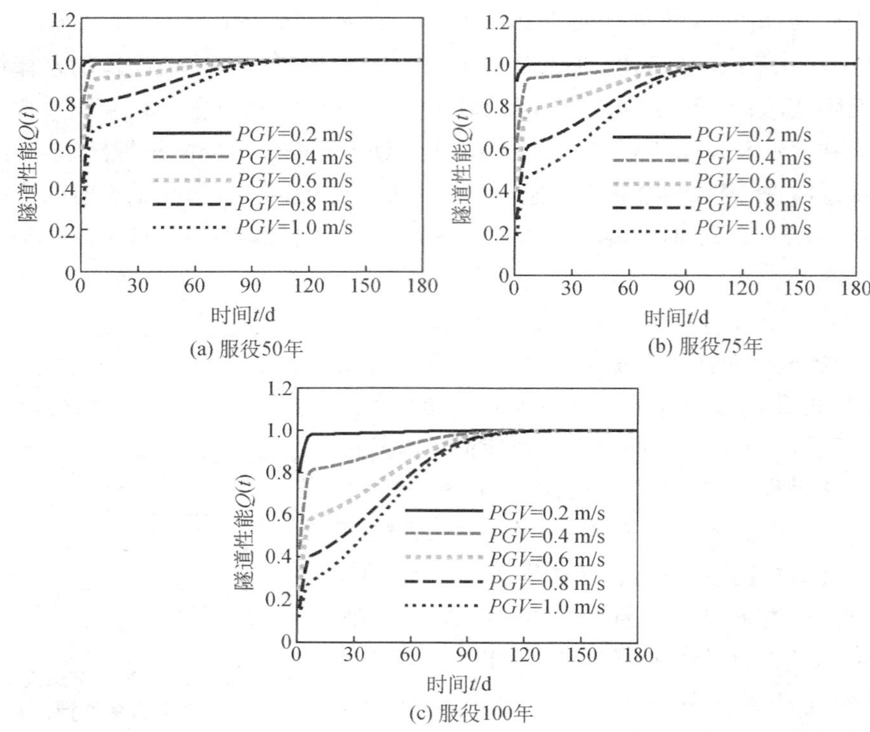

图 6.15　不同 *PGV* 下浅埋隧道时变性能恢复曲线

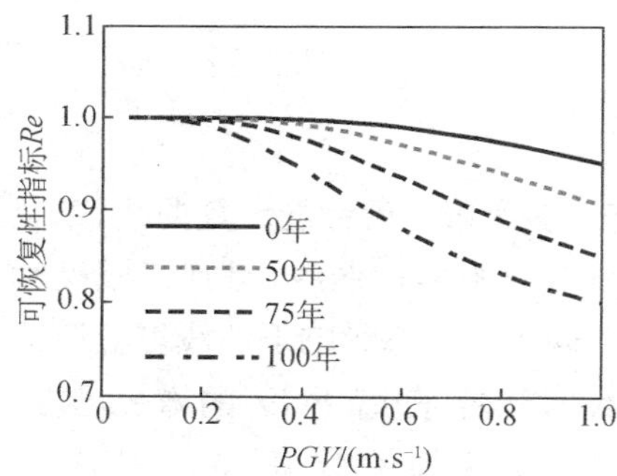

图 6.16　不同 *PGV* 下浅埋隧道地震可恢复性指标 *Re*

年、75 年及 100 年时对应的可恢复性指标分别为 0.974，0.940，0.889 及 0.832，由计算可知，相对于隧道建成时(服役时间为 0 年)，服役时间为 50 年、75 年及 100 年时对应的可恢复性指标分别减少 3.5%，8.7%及 14.6%。

根据式(6.2)、式(6.3)和图 6.2 对应的不同破坏状态下隧道修复后性能恢复曲线，以及第 4 章获得的中埋隧道对应的以 *PGV* 为强度指标的地震时变脆弱性曲线，得到了服役时间分别为 50 年、75 年及 100 年内不同 *PGV* 时综合考虑不同破坏状态影响下的中埋隧道性能恢复曲线，如图 6.17 所示。由图 6.17 可知，在相同服役时间内，随着 *PGV* 的增大，隧道的鲁棒性降低，如当服役时间为 50 年，*PGV*＝0.6 m/s 时鲁棒性为 0.805，*PGV*＝0.8 m/s 时鲁棒性为 0.652，而 *PGV*＝1.0 m/s 时鲁棒性为 0.515；对于相同 *PGV*，隧道的鲁棒性随服役时间延长而降低，如当 *PGV* 为0.6 m/s时，服役时间为 50 年、75 年及 100 年时对应的中埋隧道鲁棒性分别为 0.805，0.686 及 0.549。对于三种不同服役时间的中埋隧道，在隧道结构性能完全恢复前，相同时刻内 *PGV* 越大，隧道对应的性能越小，如在服役时间为 75 年，当 t＝30 d，*PGV*＝0.6 m/s 时性能为 0.962，*PGV*＝0.8 m/s 时性能为 0.896，而 *PGV*＝1.0 m/s 时性能为 0.812。

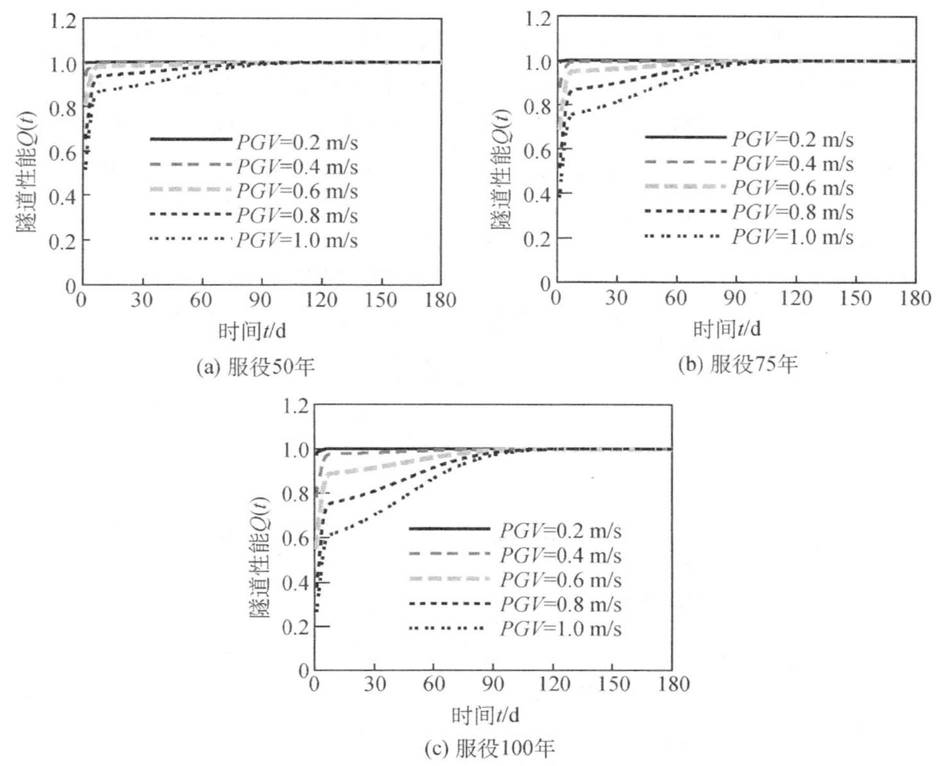

图 6.17　不同 *PGV* 下中埋隧道时变性能恢复曲线

根据式(6.2)、式(6.3)及图 6.17 所示的不同 *PGV* 的中埋隧道时变性能恢复曲线，可以计算获得不同 *PGV* 的中埋隧道地震时变可恢复性指标 *Re*，如图 6.18 所示，其中服役时间为 0 年对应的可恢复性曲线即为正常服役状态时的对应曲线。由图 6.18 可以看出，对于不同服役时间，随着 *PGV* 的增大，隧道地震可恢复性指标逐渐较小，且在相同 *PGV* 条件下，服役时间越长，隧道可恢复性指标越小，如当 *PGV* 为 0.8 m/s 时，服役时间为 0 年、50 年、75 年及 100 年时对应的可恢复性指标分别为 0.992，0.979，0.958 及 0.927，由计算可知，相对于隧道建成时(服役时间为 0 年)，服役时间为 50 年、75 年及 100 年时对应的可恢复性指标分别减少 1.3%，3.4%及 6.5%。

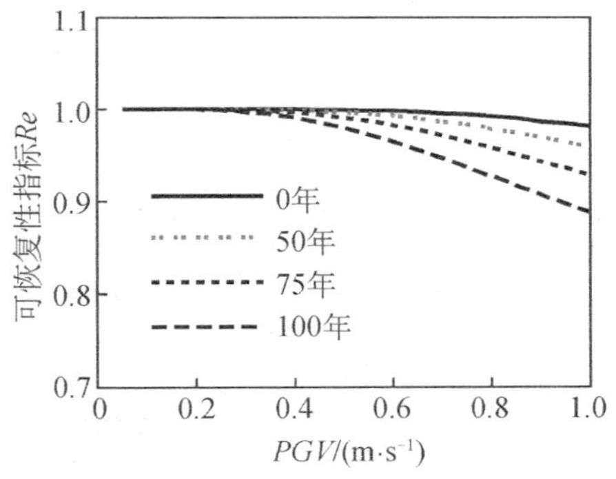

图 6.18　不同 *PGV* 下中埋隧道地震可恢复性指标 *Re*

根据式(6.2)、式(6.3)和图 6.2 对应的不同破坏状态下隧道修复后性能恢复曲线，以及第 4 章获得的深埋隧道对应的以 *PGV* 为强度指标的地震时变脆弱性曲线，得到了服役时间分别为 50 年、75 年及 100 年内不同 *PGV* 下综合考虑不同破坏状态影响下的深埋隧道性能恢复曲线，如图 6.19 所示。由图 6.19 可知，在相同服役时间内，随着 *PGV* 的增大，隧道的鲁棒性降低，如当服役时间为 50 年，*PGV*=0.6 m/s 时鲁棒性为 0.942，*PGV*=0.8 m/s

时鲁棒性为 0.865，而 $PGV=1.0$ m/s 时鲁棒性为 0.770；对于相同 PGV，隧道的鲁棒性随服役时间延长而降低，如当 PGV 为 0.6 m/s 时，服役时间为 50 年、75 年及 100 年时对应的浅埋隧道鲁棒性分别为 0.942，0.902 及 0.843。对于三种不同服役时间的深埋隧道，在隧道结构性能完全恢复前，相同时刻内 PGV 越大，隧道对应的性能越小，如在服役时间为 75 年，当 $t=30$ d，$PGV=0.6$ m/s 时性能为 0.995，$PGV=0.8$ m/s 时性能为 0.979，而 $PGV=1.0$ m/s 时性能为 0.950。

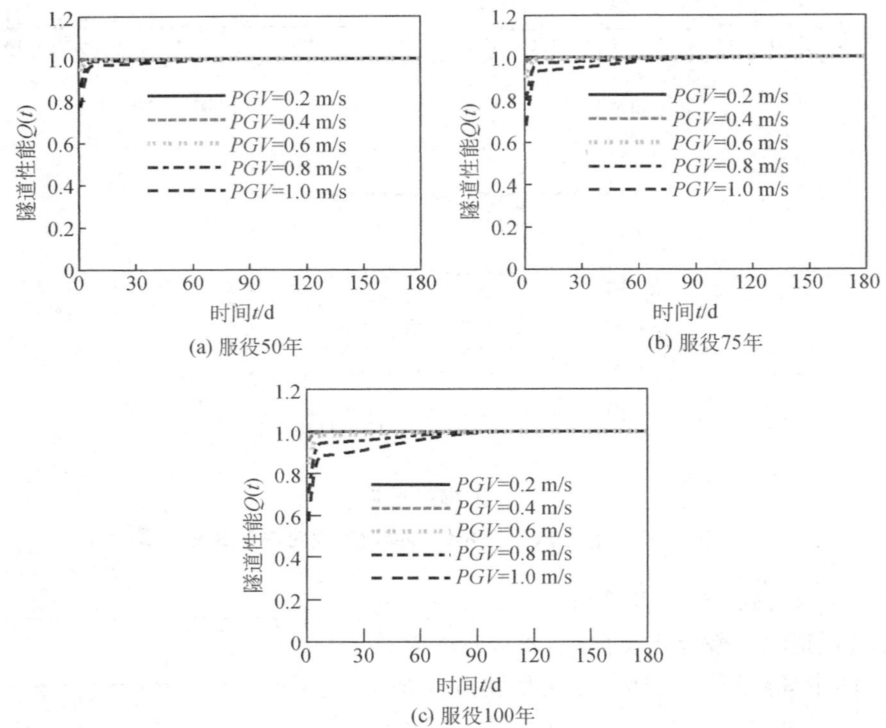

图 6.19　不同 *PGV* 下深埋隧道时变性能恢复曲线

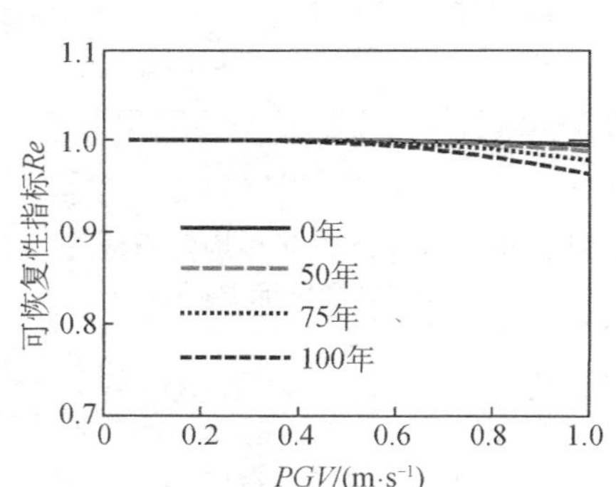

图 6.20　不同 *PGV* 下深埋隧道地震时变可恢复性指标 *Re*

根据式(6.2)、式(6.3)及图 6.11 所示的不同 PGV 深埋隧道时变性能恢复曲线，可以计算获得不同 PGV 的深深隧道地震时变可恢复性指标 Re，如图 6.20 所示，其中服役时间为 0 年对应的可恢复性曲线即为正常服役状态时的对应曲线。由图 6.20 可以看出，对于不同服役时间，随着 PGV 的增大，隧道地震可恢复性指标逐渐较小，且在相同 PGV 条件下，服役时间越长，隧道可恢复性指标越小，如当 PGV 为0.8 m/s时，服役时间为 0 年、50 年、75 年及 100 年时对应的可恢复性指标分别为 0.998，0.995，0.991 及 0.982，由计算可知，相对于隧道建成时(服役时间为 0 年)，服役时间为 50 年、75 年及 100 年时对应的可恢复性指标分别减少 0.3%，0.7%及 1.6%。

6.5　基于脆弱性模型不确定性的隧道可恢复性分析

本节考虑不同隧道地震脆弱性模型对分析结果的影响，建立了考虑不同脆弱性模型的隧道地震可恢复性分析方法，并通过案例分析验证了其相较于考虑单一脆弱性模型的优越性，有助于更合理地分析隧道地震可恢复性性能，具有重要的理论和工程意义。

6.5.1　考虑脆弱性模型不确定性的隧道可恢复性分析方法

基于 5.3.1 节介绍的考虑脆弱性曲线模型不确定性的方法，依据上述方法确定超参数 a_0，a_1，a_2，a_3后，便可根据新的脆弱性曲线模型 FC_0进行地震可恢复性分析，其中不同 *PGA* 大小下的基于狄利克雷分布的隧道可恢复性指标 *Re* 计算流程如下：

(1) 选择地震强度指标 *PGA* 大小；

(2) 设置抽样次数 *N*(足够大)；

(3) 对对应 *PGA* 大小的狄利克雷分布即式(5.5)进行抽样，获得 *N* 组离散概率 P_0，P_1，P_2及 P_3；

(4) 对每组离散概率 P_0，P_1，P_2及 P_3按式(2.4)—式(2.7)进行计算，可以获得 *N* 组不同破坏状态下的超越概率值，即 $P_f(ds \geqslant ds_1)$、$P_f(ds \geqslant ds_2)$及 $P_f(ds \geqslant ds_3)$；

(5) 对 *N* 组不同破坏状态下的超越概率值，即 $P_f(ds \geqslant ds_1)$、$P_f(ds \geqslant ds_2)$及 $P_f(ds \geqslant ds_3)$，按式(6.2)计算得到 *N* 组隧道性能恢复曲线，再按式(6.3)计算得到可恢复性指标 *Re*；

(6) 重复步骤(1)～步骤(5)，可以得到不同 *PGA* 下的对应不同分位数的可恢复性指标 *Re*。

6.5.2　案例分析

6.5.2.1　浅埋隧道

图 6.21 为浅埋隧道地震可恢复性指标 *Re* 的对比图。本书考虑了两种不同的脆弱性曲线模型，分别是 2.5.3.1 节提出的浅埋隧道地震脆弱曲线模型(记为 FC_1)及 Argyroudis 等(2017)提出的脆弱性曲线模型(记为 FC_2)，基于狄利克雷分布的脆弱性曲线模型记为 FC_0。由图 6.21 可知，FC_1和 FC_2模型的结果都在考虑模型不确定性结果 FC_0的 5%～95% 置信区间内，体现了该方法能很好地考虑模型不确定性。此外，三种模型的可恢复性指标 *Re* 都随 *PGA* 的增大而增大，其中 FC_2模型最大，FC_1模型最小，FC_0概率模型结果位于二者之间。如当 *PGA* 为 0.8*g* 时，FC_2模型对应的地震可恢复性指标 *Re* 为 0.937，FC_1模型对应

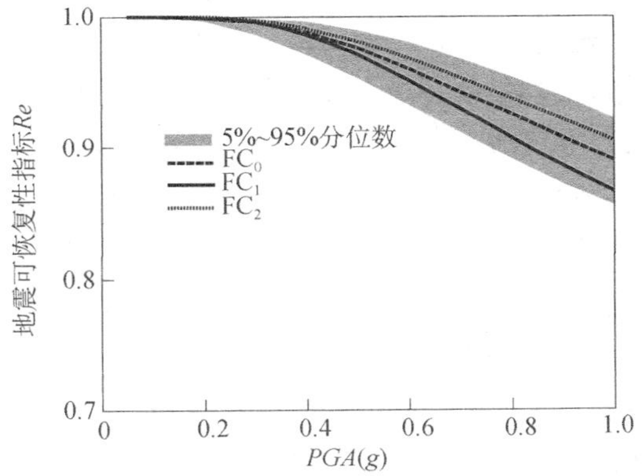

图 6.21　浅埋隧道地震可恢复性指标 $Re(m_1=0.5,\ m_2=0.5)$

的结果为 0.907，而 FC_0 概率模型对应的结果为 0.925。因此，相对于综合考虑了两种脆弱性模型影响的 FC_0 概率模型，FC_2 模型结果高估了 1.3%，而 FC_1 模型结果低估了 1.9%，则 FC_0 概率模型对应的结果更接近于 FC_2 模型结果。

6.5.2.2 中埋隧道

图 6.22 为中埋隧道地震可恢复性指标 *Re* 的对比图。对于中埋隧道，本书考虑了两种地震脆弱性曲线模型，一种为 2.5.3.1 节提出的中埋隧道地震脆弱曲线模型（记为 FC_3）及 ALA(2001)提出的经验性脆弱性曲线模型（记为 FC_4），另一种为基于狄利克雷分布的脆弱性曲线模型（记为 FC_0）。由图 6.22 可知，FC_3 和 FC_4 模型的结果都基本在考虑模型不确定性结果 FC_0 的 5%～95%置信区间附近，体现了该方法能很好地考虑模型不确定性。此外，三种模型的可恢复性指标 *Re* 都随 *PGA* 的增大而增大，其中 FC_4 模型最大，FC_3 模型最小，FC_0 概率模型结果位于二者之间。如当 *PGA* 为 0.8*g* 时，FC_4 模型对应的地震可恢复性指标 *Re* 为 0.994，FC_3 模型对应的结果为 0.962，而 FC_0 概率模型对应的结果为 0.974。因此，相对于综合考虑了两种脆弱性模型影响的 FC_0 概率模型，FC_4 模型结果高估了 2.1%，而 FC_3 模型结果低估了 1.2%，则 FC_0 概率模型对应的结果更接近于 FC_3 模型结果。

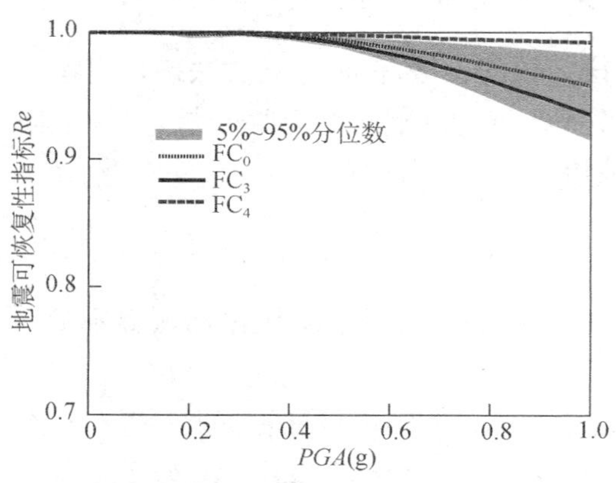

图 6.22 中埋隧道地震可恢复性指标 $Re(m_3=0.95,\ m_4=0.05)$

6.5.2.3 深埋隧道

图 6.27 为深埋隧道地震可恢复性指标 *Re* 的对比图。本书考虑了两种地震脆弱性曲线模型，一种为 2.5.3.1 节提出的深埋隧道地震脆弱曲线模型（记为 FC_5）及 ALA(2001)提出的经验性脆弱性曲线模型（记为 FC_4），另一种为基于狄利克雷分布的脆弱性曲线模型（记为 FC_0）。由图 6.23 可知，FC_3 和 FC_4 模型的结果都基本在考虑模型不确定性结果 FC_0 的 5%～95%置信区间附近，体现了该方法能很好地考虑模型不确定性。此外，三种模型的可恢复性指标 *Re* 都随 *PGA* 的增大而增大，其中 FC_4 模型最大，FC_5 模型最小，FC_0 概率模型结果位于二者之间。如当 *PGA* 为 0.8*g* 时，FC_4 模型对应的地震可恢复性指标 *Re* 为 0.994，FC_5 模型对应的结果为 0.985，而 FC_0 概率模型对应的结果为 0.987。因此，相对于综合考虑了两种脆弱性模型影响的 FC_0 概率模型，FC_4 模型结果高估了 0.2%，而 FC_5 模型结果低估了 0.2%，则 FC_0 概率模型对应的结果更接近于 FC_5 模型结果。但总体来看，三种结果在 *PGA* 较小（<0.65*g*）时可恢复性指标较为接近，但

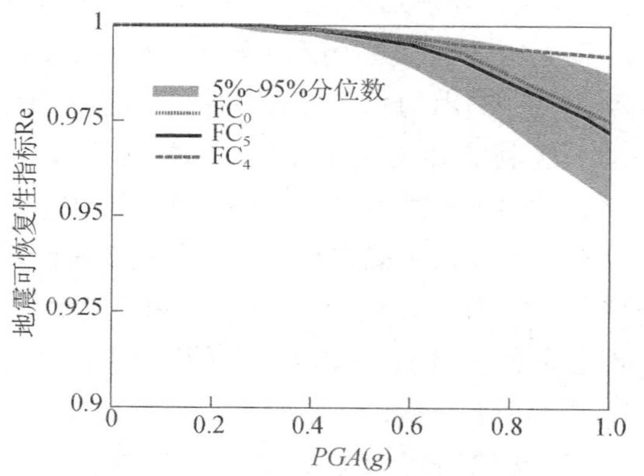

图 6.23 深埋隧道地震可恢复性指标 $Re(m_5=0.95,\ m_4=0.05)$

当 PGA 不断增大时（$>0.65g$），结果 FC_4 模型结果相对偏大。

6.6　本章小结

软土盾构隧道在震后的可恢复性是隧道地震性能分析的一个重要研究内容。本书首次建立了隧道结构地震可恢复性分析方法，分别针对浅埋、中埋及深埋隧道在正常服役期和性能退化两种工况下展开了地震可恢复性分析，揭示了不同地震强度（PGA 或 PGV）下的可恢复性发展规律。建立了考虑多种脆弱性曲线模型不确定性的隧道地震可恢复性分析方法，并分别对正常服役期内的浅埋隧道、中埋隧道、深埋隧道展开了相应分析，得到了以下结论：

（1）提出了隧道地震可恢复性指标的定义与概念，建立了隧道结构地震可恢复性分析框架。对正常服役期内软土地区不同埋深隧道展开地震可恢复性分析，分别得到了不同地震强度（PGA 或 PGV）下、考虑不同破坏等级时的隧道性能恢复曲线，揭示了不同埋深下隧道地震可恢复性指标随地震动强度（PGA 或 PGV）的变化规律。相同地震强度下，隧道埋深越浅，隧道可恢复性指标越小，如当 PGA 为 $0.8g$ 时，深埋隧道的可恢复性指标大小为 0.985，中埋隧道的可恢复性指标为 0.962，而浅埋隧道的可恢复性指标为 0.907，比深埋隧道及中埋隧道分别小 8.5%和 6.1%。

（2）进一步，通过考虑氯离子侵蚀引起的隧道性能退化现象，对不同服役时间的盾构隧道展开了地震可恢复性分析。研究表明，对于不同服役时间，随着地震动强度（PGA 或 PGV）的增大，隧道地震可恢复性指标逐渐减小，且在相同地震动强度（PGA 或 PGV）条件下，服役时间越长，隧道可恢复性指标越小。

（3）通过考虑盾构隧道地震脆弱性模型的不确定性，提出了不同模型的权重系数分配方法，建立了基于脆弱性模型不确定性的隧道地震可恢复性分析方法，对不同埋深盾构隧道展开了地震可恢复性分析。从上述分析可以得知，隧道地震可恢复性分析结果与隧道埋深及脆弱性模型密切相关。当考虑了不同脆弱性曲线模型影响时，最终计算结果会偏向权重较大的脆弱性曲线模型，但其不同分位数对应的计算结果又覆盖了不同脆弱性曲线模型的计算结果，体现了不同模型的变异性。因此，在隧道结构地震可恢复性分析中有必要综合考虑不同脆弱性曲线模型的影响。

值得注意的是，由于缺乏相关研究，对于性能退化后的性能恢复曲线，本书采用了与正常服役期恢复性能相同的曲线，作为初步研究分析。但是，可以设想的是性能退化后的修复时间、修复速度以及修复花费都与正常服役期隧道有所不同。因此，未来可通过相关研究手段，提出更合理的考虑不同服役时间的隧道震后性能恢复曲线。

第 7 章　软土盾构隧道韧性分析实例

7.1　工程概述

上海市轨道交通 12 号线隆昌路站—内江路站区间起讫里程为 CK29＋308.350—CK29＋977.258，长约 669 m，采用单圆盾构方案，隧道直径约 6.2 m，盾构隧道拱顶埋深 6.1～9.2 m，根据其地勘报告（附录 A），可得该区间典型土体断面参数如表 7.1 所示。

表 7.1　该区间土层参数

层号	土层名字	顶板埋深	厚度	剪切波速	含水量	重度	孔隙比	黏聚力	内摩擦角	压缩模量	比贯入阻力
		H	t	V_s	W	γ	e	c	φ	$E_{s0.1-0.2}$	P_s
		m	m	m/s	%	kN/m³	—	kPa	°	MPa	MPa
②₁	褐黄～灰黄色黏土	0	2.8	80.87	35.7	18	1.03	21	13.5	3.25	0.74
③	灰色淤泥质粉质黏土	2.8	1.4	112.68	39.5	17.5	1.13	13	11.5	3.19	0.58
③j	灰色黏质粉土	4.2	1.2	126.33	31.2	18.4	0.89	7	28	10.2	1.5
③	灰色淤泥质粉质黏土	5.4	5.1	151.65	39.5	17.5	1.13	13	11.5	3.19	0.58
④	灰色淤泥质黏土	10.5	7	186.14	50.3	16.7	1.42	14	9	2.12	0.59
⑤1-1	灰色黏土	17.5	4.5	210.82	44	17.2	1.25	15	11	3.02	0.8
⑤1-2	灰色粉质黏土	22	4.7	227.42	33.2	18	0.98	17	16.5	4.49	1.12
⑥	暗绿～草黄色黏土	26.7	2.2	238.59	25	19.3	0.73	43	15	6.44	2.34
⑦₁	草黄～灰色砂质粉土	28.9	6.3	251.20	29.7	18.7	0.83	6	28.5	13.39	7.33
⑦₂	灰色粉砂	35.2	7.2	269.20	29.1	18.5	0.85	3	33	13.58	12.58
⑧₁	灰色黏土	42.4	12.6	292.28	38.5	17.8	1.09	26	15	4.8	1.99

7.2 上海盾构隧道 12 号线特点分析

根据隧道设计材料及地勘报告，可知该区间隧道为浅埋隧道，土层断面 30 m 剪切波速 $V_{s,30}$ 为 161 m/s，即隧道埋置于上海地区典型的 D 类场地中，该场地呈现上海地区典型的水平分层、深厚、高敏感性和软弱等特征，可以采用本书建立的浅埋隧道地震脆弱性及易损性曲线进行分析。

7.3 韧性分析的主要内容

本书第 2 章建立的软土盾构隧道地震脆弱性及易损性曲线可以在本工程中运用，使得地铁设计人员、管理者及其他相关人士对该隧道地震风险有初步认识，图 7.1 介绍了工程应用的基本流程，一般可以分为以下几步：①收集地勘报告及隧道设计材料；②确定土层断面、隧道埋深等信息；③确定考虑的地震强度等级；④选用相应的地震脆弱性及易损性曲线；⑤进行隧道地震脆弱性及易损性分析。下面以上海市轨道交通 12 号线隆昌路站—内江路站区间为例，介绍具体应用。

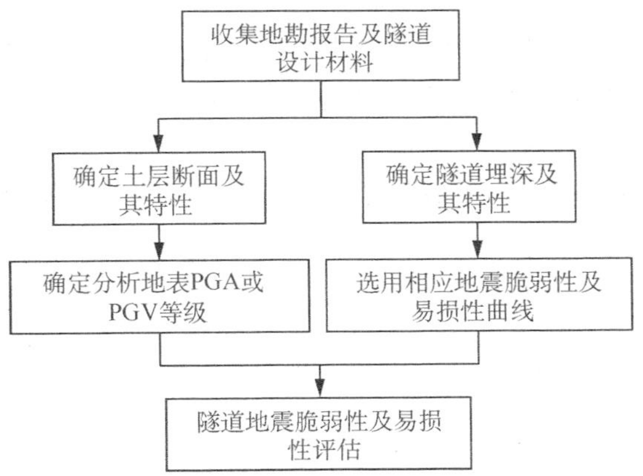

图 7.1 地震脆弱性及易损性曲线工程应用流程图

7.4 盾构隧道韧性分析

由于上海地区抗震设计常用设计地震指标为 *PGA*，且该场地抗震设防烈度为 7 度，设计基本地震加速度为 0.10g，本书选用以 *PGA* 为地震动强度指标的脆弱性及易损性曲线展开分析，考虑 *PGA* 大小分别为 0.1g，0.2g，0.4g，0.8g 及 1.0g 五种情况。分析结果如图 7.2 及图 7.3 所示。

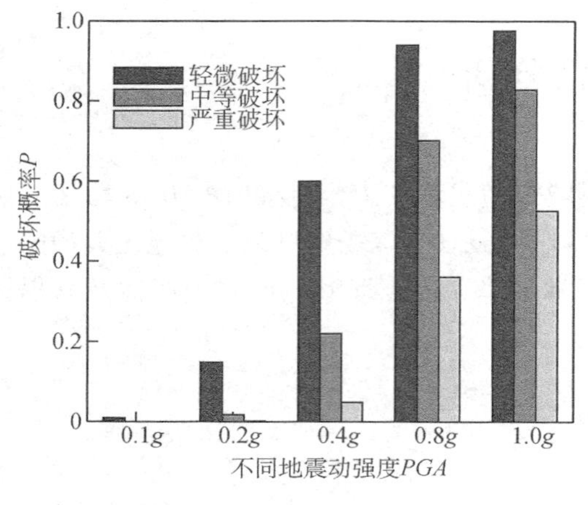

图 7.2 地震脆弱性分析结果

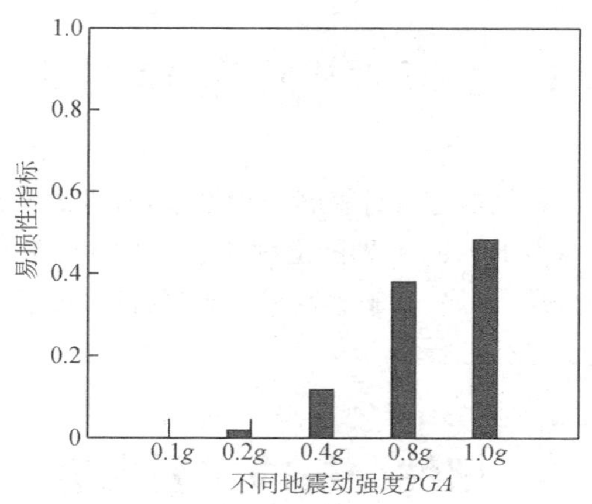

图 7.3 地震易损性分析结果

7.5 盾构隧道韧性分析的主要结论

上述分析结果表明该区间隧道在高地震强度下，上海轨道交通 12 号线隆昌路站—内江路站区间隧道在小震（PGA 为 0.1g 或 0.2g）时偏安全，但在强震下可能会发生严重破坏，如当 PGA 为 0.8g 时，该隧道发生轻微破坏、中等破坏及严重破坏的概率分别是 94%，70%及 36%，隧道震后修复造成的损失分别是完全替换破坏隧道花费的 38%（即易损性指标），即若每延米隧道衬砌完全替换的花费为 x，那么该长为 669 m 的区间隧道可能造成的经济损失大小为 $C=x\times0.38\times669=254.22x$。综上分析，对于软土浅埋隧道，为了减少地震损失，使其具有较强的抗震能力是极其必要的。上述结果也表明上海轨道交通 12 号线具有较强的韧性。

参考文献

ABAQUS. ABAQUS Documentation [M]. Providence, RI, USA: Dassault Systèmes, 2011.

ADHIKARI R, GAUTAM D. Component level seismic fragility functions and damage probability matrices for Nepali school buildings[J]. Soil Dynamics and Earthquake Engineering, 2019,120:316-319.

ALEMBAGHERI M. Investigating efficiency of vector-valued intensity measures in seismic demand assessment of concrete dams[J]. Advances in Civil Engineering, 2018(P7.1):1-12.

ALIPOUR A, SHAFEI B. Seismic resilience of transportation networks with deteriorating components[J]. Journal of Structural Engineering, 2016,142(8):C4015015.

American lifelines alliance (ALA). Seismic fragility formulations for water systems, Part1-Guideline[M]. Reston: ASCE-FEMA, 2001.

AMOROSI A, BOLDINI D. Numerical modelling of the transverse dynamic behaviour of circular tunnels in clayey soils[J]. Soil Dynamics and Earthquake Engineering, 2009,29(6):1059-1072.

AMOROSI A, BOLDINI D, ELIA G. Parametric study on seismic ground response by finite element modelling[J]. Computers and Geotechnics, 2010,37(4):515-528.

ANDREOTTI G, LAI C G. Use of fragility curves to assess the seismic vulnerability in the risk analysis of mountain tunnels[J]. Tunnelling and Underground Space Technology, 2019,91:103008.

ANDREOTTI G, LAI C. Seismic vulnerability of deep tunnels: numerical modeling for a fully nonlinear dynamic analysis[C]//Proceedings of the 2nd European conference on earthquake engineering and seismology, 2014.

ANDRIĆ J M, LU D G. Fuzzy methods for prediction of seismic resilience of bridges[J]. International journal of disaster risk reduction, 2017,22:458-468.

ARGYROUDIS S A, HOFER L, ZANINI M A, et al. Resilience of critical infrastructure for multiple hazards: Case study on a highway bridge[C]//Proceedings of the 2nd International Conference on Natural Hazards & Infrastructure (ICONHIC2019). Greece: Chania, 2019.

ARGYROUDIS S A, MITOULIS S A, WINTER M G, et al. Fragility of transport assets exposed to multiple hazards: State-of-the-art review toward infrastructural resilience[J]. Reliability Engineering & System Safety, 2019,191:106567.

ARGYROUDIS S A, PITILAKIS K D. Seismic fragility curves of shallow tunnels in alluvial deposits[J]. Soil Dynamics and Earthquake Engineering, 2012,35:1-12.

ARGYROUDIS S, PITILAKIS K, BOUSSOULAS N, et al. Vulnerability assessment of shallow metro tunnels in Greece[C]//Proceedings of the 4th International Conference on Geotechnical Earthquake Engineering, 2007:25-28.

ARGYROUDIS S, TSINIDIS G, GATTI F, et al. Effects of SSI and lining corrosion on the seismic vulnerability of shallow circular tunnels[J]. Soil Dynamics and Earthquake Engineering, 2017,98:244-256.

ARGYROUDIS S, TSINIDIS G, GATTI F, et al. Seismic fragility curves of shallow tunnels considering SSI and aging effects[C]//2nd Eastern European Tunnelling Conference "Tunnelling in a Challenging Environment, 2014:1-10.

ARIAS A. A measure of earthquake intensity[R]. In Seismic Design for Nuclear Power Plants, MIT Press, Cambridge, 1970:438-483.

ATC-13. Earthquake damage evaluation data for California[R], Applied Technology Council, Redwood City, 1985.

ATC-25. Seismic vulner-ability and impact of disruptions of lifelines in the conter-minous United States [R]. Applied Technology Council, Redwood City, 1991.

ATC-40, Seismic evaluation and retrofit of concrete buildings[R]. Applied Technology Council, Redwood City, 1996.

AVANAKI M J, HOSEINI A, VAHDANI S, et al. Seismic fragility curves for vulnerability assessment of steel fiber reinforced concrete segmental tunnel linings[J]. Tunnelling and Underground Space Technology, 2018,78:259-274.

AYYUB B M. Systems resilience for multihazard environments: definition, metrics, and valuation for decision making [J]. Risk Analysis, 2014,34(2):340-355.

BAKER J W. An introduction to probabilistic seismic hazard analysis (PSHA)[J]. White paper, version, 2008,1:72.

BANERJEE S, GANESH P G. Seismic risk assessment of reinforced concrete bridges in flood-prone regions[J]. Structure and Infrastructure Engineering, 2013,9(9):952-968.

BARBAT A H, EERI M, MOYA F Y, et al. Damage scenarios simulation for seismic risk[J]. Earthquake spectra, 1996,12(3).

BARDET J B, ICHII K, LIN C H. EERA: A computer program for equivalent-linear earthquake site response analyses of layered soil deposits[M]. University of Southern California, Department of Civil Engineering, Los Angeles, 2000.

BIONDINI F, CAMNASIO E, TITI A. Seismic resilience of concrete structures under corrosion[J]. Earthquake Engineering & Structural Dynamics, 2015,44(14):2445-2466.

BOBET A. Analytical solutions for shallow tunnels in saturated ground[J]. Journal of Engineering Mechanics, 2001,127(12):1258-1266.

BOBET A. Drained and undrained response of deep tunnels subjected to far-field shear loading[J]. Tunnelling and Underground Space Technology, 2010,25(1):21-31.

BRUNEAU M, CHANG S E, EGUCHI R T, et al. A framework to quantitatively assess and enhance the seismic resilience of communities[J]. Earthquake spectra, 2003,19(4):733-752.

BURTON H V, DEIERLEIN G, LALLEMANT D, et al. Framework for incorporating probabilistic building performance in the assessment of community seismic resilience[J]. Journal of Structural Engineering, 2015,142(8):C4015007.

CEB-FIB Task Group 5. 6. Model for service life design[S]. fédération internationale du béton (fib), 2006.

CHEN R, JAISWAL K S, BAUSCH D, et al. Annualized earthquake loss estimates for California and their sensitivity to site amplification[J]. Seismological Research Letters, 2016,87(6):1363-1372.

CHEN C H, WANG T T, JENG F S, et al. Mechanisms causing seismic damage of tunnels at different depths[J]. Tunnelling and Underground Space Technology, 2012,28:31-40.

CHEN Z, WEI J. Correlation between ground motion parameters and lining damage indices for mountain tunnels[J]. Natural hazards, 2013,65(3):1683-1702.

CHOE D E, GARDONI P, ROSOWSKY D, et al. Probabilistic capacity models and seismic fragility estimates for RC columns subject to corrosion[J]. Reliability Engineering & System Safety, 2008,93(3):383-393.

CHOE D E, GARDONI P, ROSOWSKY D, et al. Seismic fragility estimates for reinforced concrete bridges subject to corrosion[J]. Structural Safety, 2009,31(4):275-283.

CHOI E, DESROCHES R, NIELSON B. Seismic fragility of typical bridges in moderate seismic zones[J]. Engineering Structures, 2004,26(2):187-199.

CILINGIR U, MADABHUSHI S P G. A model study on the effects of input motion on the seismic behaviour of tunnels[J]. Soil Dynamics and Earthquake Engineering, 2011a, 31(3):452-462.

CILINGIR U, MADABHUSHI S P G. Effect of depth on seismic response of circular tunnels[J]. Canadian Geotechnical Journal, 2010,48(1):117-127.

CILINGIR U, MADABHUSHI S P G. Effect of depth on the seismic response of square tunnels[J]. Soils and Foundations, 2011b, 51(3):449-457.

CIMELLARO G P, REINHORN A M, BRUNEAU M. Seismic resilience of a hospital system[J]. Structure and Infrastructure Engineering, 2010,6(1-2):127-144.

CORIGLIANO M, LAI C G, BARLA G. Seismic vulnerability of rock tunnels using fragility curves[C]//Proceedings of 11th ISRM Congress. International Society for Rock Mechanics and Rock Engineering, 2007.

CORNELL C A, VANMARCKE E H. The major influences on seismic risk[C]//Proceedings of the fourth world conference on earthquake engineering, 1969,1:69-83.

CORNELL C A. Engineering seismic risk analysis[J]. Bulletin of the seismological society of America, 1968,58(5):1583-1606.

CORNELL C A. Risk-based structural design[C]//Proceedings of Symposium on Risk Analysis. Ann Arbor, MI: University of Michigan, 1994:11-12.

CUBUS. FAGUS-4: Cross section analysis and check of concrete-, thin-walled, mixed- and post-tensionned cross-sections with biaxial bending[M]. User's Manual, Zurich, Switzerland, 2000.

CUI S, GUO C, SU J, et al. Seismic fragility and risk assessment of high-speed railway continuous-girder bridge under track constraint effect[J]. Bulletin of Earthquake Engineering, 2019,17(3):1639-1665.

DOLŠEK M. Simplified method for seismic risk assessment of buildings with consideration of aleatory and epistemic uncertainty[J]. Structure and infrastructure engineering, 2012,8(10):939-953.

同济大学,上海申通轨道交通研究咨询有限公司.地下铁道建筑结构抗震设计规范:DG/TJ 08-2064—2009[S].上海:同济大学出版社,2009.

DONG Y, FRANGOPOL D M. Risk and resilience assessment of bridges under mainshock and aftershocks incorporating uncertainties[J]. Engineering Structures, 2015,83:198-208.

DOWDING C H, ROZAN A. Damage to rock tunnels from earthquake shaking[J]. Journal of the Geotechnical Engineering Division, 1978,104(2):175-191.

EC8. Eurocode 8: Design of structures for earthquake resistance[S]. The European Standard EN 1998-1, 2004,Brussels, Belgium.

ELLINGWOOD B R. Earthquake risk assessment of building structures[J]. Reliability Engineering &

System Safety, 2001,74(3):251-262.

FABOZZI S, BILOTTA E, LANZANO G. A numerical study on seismic vulnerability of tunnel linings [C]//Proceedings of third international conference on performance-based design in earthquake. Vancouver (Canada), 2017.

FABOZZI S, BILOTTA E, PICOZZI M, et al. Feasibility study of a loss-driven earthquake early warning and rapid response systems for tunnels of the Italian high-speed railway network[J]. Soil Dynamics and Earthquake Engineering, 2018,112:232-242.

FABOZZI S, BILOTTA E, PICOZZI M, et al. Feasibility study of earthquake early warning systems: the case of the Italian high speed railway network[C]//Proceedings of 7th International Conference on Earthquake Geotechnical Engineering, ICEGE, 2019.

FEMA H. Multi-hazard loss estimation methodology, earthquake model[M]. Washington, DC, USA: Federal Emergency Management Agency, 2003.

FEMA. Federal Emergency Management Agency, National Institute of Building Sciences Washington. HAZUS-MH Estimated Annualized Earthquake Losses for the United States[M]. FEMA, 2008.

FIRUZI E, ANSARI A, HOSSEINI K A, et al. Probabilistic earthquake loss model for residential buildings in Tehran, Iran to quantify annualized earthquake loss [J]. Bulletin of Earthquake Engineering, 2019,17(5):2383-2406.

FORCELLINI D. Seismic resilience of isolated bridge configurations with soil-structure interaction[J]. Innovative Infrastructure Solutions, 2017,2(1):2.

FOTOPOULOU S, KARAFAGKA S, PITILAKIS K, Vulnerability assessment of low-code reinforced concrete frame buildings subjected to liquefaction-induced differential displacements[J]. Soil Dynamics and Earthquake Engineering, 2018,110,173-184.

FRANCHIN P, CAVALIERI F. Probabilistic assessment of civil infrastructure resilience to earthquakes [J]. Computer-Aided Civil and Infrastructure Engineering, 2015,30(7):583-600.

FRANCIS R, BEKERA B. A metric and frameworks for resilience analysis of engineered and infrastructure systems[J]. Reliability Engineering & System Safety, 2014,121:90-103.

FUENTES R. Recent developments and future chanllenges in the behaviour of tunnels under seismic loading [C]//Proceedings of Conference: 2nd International Conference on Natural Hazards & Infrastructure (ICONHIC 2019): Chania, Greece, 2019.

GELAGOTI F, KOURKOULIS R, ANASTASOPOULOS I, et al. Rocking isolation of low-rise frame structures founded on isolated footings[J]. Earthquake Engineering & Structural Dynamics, 2012,41 (7):1177-1197.

GHASEMI H, COOPER J D, IMBSEN R A, et al. The November 1999 Duzce earthquake: post-earthquake investigation of the structures on the Tem[R]. Federal Highway Administration, 2000.

GIDARIS I, PADGETT J E, BARBOSA A R, et al. Multiple-hazard fragility and restoration models of highway bridges for regional risk and resilience assessment in the United States: state-of-the-art review [J]. Journal of structural engineering, 2017,143(3):04016188.

GUTENBERG B, RICHTER C F. Frequency of earthquakes in California[J]. Bulletin of the Seismological society of America, 1944,34(4):185-188.

HANCILAR U, SESETYAN K, CAKTI E. Comparative earthquake loss estimations for high-code buildings in Istanbul[J]. Soil Dynamics and Earthquake Engineering, 2020,129:105956.

HASHASH Y M A, HOOK J J, SCHMIDT B, et al. Seismic design and analysis of underground structures[J]. Tunnelling and underground space technology, 2001,16(4):247-293.

HASHASH Y M A, PARK D. Viscous damping formulation and high frequency motion propagation in non-linear site response analysis[J]. Soil Dynamics and Earthquake Engineering, 2002,22(7):611-624.

HASHIMOTO T, STEDINGER J R, LOUCKS D P. Reliability, resiliency, and vulnerability criteria for water resource system performance evaluation [J]. Water Resources Research, 1982,18(1):14-20.

HATZIGEORGIOU G D, BESKOS D E. Soil-structure interaction effects on seismic inelastic analysis of 3-D tunnels[J]. Soil Dynamics and Earthquake Engineering, 2010,30(9):851-861.

HAZUS. Multi-Hazard Loss Estimation Methodology: Earthquake Model[M]. Department of Homeland Security, FEMA, Washington, DC, USA, 2004.

HE Z, CHEN Q. Vertical Seismic Effect on the Seismic Fragility of Large-Space Underground Structures [J]. Advances in Civil Engineering, 2019.

HLEIBIEH J, WEGENER D, HERLE I. Numerical simulation of a tunnel surrounded by sand under earthquake using a hypoplastic model[J]. Acta Geotechnica, 2014,9(4):631-640.

HOLLING C S. Resilience and stability of ecological systems [J]. Annual review of ecology and systematics, 1973,4(1):1-23.

HOUSNER G W. Spectrum intensities of strong motion earthquakes[C]//Proceedings of symposium of earthquake and blast effects on structures, EERI, Los Angeles, California, In, 1952,21-36.

HUANG G, QIU W, ZHANG J. Modelling seismic fragility of a rock mountain tunnel based on support vector machine[J]. Soil Dynamics and Earthquake Engineering, 2017,102:160-171.

HUANG H, ZHANG D. Resilience analysis of shield tunnel lining under extreme surcharge: Characterization and field application[J]. Tunnelling and Underground Space Technology, 2016,51:301-312.

HUANG H W, ZHANG D M, AYYUB B M. An integrated risk sensing system for geo-structural safety [J]. Journal of Rock Mechanics and Geotechnical Engineering, 2017,9(2):226-238.

HUANG H, ZHANG Y, ZHANG D, et al. Field data-based probabilistic assessment on degradation of deformational performance for shield tunnel in soft clay [J]. Tunnelling and Underground Space Technology, 2017,67:107-119.

HUH J, TRAN Q, HALDAR A, et al. Seismic vulnerability assessment of a shallow two-story underground RC box structure[J]. Applied Sciences, 2017,7(7):735.

HUO H B. Seismic design and analysis of rectangular underground structures[D]. West Lafayette: Purdue University, 2005.

HOUSNER G W, JENNINGS P C. Generation of artificial earthquakes[J]. Journal of the Engineering Mechanics Division, 1964,90(1):113-152.

HWANG J H, LU C C. Seismic capacity assessment of old Sanyi railway tunnels[J]. Tunnelling and underground space technology, 2007,22(4):433-449.

IERVOLINO I, MANFREDI G. A review of ground motion record selection strategies for dynamic structural analysis[M]. Modern Testing Techniques for Structural Systems. Springer, Vienna, 2008:131-163.

IIDA H, HIROTO T, YOSHIDA N, et al. Damage to Daikai subway station[J]. Soils and foundations, 1996,36(Special):283-300.

JAFARIAN Y, MIRAEI M. Scalar-and vector-valued fragility Analyses of gravity quay wall on liquefiable soil: Example of Kobe port[J]. International Journal of Geomechanics, 2019,19(5):04019029.

JAISWAL K S, BAUSCH D, CHEN R, et al. Estimating annualized earthquake losses for the conterminous United States[J]. Earthquake Spectra, 2015,31(S1):S221-S243.

KAPPOS A J, PANAGOPOULOS G, PANAGIOTOPOULOS C, et al. A hybrid method for the vulnerability assessment of R/C and URM buildings[J]. Bulletin of Earthquake Engineering, 2006,4(4):391-413.

KENNEDY R P, Ground motion parameter useful in structural design[C]. Proceeding of the Conference on Evaluation of Regional Seismic Hazards and Risk, Santa Fe, New Mexico, 1980.

KRAMER S. L. Geotechnical Earthquake Engineering[M]. New York: Prentice Hall, 1996.

KHETWAL S S, PEI S, GUTIERREZ M. Operational resilience of traffic tunnels: An example case study [C]. Proceedings of Tunnels and Underground Cities. Engineering and Innovation Meet Archaeology, Architecture and Art. CRC Press, 2019a:5129-5138.

KHETWAL S, PEI S, GUTIERREZ M. A Data-Driven Approach for Direct Assessment and Analysis of Traffic Tunnel Resilience[C]. Proceedings of International Conference on Inforatmion technology in Geo-Engineering. Springer, Cham, 2019b:168-177.

KIANI M, GHALANDARZADEH A, AKHLAGHI T, et al. Experimental evaluation of vulnerability for urban segmental tunnels subjected to normal surface faulting[J]. Soil Dynamics and Earthquake Engineering, 2016,89:28-37.

KIM T, FOUTCH D A. Application of FEMA methodology to RC shear wall buildings governed by flexure [J]. Engineering Structures, 2007,29(10):2514-2522.

KONTOE S, ZDRAVKOVIC L, POTTS D M, et al. Case study on seismic tunnel response[J]. Canadian Geotechnical Journal, 2008,45(12):1743-1764.

KONTOE S, ZDRAVKOVIC L, POTTS D M, et al. On the relative merits of simple and advanced constitutive models in dynamic analysis of tunnels[J]. Geotechnique , 2011,61(10): 815-829.

LANZANO G, BILOTTA E, RUSSO G, et al. Centrifuge modeling of seismic loading on tunnels in sand [J]. Geotechnical Testing Journal, 2012,35(6):854-869.

LE T S, HUH J, PARK J H. Earthquake fragility assessment of the underground tunnel using an efficient SSI analysis approach[J]. Journal of Applied Mathematics and Physics, 2014,2(12):1073.

LIU T, CHEN Z, YUAN Y, et al. Fragility analysis of a subway station structure by incremental dynamic analysis[J]. Advances in Structural Engineering, 2017,20(7):1111-1124.

LIU Y, LU D G, PAOLACCI F. Probabilistic seismic resilience analysis for bridges shocked by near-fault pulse-like ground motions [C]. Proceedings of the Eighth International Conference on Bridge Maintenance, Safety and Management, Foz Do Iguacu, Brazil, 2016,June.

LU C C, HWANG J H. Damage analysis of the new Sanyi railway tunnel in the 1999 Chi-Chi earthquake: necessity of second lining reinforcement[J]. Tunnelling and underground space technology, 2018,73: 48-59.

LUPOI A, FRANCHIN P, SCHOTANUS M. Seismic risk evaluation of RC bridge structures[J]. Earthquake engineering & structural dynamics, 2003,32(8):1275-1290.

LYSMER J, KUHLEMEYER R L. Finite dynamic model for infinite media[J]. Journal of the Engineering Mechanics Division, 1969,95(4):859-878.

MAYORAL J M, ARGYROUDIS S, CASTAÑON E. Vulnerability of floating tunnel shafts for increasing earthquake loading[J]. Soil Dynamics and Earthquake Engineering, 2016,80:1-10.

MELANI A, KHARE R K, DHAKAL R P, et al. Seismic risk assessment of low rise RC frame structure [J]. Structures. Elsevier, 2016,5:13-22.

MILES S B, CHANG S E. A simulation model of urban disaster recovery and resilience: Implementation for the 1994 Northridge earthquake[R]. Buffalo, NY: MCEER-07-0014 Technical Report, 2006.

MOAYEDIFAR A, NEJATI H R, GOSHTASBI K, et al. Seismic fragility and risk assessment of an unsupported tunnel using incremental dynamic analysis (IDA)[J]. Earthquakes and Structures, 2019, 16(6):705-714.

MOLINA HUTT C, ALMUFTI I, WILLFORD M, et al. Seismic loss and downtime assessment of existing tall steel-framed buildings and strategies for increased resilience[J]. Journal of Structural Engineering, 2015,142(8):C4015005.

MOSCHONAS I F, KAPPOS A J, PANETSOS P, et al. Seismic fragility curves for Greek bridges: methodology and case studies[J]. Bulletin of Earthquake Engineering, 2009,7(2):439.

NAN C, SANSAVINI G. A quantitative method for assessing resilience of interdependent infrastructures [J]. Reliability Engineering & System Safety, 2017,157:35-53.

NGUYEN D D, PARK D, SHAMSHER S, et al. Seismic vulnerability assessment of rectangular cut-and-cover subway tunnels[J]. Tunnelling and Underground Space Technology, 2019,86:247-261.

NIBS. HAZUS-MH: Technical Manuals [M]. Washington, DC: National Institute of Building Science, 2004.

FWHA. Technical manual for design and construction of road tunnels—civil elements [M]. U. S. Department of transportation. Federal Highway Administration. Publication No. FHWA-NHI-10-034, 2009,702p.

NIELSON B G, DESROCHES R. Analytical seismic fragility curves for typical bridges in the central and southeastern United States[J]. Earthquake Spectra, 2007,23(3):615-633.

NOGAL M, HONFI D. Assessment of road traffic resilience assuming stochastic user behaviour[J]. Reliability Engineering & System Safety, 2019,185:72-83.

NORRIS F H, STEVENS S P, PFEFFERBAUM B, et al. Community resilience as a metaphor, theory, set of capacities, and strategy for disaster readiness[J]. American journal of community psychology, 2008,41(1-2):127-150.

NUTTLI O W. The relation of sustained maximum ground acceleration and velocity to earthquake intensity and magnitude[M]. US Army Engineer Waterways Experiment Station, 1979.

O ROURKE T D, GOH S H, MENKITI C O, et al. Highway tunnel performance during the 1999 Duzce earthquake[C]. Proceedings of the International Conference on Soil Mechanics and Geotechnical Engineering. AA Balkema Publishers, 2002,2:1365-1368.

OKIMURA T, TAKADA S, KOID T H. Outline of the great Hanshin earthquake, Japan 1995[J]. Natural hazards, 1996,14(1):39-71.

OSMI S K C, AHMAD S M, ADNAN A. Seismic fragility analysis of underground tunnel buried in rock [C]. Proceedings of the International Conference on Earthquake Engineering and Seismology. 2015.

OSMI S K C, AHMAD S M. Seismic Fragility Curves for Shallow Circular Tunnels under Different Soil Conditions[J]. World Academy of Science, Engineering and Technology, International Journal of

Civil, Environmental, Structural, Construction and Architectural Engineering, 2016,10(10):1351-1357.

OWEN G N, SCHOLL R E. Earthquake engineering of large underground structures[R]. Federal Highway Administration, FHWA/RD-80/195,1981.

Pacific Earthquake Engineering Research Center (PEER). PEER Strong Motion Database. Berkeley, CA: University of California, Berkeley, 2000.

PADGETT J E, NIELSON B G, DESROCHES R. Selection of optimal intensity measures in probabilistic seismic demand models of highway bridge portfolios[J]. Earthquake Engineering & Structural Dynamics, 2008,37(5):711-725.

PARK J, TOWASHIRAPORN P, CRAIG J I, et al. Seismic fragility analysis of low-rise unreinforced masonry structures[J]. Engineering Structures, 2009,31(1):125-137.

PARK Y J, ANG A H S, WEN Y K. Seismic damage analysis of reinforced concrete buildings[J]. Journal of Structural Engineering, 1985,111(4):740-757.

PENZIEN J. Seismically induced racking of tunnel linings[J]. Earthquake Engineering & Structural Dynamics, 2000,29(5):683-691.

PENZIEN J, WU C L. Stresses in linings of bored tunnels[J]. Earthquake engineering & structural dynamics, 1998,27(3):283-300.

PEYGHALEH E, MAHMOUDABADI V, MARTIN J R, et al. Impact of local site conditions on portfolio earthquake loss estimation for different building types[J]. Natural Hazards, 2018,94(1):121-150.

PITILAKIS K, CROWLEY H, KAYNIA A M. SYNER-G: typology definition and fragility functions for physical elements at seismic risk[M]. Geotechnical, Geological and Earthquake Engineering, 2014,27.

PITILAKIS K, CULTRERA G, MARGARIS B, et al. Thessaloniki seismic hazard assessment: probabilistic and deterministic approach for rock site conditions[C]. Proceedings of 4th International conference on earthquake geotechnical engineering. 2007,June.

PITILAKIS K, TSINIDIS G. Performance and seismic design of underground structures[M]. Earthquake geotechnical engineering design. Springer, Cham, 2014:279-340.

PORTER K. Beginner's guide to fragility, vulnerability, and risk[J]. Encyclopedia of earthquake engineering, 2015:235-260.

POWER M, ROSIDI D, KANESHIRO J, et al. Summary and evaluation of procedures for the seismic design of tunnels[R]. National Center for Earthquake Engineering Research, Buffalo, New York, 1998.

QIU W, HUANG G, ZHOU H, et al. Seismic vulnerability analysis of rock mountain tunnel[J]. International Journal of Geomechanics, 2018,18(3):04018002.

RAMANATHAN K, PADGETT J E, DESROCHES R. Temporal evolution of seismic fragility curves for concrete box-girder bridges in California[J]. Engineering Structures, 2015,97:29-46.

RANJBAR P R, NADERPOUR H. Probabilistic evaluation of seismic resilience for typical vital buildings in terms of vulnerability curves[J]. Structures. 2020,23:314-323.

RICHARDS M A J. Idiosyncratic risk: An empirical analysis, with implications for the risk of relative-value trading strategies[M]. International Monetary Fund, 1999.

RINAUDO P, PAYA-ZAFORTEZA I, CALDERÓN P A. Improving tunnel resilience against fires: A new methodology based on temperature monitoring[J]. Tunnelling and Underground Space Technology,

2016,52:71-84.

ROUSAKIS T C. Inherent seismic resilience of RC columns externally confined with nonbonded composite ropes[J]. Composites Part B: Engineering, 2018,135:142-148.

SAADAT Y, AYYUB B M, ZHANG Y, et al. Resilience of Metrorail Networks: Quantification With Washington, DC as a Case Study[J]. ASCE-ASME Journal of Risk and Uncertainty in Engineering Systems, Part B: Mechanical Engineering, 2019,5(4):1-15.

SALMON M, WANG J, JONES D, et al. Fragility formulations for the BART system[M]. Advancing Mitigation Technologies and Disaster Response for Lifeline Systems,2003:183-192.

SELVA J, ARGYROUDIS S, PITILAKIS K. Impact on loss/risk assessments of inter-model variability in vulnerability analysis[J]. Natural hazards, 2013,67(2):723-746.

SHEN Y, GAO B, YANG X, et al. Seismic damage mechanism and dynamic deformation characteristic analysis of mountain tunnel after Wenchuan earthquake[J]. Engineering Geology, 2014,180:85-98.

SHIN S, LEE S, JUDI D R, et al. A systematic review of quantitative resilience measures for water infrastructure systems[J]. Water, 2018,10(2):164.

SHOKRABADI M, BURTON H V. Risk-based assessment of aftershock and mainshock-aftershock seismic performance of reinforced concrete frames[J]. Structural Safety, 2018,73:64-74.

SHOME N. Probabilistic seismic demand analysis of nonlinear structures[M]. Stanford University, 1999.

SILVA V, AKKAR S, BAKER J, et al. Current challenges and future trends in analytical fragility and vulnerability modelling[J]. Earthquake Spectra, 2019.

SOLAK T. Seismic assessment results and actual application in the complex ground conditions of Bolu tunnels after the 1999 Duzce earthquake[M]. Underground Space Use. Analysis of the Past and Lessons for the Future, Two Volume Set. CRC Press, 2005:677-682.

TIMMERMAN P. Vulnerability, resilience and the collapse of society: a review of models and possible climatic applications[M]. Institute for Environmental Studies, University of Toronto, 1981.

TIRCA L, SERBAN O, LIN L, et al. Improving the seismic resilience of existing braced-frame office buildings[J]. Journal of Structural Engineering, 2015,142(8):C4015003.

TITI A, BIONDINI F. Resilience of concrete frame structures under corrosion[C]. Proceedings of 11th International Conference on Structural, Safety & Reliability, 2013:16-20.

TSINIDIS G, PITILAKIS K, Anagnostopoulos C. Circular tunnels in sand: dynamic response and efficiency of seismic analysis methods at extreme lining flexibilities[J]. Bulletin of Earthquake Engineering, 2016b, 14(10):2903-2929.

TSINIDIS G, PITILAKIS K, MADABHUSHI G, et al. Dynamic response of flexible square tunnels: centrifuge testing and validation of existing design methodologies[J]. Geotechnique, 2015, 65(5): 401-417.

TSINIDIS G, PITILAKIS K, MADABHUSHI G. On the dynamic response of square tunnels in sand[J]. Engineering Structures, 2016a, 125:419-437.

TSINIDIS G, PITILAKIS K, TRIKALIOTI A D. Numerical simulation of round robin numerical test on tunnels using a simplified kinematic hardening model[J]. Acta Geotechnica, 2014,9(4):641-659.

VANMARCKE E H, LAI S S P. Strong-motion duration and RMS amplitude of earthquake records[J]. Bulletin of the seismological Society of America, 1980,70(4):1293-1307.

VISHWANATH B S, BANERJEE S. Life-cycle resilience of aging bridges under earthquakes[J]. Journal of Bridge Engineering, 2019,24(11):04019106.

VON THUN J L, ROCHIM L H, SCOTT G A, et al. Earthquake ground motions for design and analysis of dams[J]. Earthquake Engineering and Soil Dynamics II—Recent Advances in Ground-Motion Evaluation (GSP 20), ASCE, New York, 1988:463-481.

WANG J N. Seismic design of tunnels: a state-of-the-art approach[R].Parsons, Brinckerhoff, Quade and Douglas Inc, New York, 1993.

WANG W L, WANG T T, SU J J, et al. Assessment of damage in mountain tunnels due to the Taiwan Chi-Chi earthquake[J]. Tunnelling and underground space technology, 2001,16(3):133-150.

WANG Z Z, ZHANG Z. Seismic damage classification and risk assessment of mountain tunnels with a validation for the 2008 Wenchuan earthquake[J]. Soil Dynamics and Earthquake Engineering, 2013, 45:45-55.

WERNER S D, TAYLOR C E, CHO S, et al. Redars 2 methodology and software for seismic risk analysis of highway systems[R]. University of Buffalo, The State University of New York, USA. 2006.

WHITMAN R V, REED J W, HONG S T. Earthquake damage probability matrices[C]. Proceedings of the 5th world conference on earthquake engineering, Rome, Italy. 1973,2:2531-2540.

YANG L D, WANG G B, LIU Q J, et al. A study on the dynamic properties of soft soil in Shanghai[J]. Geotechnical Special Publication: Soil and Rock Behavior and Modeling. In: Proceedings of Sessions of Geo-shanghai. Shanghai, China, 2006,466-473.

YU H, CHEN J, BOBET A, et al. Damage observation and assessment of the Longxi tunnel during the Wenchuan earthquake[J]. Tunnelling and Underground Space Technology, 2016,54:102-116.

YU H, ZHANG Z, CHEN J, et al. Analytical solution for longitudinal seismic response of tunnel liners with sharp stiffness transition[J]. Tunnelling and Underground Space Technology, 2018,77:103-114.

YUAN Y, LUO J, YU H. Experimental study on vertical shear behaviors of an immersion joint with steel shear keys[J]. Applied Sciences, 2019,9(23):5056.

YUAN Y, YU H, LI C, et al. Multi-point shaking table test for long tunnels subjected to non-uniform seismic loadings—Part I: Theory and validation[J]. Soil Dynamics and Earthquake Engineering, 2018, 108:177-186.

ZHANG D, DU F, HUANG H, et al. Resiliency assessment of urban rail transit networks: Shanghai metro as an example[J]. Safety Science, 2018,106:230-243.

ZHANG D M, HUANG Z K, LI Z L, et al. Analytical solution for the response of an existing tunnel to a new tunnel excavation underneath[J]. Computers and Geotechnics, 2019,108:197-211.

ZHANG D M, HUANG Z K, WANG R L, et al. Grouting-based treatment of tunnel settlement: Practice in Shanghai[J]. Tunnelling and Underground Space Technology, 2018,80:181-196.

安军海,陶连金,安林轩,等.城市大型地下空间结构地震风险分析体系研究[J].土木工程学报,2015(S2):118-123.

滨田政则.地下结构抗震分析及防灾减灾措施[M].北京:中国建筑工业出版社,2016.

陈桂香,黄宏伟,尤建新.对地铁项目全寿命周期风险管理的研究[J].地下空间与工程学报,2006,2(1):47-51.

陈国兴,陈苏,杜修力,等.城市地下结构抗震研究进展[J].防灾减灾工程学报,2016,36(1):1-23.

陈国兴,左熹,杜修力.土-地下结构体系地震反应的简化分析方法[J].岩土力学,2010.

陈国兴.岩土地震工程学[M].科学出版社,2007.

陈孝培，甘德福.上海及其周边地区高耸建筑物抗震设计中卓越周期的评价与选择[J].上海地质，1997，18(1)：49-54.

陈月.大跨径斜拉桥地震易损性及抗震可恢复性分析[D].西安：长安大学，2018.

陈正勋，王泰典，黄灿辉.山岭隧道受震损害类型与原因之案例研究[J].岩石力学与工程学报，2011，30(1)：45-57.

崔臻，盛谦，冷先伦，等.基于增量动力分析的大型地下洞室群性能化地震动力稳定性分析[J].岩石力学与工程学报，2012，31(4)：703-712.

大崎顺彦.地震动的谱分析入门[M].北京：地震出版社，1980.

杜杰，林均歧，刘金龙，城市路网震后可恢复性分析方法的研究及应用[J]，Science Discovery，2018，6(5)：327-331.

杜修力，李洋，许成顺，等.1995 年日本阪神地震大开地铁车站震害原因及成灾机理分析研究进展[J].岩土工程学报，2018，40(2)：223-236.

杜修力，马超，路德春，等.大开地铁车站地震破坏模拟与机理分析[J].土木工程学报，2017，50(1)：53-62.

杜修力，王刚，路德春.日本阪神地震中大开地铁车站地震破坏机理分析[J].防灾减灾工程学报，2016(2)：165-171.

范刚，马洪生，张建经.汶川地震隧道概率易损性模型研究[J].铁道建筑，2012(10)：40-43.

冯爱军，鲁放.中国大陆城市轨道交通 2017 年数据统计[J].隧道建设，2018，38(3)：514-517.

冯海清.特大桥梁地震易损性与风险概率分析[D].上海：同济大学，2008.

福季耶娃.地震区地下结构物支护的计算[M].北京：煤炭工业出版社.1988.

韩超.强震作用下圆形隧道响应及设计方法研究[D].浙江：浙江大学，2011.

何超超，项贻强.桥梁灾害可恢复性评价体系研究[J].科技通报，2017，33(4)：208-212.

何峰.考虑交通影响的桥梁地震可恢复性研究[D].哈尔滨：哈尔滨工业大学，2017.

何铭基.带转换高层框架结构基于变形和损伤的抗震性能分析方法研究 [D].广州：华南理工大学，2013.

何政，安宁，徐菁菁.考虑损伤的结构抗震可恢复性[J].工程力学，2017，34(5)：179-187.

何志明，陈清军.考虑竖向地震作用效应的地下典型空间结构易损性性能指标探讨[J].力学季刊，2018，39(1)：117-125.

洪开荣.我国隧道及地下工程发展现状与展望[J].隧道建设，2015，35(2)：95-107.

洪开荣.我国隧道及地下工程近两年的发展与展望[J].隧道建设，2017，37(2)：123-134.

胡思聪.考虑氯离子侵蚀的桥梁地震易损性及抗震加固策略研究[D].湖南：湖南大学，2018.

胡思聪，王连华，李立峰，等.非一致氯离子侵蚀下近海桥梁时变地震易损性研究[J].土木工程学报，2019，52(4)：62-71，97.

胡聿贤.地震安全性评价技术教程[M].北京：地震出版社，1999.

胡聿贤.地震工程[M].石家庄：河北教育出版社，2003.

还毅，方秦，陈力，等.大型地下空间结构地震风险分析方法[J].解放军理工大学学报(自然科学版)，2010，11(4)：445-450.

黄宏伟.隧道及地下工程建设中的风险管理研究进展[J].地下空间与工程学报，2006，2(1)：13-20.

黄宏伟，叶永峰，胡群芳.地铁运营安全风险管理现状分析[J].中国安全科学学报，2008，18(7)：55-62.

黄明刚.钢筋混凝土连续梁桥的地震易损性，危险性及风险分析[D].哈尔滨：哈尔滨工业大学，2009.

黄栩.软土基坑工程开挖对下卧已建盾构隧道的影响研究[D].上海：同济大学，2012.

黄志堂.叠合柱高墩大跨连续刚构桥概率地震易损性及风险分析[D].成都：西南交通大学，2015.

季倩倩.地铁车站结构振动台模型试验研究[D].上海：同济大学，2002.

雷胜强.国际工程风险管理与保险[M].北京:中国建筑工业出版社,1996.
李彬.地铁地下结构抗震理论分析与应用研究[D].北京:清华大学,2005.
李宏男,陈国兴,林皋.地震工程学[M].北京:机械工业出版社,2013.
李宏男,成虎,王东升.桥梁结构地震易损性研究进展述评[J].工程力学,2018,35(9):1-16.
李金玲.近远场地震动对框架结构震后可恢复性的影响[D].哈尔滨:中国地震局工程力学研究所,2018.
李立峰,吴文朋,胡思聪,等.考虑氯离子侵蚀的高墩桥梁时变地震易损性分析[J].工程力学,2016,33(1):163-170.
李宁,史伟,谢礼立.考虑修/改造方案优选的桥梁震后可恢复性和可持续性研究[J].地震工程与工程振动,2018,38(1):1-9.
廖聪,陈清军.软土场地地下综合体结构地震风险分析[C].第28届全国结构工程学术会议论文集(第Ⅰ册),2019.
林皋.地下结构抗震分析综述(上)[J].世界地震工程,1990(2):1-10.
刘华北,宋二祥.可液化土中地铁结构的地震响应[J].岩土力学,2005,26(3):381-386.
刘恢先.唐山大地震震害[M].北京:地震出版社,1986.
刘国庆,肖明,陈俊涛.基于增量动力分析的隧洞结构抗震性能分析[J].四川大学学报(工程科学版),2019,51(3):92-100.
刘光磊,宋二祥,刘华北,等.饱和砂土地层中隧道结构动力离心模型试验[J].岩土力学,2008,29(8):2070-2076.
刘晶波,刘祥庆,杜修力.地下结构抗震理论分析与试验研究的发展展望[J].地震工程与工程振动,2007,27(6):38-45.
刘立荣,王海彦,黄兟.考虑不确定因素的山岭隧道地震易损性研究[J].世界地震工程,2018,34(1):173-178.
刘莉娇,陈新民,魏平,等.地震作用下隧道易损性的整体风险分析[J].工业建筑,2010(S1):682-685.
刘如山,舒荣星,胡珍秀.变电站地震可恢复性研究[J].地震工程学报,2019(4):827-833.
刘翔,伍文.R= P×C法在隧道工程地震风险分析中的应用[J].山西建筑,2007,33(9):300-301.
刘洋,林均岐,刘金龙,等.RC梁桥震后可恢复性评价方法研究[J].灾害学,2017(4):224-229.
龙祎雯,陈清军.基于Pushover方法的地下商业街结构地震易损性分析[C].第26届全国结构工程学术会议论文集(第Ⅱ册),2017.
吕大刚,刘洋,于晓辉.第二代基于性能地震工程中的地震易损性模型及正逆概率风险分析[J].工程力学,2019,36(9):1-11,24.
吕大刚,于晓辉.基于地震易损性解析函数的概率地震风险理论研究[J].建筑结构学报,2013,34(10):41-48.
吕大刚,于晓辉,潘峰,等.基于改进云图法的结构概率地震需求分析[J].世界地震工程,2010,26(1):7-15.
吕西林,全柳萌,蒋欢军.从16届世界地震工程大会看可恢复功能抗震结构研究趋势[J].地震工程与工程振动,2017,37(3):1-9.
吕西林,武大洋,周颖.可恢复功能防震结构研究进展[J].建筑结构学报,2019,40(2):1-15.
吕西林,周颖,陈聪.可恢复功能抗震结构新体系研究进展[J].地震工程与工程振动,2014,34(4):130-139.
陆新征,施炜,张万开,等.三维地震动输入对IDA倒塌易损性分析的影响[J].工程抗震与加固改造,2011,33(6):1-7.
马超.地铁车站结构地震塌毁过程模拟及破坏机理分析[D].北京:北京工业大学,2017.
马险峰.地下结构的震害研究[D].上海:同济大学,2000.

马玉宏，谢礼立.地震人员伤亡估算方法研究[J].地震工程与工程振动，2000，20(4)：140-147.

MAHIN S. 近期地震教训：建立更多可恢复性城市[J]. 建筑结构，2012，1.

孟园英.基于性能的高墩大跨连续刚构桥地震易损性及风险分析[D].西安：长安大学，2019.

苗雨，孙甜粲，李威.基于多尺度几何有限元模型分析的地铁盾构隧道地震反应研究[J].地震工程与工程振动，2014(S1)：915-918.

宁晓晴，戴君武.地震可恢复性与非结构系统性态抗震研究略述[J].地震工程与工程振动，2017，37(3)：85-92.

祁淳.教学建筑地震可恢复性评价方法研究[D].哈尔滨：中国地震局工程力学研究所，2016.

钱七虎.迎接我国城市地下空间开发高潮[J].岩土工程学报，1998，20(1)：112-113.

钱七虎.建设特大城市地下快速路和地下物流系统——解决中国特大城市交通问题的新思路[J].科技导报，2004，22(4)：3-6.

乔宇航.钢筋混凝土框架结构地震风险分析方法研究[D].西安：长安大学，2018.

清华大学，北京城建设计发展集团股份有限公司.地下结构抗震设计标准：GB/T 51336—2018[S].北京：中国建筑工业出版社，2018.

申鸿宇.养老建筑地震安全性及可恢复性评价方法初探[D].哈尔滨：中国地震局工程力学研究所，2016.

史伟.桥梁震后可恢复性和可持续性分析方法研究[D].天津：天津大学，2018.

舒荣星.电网地震安全性与地震可恢复性评价理论研究[D].哈尔滨：中国地震局工程力学研究所，2018.

苏木标，井海明，戎密仁.铁路隧道地震灾害损失分析技术研究[J].铁道学报，2013，35(11)：98-105.

苏燕，谯雯.软土地下隧道地震风险模糊综合评价[J].福建建筑，2009(3)：85-87.

苏燕，周健.隧道抗震风险分析初探[J].福州大学学报：自然科学版，2004，32(1)：65-68.

孙钧.造福当代惠泽千秋——我国轨道交通建设方兴未艾，任重道远[J].轨道交通，2016(2)：13-15.

孙峥.城市自然灾害定量分析方法及应用[D].山东：中国海洋大学，2008.

同济大学，天津市地下铁道集团有限公司.城市轨道交通结构抗震设计规范：GB/T 50909—2014[S].北京：中国计划出版社，2014.

王伯超.基于 IDA 分析法的公路隧道衬砌地震易损性研究——以宜昌某隧道为例[D].西安：西安建筑科技大学，2019.

王国波，于艳丽，何卫.下穿隧道-土-地表邻近框架结构相互作用体系地震响应初步分析[J].岩土工程学报，2014，36(2)：334-338.

王国波.软土地铁车站结构三维地震响应计算理论与方法的研究[D].上海：同济大学，2007.

王梦恕，王永红，谭忠盛，等.我国智慧城市地下空间综合利用探索[J].北京交通大学学报，2016，40(4)：1-8.

王明年，崔光耀，林国进.汶川地震灾区公路隧道震害调查及初步分析[J].西南公路，2009(4)：41-46.

王明年，林国进，于丽.隧道抗震与减震[M].北京：科学出版社，2012.

王文晖.地下结构实用抗震分析方法及性能指标研究[D].北京：清华大学，2013.

王学伟.公铁两用斜拉桥地震作用下的破坏模式，地震易损性及风险分析[D].成都：西南交通大学，2017.

王峥峥，张哲，高波，等.山岭隧道洞口震害因素分析与抗震风险模糊综合评价[J].中南大学学报：自然科学版，2012，43(3)：1122-1130.

魏平，陈新民，刘莉娇.基于整体风险分析法地震荷载作用下隧道的易损性分析[J].隧道建设，2008，28(3)：277.

翁大根，徐植信.对上海市抗震设计反应谱及时程曲线的认识——答“关于上海市《建筑抗震设计规程》中长周期设计反应谱的讨论[J].地震工程与工程振动，2001，21(1)：79-83.

武芳文，孟园英，陈月等，大跨度斜拉桥地震易损性及可恢复性分析[J]，西南交通大学学报，2018，1-8.

吴世明.土动力学[M].北京：中国建筑工业出版社，2000.

吴文朋.考虑不确定性的钢筋混凝土桥梁地震易损性研究[D].长沙：湖南大学，2015.

小泉淳著.张稳军，袁大军译.盾构隧道的抗震研究及算例[M].北京：中国建筑工业出版社，2009.

谢定义.土动力学[M].西安：西安交通大学出版社，1988.

谢礼立，马玉宏.现代抗震设计理论的发展过程[J].国际地震动态，2003(10)：1-8.

谢礼立，马玉宏，翟长海.基于性态的抗震设防与设计地震动[M].北京：科学出版社，2009.

徐积刚，吴刚，汤昱川，等.近场地震下混凝土框架考虑不确定性的抗震风险与恢复性分析[J].土木工程学报，2019，52(10)：46-55.

许圣.钢筋混凝土公路连续梁桥地震风险与抗震可恢复性分析[D].哈尔滨：哈尔滨工业大学，2015.

许闲，张涵博.中国地震灾害损失分析：超概率曲线方法与经验数据[J].保险研究，2013(9)：75-85.

杨恺.考虑性能退化的V腿连续梁桥地震易损性及风险分析[D].西安：长安大学，2019.

尹之潜，李树桢，杨淑文，等.震害与地震损失的估计方法[J].地震工程与工程振动，1990，10(1)：1-8.

于晓辉.钢筋混凝土框架结构的概率地震易损性与风险分析[D].哈尔滨：哈尔滨工业大学，2012.

禹海涛，袁勇，顾玉亮，等.非一致激励下长距离输水隧道地震响应分析[J].水利学报，2013，44(6)：718-725.

袁晓铭，曹振中，孙锐，等.汶川8.0级地震液化特征初步研究[J].岩石力学与工程学报，2009，28(6)：1288-1296.

袁勇，柳献，禹海涛.汶川地震隧道震害调查与思考[R].上海：同济大学，2008.

袁勇，申中原，禹海涛.沉管隧道纵向地震响应分析的多体动力学方法[J].工程力学，2015(5)：76-83.

袁勇，陈之毅.城市地下空间抗震与安全[M].上海：同济大学出版社，2014.

曾铁梅，侯建国.地铁营运风险管理初探[J].武汉大学学报（工学版），2007，40(6)：84-87.

张冬梅，樊振宇，黄宏伟.考虑接头力学特性的盾构隧道衬砌结构计算方法研究[J].岩土力学，2010，31(8)：2546-2552.

张东明.基于性能的不均匀地层中地下结构设计及可恢复性研究[D].上海：同济大学，2015.

张景威，周晶.地下综合管廊结构的易损性分析[J].水利与建筑工程学报，2018(3)：48-53.

张铁群.基于OpenSees的核电站取水结构地震反应与易损性分析[D].浙江：浙江大学，2015.

赵珺.在役混凝土桥梁的地震易损性分析与抗震性能分析[D].陕西：西安建筑科技大学，2015.

赵晓勇，杨其新，范刚.隧道震损快速分析方法研究[J].地震工程与工程振动，2015，35(4)：164-170.

郑山锁，杨威，秦卿，等.基于氯盐最不利侵蚀下锈蚀RC框架结构时变地震易损性研究[J].振动与冲击，2015，34(7)：38-45.

郑永来.地下结构抗震[M].上海：同济大学出版社，2005.

中国建筑科学研究院.建筑抗震设计规范：GB 50011—2010[S].北京：中国建筑工业出版社，2010.

钟紫蓝，申轶尧，郝亚茹，等，基于IDA方法的两层三跨地铁地下结构地震易损性分析[J].岩土工程学报，2019(网络出版).

钟紫蓝，申轶尧，甄立斌，等，地震动强度参数与地铁车站结构动力响应指标分析[J].岩土工程学报，2020(网络出版).

周颖，吴浩，顾安琪.地震工程：从抗震，减隔震到可恢复性[J].工程力学，2019，36(6)：1-12.

周志光，任永强.地震作用下软土隧道的易损性分析[J].结构工程师，2018，34(A01)：122-129.

朱合华，丁文其，乔亚飞，等.简析我国城市地下空间开发利用的问题与挑战[J].地学前缘，2019，26(3)：22-31.

朱士德.初析静力触探判别液化对标准贯入试验的优越性[J].上海地质,1996,17(1):33-39.
朱纹军.土-地下车库-上部结构相互作用体系地震易损性研究[J].建筑结构,2017(s1):1-5.
庄海洋.土-地下结构非线性动力相互作用及其大型振动台试验研究[D].南京:南京工业大学,2006.

附录 A　上海地铁隧道地勘报告

序号	项目名称	报告编制单位	报告编号
1	上海十号线三门路站～殷高路站区间	上海市城市建设设计研究院	05064-C-(05)86
2	上海十号线国权路站～五角场站区间	上海市城市建设设计研究院	05063-C-(05)90
3	上海十号线天潼路站～四川北路站区间	上海市城市建设设计研究院	05063-C-(06)45
4	上海十号线新江湾城站～殷高路站区间	上海市城市建设设计研究院	05064-C-(05)88
5	上海十号线江湾体育场站～三门路站区间	上海市城市建设设计研究院	05064-C-(05)84
6	上海十号线五角场站～江湾体育场站	上海市城市建设设计研究院	05064-C-(05)82
7	上海十号线同济大学站～国权路站区间	上海市城市建设设计研究院	05063-C-(06)93
8	上海十号线海伦路站～同济大学站区间	上海市城市建设设计研究院	05063-C-(06)39
9	上海十号线四川北路站～海伦路路站区间	上海市城市建设设计研究院	05063-C-(06)47
10	上海十号线南京东路站～天潼路站区间	上海市隧道工程轨道交通设计研究院	K200409-S-Q17
11	上海十号线豫园站～南京东路站区间	上海市隧道工程轨道交通设计研究院	K200409-S-Q16
12	上海十号线老西门～豫园站区间	上海市隧道工程轨道交通设计研究院	K200409-S-Q15
13	上海十号线新天地～老西门站区间	上海市岩土工程勘察设计研究院有限公司	2006-G-036-5
14	上海十号线陕西南路站～新天地区间	上海市岩土工程勘察设计研究院有限公司	2006-G-036-4
15	上海十号线上海图书馆站～陕西南路站区间	上海市岩土工程勘察设计研究院有限公司	2006-G-036-3
16	上海十号线交通大学站～上海图书馆站区间	上海市岩土工程勘察设计研究院有限公司	2006-G-036-8

（续表）

序号	项目名称	报告编制单位	报告编号
17	上海十号线南京东路站～天潼路站区间	上海市隧道工程轨道交通设计研究院	K200409-S-Q17
18	上海十号线虹桥路站～交通大学站区间	上海市岩土工程勘察设计研究院有限公司	2006-G-036-9
19	上海 12 号线隆昌路站～内江路站区间	上海市隧道工程轨道交通设计研究院	K200503-2-S(Q24)

附录 B　地震动预测方程 GMPE

Akkar 等(2014)基于欧洲及中东地区地震数据分析，建立了相应的地震动预测方程 GMPE，该公式被广泛应用于各类场地地震动预测，如式(B.1)所示：

$$\ln(Y)=\ln[Y_{REF}(M_w,\ R,\ SoF)]+\ln[S(V_{s,30},\ PGA_{REF})]+\varepsilon\sigma \tag{B.1}$$

其中：

$$\ln Y_{REF}=\begin{cases}a_1+a_2(M_w-c_1)+a_3(8.5-M_w)^2+[a_4+a_5(M_w-c_1)]\ln(\sqrt{R^2+a_6^2}) \\ +a_8F_N+a_9F_R+S \qquad \text{当}\ M_w\leqslant c_1 \\ a_1+a_7(M_w-c_1)+a_3(8.5-M_w)^2+[a_4+a_5(M_w-c_1)]\ln(\sqrt{R^2+a_6^2}) \\ +a_8F_N+a_9F_R+S \qquad \text{当}\ M_w>c_1\end{cases} \tag{B.2}$$

且：

$$\ln S=\begin{cases}b_1\ln(V_{s,30}/V_{REF})+b_2\ln\left[\dfrac{PGA_{REF}+c\ (V_{s,30}/V_{REF})^n}{(PGA_{REF}+c)\ (V_{s,30}/V_{REF})^n}\right] & \text{当}\ V_{s,30}\leqslant V_{REF} \\ b_1\ln\left[\dfrac{\min(V_{s,30},\ V_{CON})}{V_{REF}}\right] & \text{当}\ V_{s,30}>V_{REF}\end{cases} \tag{B.3}$$

式中　Y——地震动估计参数，若为 PGA 时，单位为 g，若为 PGV 时，单位为 cm/s；

SoF——断层类型；

M_w——地震震级；

R——震中距；

$V_{s,30}$——场地 30 m 平均剪切波速；

F_N，F_R——和断层类型相关的参数；

ε，σ——体现不确定的参数；

$a_1\sim a_9$，$b_1\sim b_2$，c_1——回归参数。

参考剪切波速 V_{REF} 大小为 750 m/s，V_{CON} 大小为 1 000 m/s，其他具体参数取值可见 Akkar 等(2014)文章表格。